10

中国国家博物馆
NATIONAL MUSEUM OF CHINA

中国国家博物馆国际博物馆学译丛

中国国家博物馆国际博物馆学译丛

《文物保护与修复：材料与方法》

编者简介

约翰内斯·卡尔·芬克，奥地利莱奥本矿业大学（Montanuniversität Leoben）大分子化学专业教授。作者在聚合物领域内的学术生涯长达 35 年，其学术兴趣包括物质表征、阻燃性能、热力学和聚合物降解、热裂解和粘接剂。出版了多部物理化学和聚合物科学方面的著作，其中 9 本由 Wiley-Scrivener 出版，包括《热塑性聚合物添加剂简明介绍》（2019 年）（*A Concise Introduction to Additives for Thermoplastic Polymers*），《聚合物传感器和驱动器》（2012 年）（*Polymeric Sensors and Actuators*），《生物基高分子化学》（2014 年）（*The Chemistry of Biobased Polymers*），及《金属化聚合物和磁性聚合物》（2016 年）（*Metallized and Magnetic Polymers*）。

译者简介

刘薇，北京大学考古文博学院考古学专业博士，副研究馆员，美国纽约大学艺术学院文物保护中心访问学者。现任中国国家博物馆文保院藏品检测与分析研究所所长。研究方向为金属文物的科学分析与保护。

赵丹丹，北京大学考古学与博物馆学硕士，副研究馆员，现任中国国家博物馆文保院油画修复研究所所长。研究方向为文物保护材料和油画保护修复。

丁莉，北京大学化学与分子工程学院无机化学专业博士，副研究馆员，现任中国国家博物馆文保院办公室主任。主要从事有机质文物和考古有机残留物科学分析、研究与保护等工作。

颜宇，中央美术学院油画硕士，中国国家博物馆文保院馆员，主要从事油画修复与评估工作。曾修复吴冠中、莉迪亚·布罗茨卡娅、安林、张孝友等艺术家的作品。

刘文晖，中国科学院古脊椎动物与古人类研究理学博士，中国国家博物馆副研究员，美国洛杉矶自然历史博物馆访问学者，中国考古学会动物考古专业委员会副秘书长。研究方向为古生物、动物考古、环境考古及田野考古。

王洪敏，中国科学技术大学英语专业本科、科学技术史专业博士，中国国家博物馆科研管理处副研究馆员，长期担任《中国国家博物馆馆刊》《博物馆管理》英文翻译。

CONSERVATION AND RESTORATION

文物保护与修复

材料与方法

〔奥〕约翰内斯·卡尔·芬克————编著

刘薇　赵丹丹　丁莉　颜宇　刘文晖　王洪敏————译

潘路————审校

中国出版集团 东方出版中心

图书在版编目（CIP）数据

文物保护与修复：材料与方法 /（奥）约翰内斯·
卡尔·芬克编著；刘薇等译. -- 上海：东方出版中心，
2024.1
　（中国国家博物馆国际博物馆学译丛 / 王春法主编）

ISBN 978-7-5473-2321-2

Ⅰ.①文… Ⅱ.①约…②刘… Ⅲ.①文物保护②文
物－修复 Ⅳ.①G26

中国国家版本馆CIP数据核字（2023）第238661号

Title: Chemicals and Methods for Conservation and Restoration Paintings, Textiles, Fossils,Wood, Stones, Metals,and Glass by Johannes Karl Fink, ISBN: 9781119418245

Copyright© 2017 Scrivener Publishing LLC

上海市版权局著作权合同登记 图字：09-2023-1099 号

文物保护与修复：材料与方法

编　　著　[奥] 约翰内斯·卡尔·芬克
译　　者　刘　薇　赵丹丹　丁　莉　颜　宇　刘文晖　王洪敏
审　　校　潘　路
丛书筹划　刘佩英　肖春茂
责任编辑　徐建梅
封面设计　钟　颖

出 版 人　陈义望
出版发行　东方出版中心
地　　址　上海市仙霞路345号
邮政编码　200336
电　　话　021-62417400
印 刷 者　徐州绪权印刷有限公司

开　　本　710mm×1000mm 1/16
印　　张　22.25
字　　数　264千字
版　　次　2024年1月第1版
印　　次　2024年1月第1次印刷
定　　价　128.00元

编辑委员会

总序

关于建设中国特色博物馆学的若干思考

中国国家博物馆馆长　王春法

——

在现代社会的公共文化机构中，博物馆是一个非常独特的存在。就其功能而言，博物馆毫无疑问是保护和传承人类文明的重要殿堂，是连接过去、现在和未来的桥梁，同时在提升社会审美意识、促进世界文明交流互鉴方面也具有特殊作用，因而具有历史、文化、艺术等多重属性。按照国际博物馆协会的定义，博物馆是"为社会服务的非营利性常设机构，它研究、收藏、保护、阐释和展示物质与非物质遗产。它向公众开放，具有可及性和包容性，促进多样性和可持续性。博物馆以符合道德且专业的方式进行运营和交流，并在社会各界的参与下，为教育、欣赏、深思和知识共享提供多种体验"。从历史发展来看，无论在中国还是在外国，现代意义上的博物馆都是从最初的私人收藏、个人把玩、小众欣赏向信托基金收藏、社会化展示、学术界研究宣介转变发展而来的。而且随着社会的发展进步，博物馆的类型也越来越多种多样，从私人博物馆到公立博物馆，从艺术博物馆到综合博物馆，从历史博物馆到考古博物馆，从行业专题博物馆到综合性博物馆，以及难以计数的由名人故居改造而来的纪念馆、艺术馆等等，形态各异，丰富多彩。与此相适应，博物馆的藏品类型也从简单的艺术品收藏，比如绘画雕塑、金银玻璃等传统意义上的艺术品，扩大到生产器具、生活用品、古籍善本、名人手稿等各类反映社会生活发展进步的代表性物证；博物馆展览展示活动则从传统的引导鉴赏审美扩大到促进对人类自身演进历史的回顾与反思，成为历史记忆与文化基因互映、鉴赏审美与教化引导同存、创造新知与休闲娱乐并行的重要公共文化产品，博物馆也由此成为享受精神文化生活、消费精神文化产品的重要公共场所，成为城市乃至国家的文化地标。

现代博物馆的突出特点是其藏品的公共性而非私密性、鉴赏的大众性而非小众性，展览展示的导向性而非随机性，体现在藏品来源、展览展示以及社会导向等方面，其中在观众结构上表现得最为突出和充分。一般来说，现代博物馆已经突破了小众鉴赏的局限性，通过导向鲜明的展览展示活动把观众拓展为社会大众，这一群体既有稚龄幼童和中小学生，也有青年观众和耄耋老人；既有在地观众，也有跨区观众；既有国内观众，也有国外观众。他们来自各行各界，通过参观展览在博物馆里寻找各自的思想情感载体，沉浸其中，享受其中，带着不同的感悟收获而去，并在这个过程中与博物馆进行高强度的思想理念情感互动，推动塑造着城市或者国家的文化形象。如果我们要在较短的时间内比较系统深入地了解一座城市或一个国家，那最好的方法就是去参观博物馆；一座城市如果没有博物馆，那就不能说是一座有文化的城市；一个国家的博物馆展览展示水平如果不那么尽如人意，也没有几次具有国际影响力和巨大视觉冲击力的重要展览展示，那也就不能说这个国家的文化发展到了较高水平。正是在这个意义上，我们说博物馆是一座城市或者说一个国家的公共文化窗口、文化客厅。

随着网络信息技术的飞速发展，社会形势正在发生重大变化，博物馆传统的组织架构、产品形态、运维模式、管理机制甚至员工技能条件和要求都在为适应形势变化作调整。首先是藏品形态以及管理方式发生了重要变化,数字化收藏和数字化管理成为重要趋势,以数字方式存储的各种资料、数据、图像正在成为新的重要藏品形态,藏品管理也越来越借助于信息技术手段,通过对藏品本体进行二维或三维数据采集形成的藏品数据规模也越来越大,博物馆的核心资源正在从实物藏品向海量数据转变;其次是数字化展示已经成为博物馆展览的常态化趋势,如依托线下展览形成的网上展览、无实体展览支撑的虚拟展览、依托大数据和人工智能建设的线下数字展厅和智慧展厅、各种各样的沉浸式展示体验等,与此相适应的社会教育和媒体传播也深受观众欢迎,往往形成现象级传播效果;最后,依托博物馆明星文物开发形成的文化创意产品、依托重要展览衍生的出版物以及其他周边产品等规模越来越大,社会影响也极为广泛,社会效益和经济效益也都十分可观。当然,在网络信息技术的支持下,博物馆的安全运维、设备管理、后勤服务等方面更是发生了根本性变化。我们经常强调现在博物馆正在经历三级跳甚至四级跳,即从传统意义上以实物为核心资源的博物馆转向以观众为核心的新博物馆阶段,再到以办公自动化为主要形式的信息化阶段,进而转到以数字化呈现为核心的数字博物馆阶段,目前则正在向以数据资源为核心的智慧博物馆转变,数字藏品、元宇宙等等就是博物馆与数字信息技术在这方面的最新探索。

二

中国的博物馆事业肇始于20世纪初学习西方先进文化的时代背景中,迄今已经走过了一百多年的发展历程。中华人民共和国成立以来,博物馆事业作为党领导的国家文化事业的重要组成部分,不仅自身迅速发展繁荣，形成涵盖综合类、历史类、艺术类、遗址类、人物类、科技类、纪念馆类等类型多样的庞大博物馆体系，而且积极回应国家和社会需求，主动承担历史、时代、民族和国家赋予的使命，在收藏和保护文物、举办展览、开展社会教育活动、满足人民精神文化需要、向世界展示中国风采等方面发挥了重要作用。特别是党的十八大以来，习近平总书记高度关注、重视文物博物馆工作，多次到博物馆考察调研，对博物馆工作作出一系列重要指示批示，博物馆事业得到高速发展、空前繁荣，在促进人的全面发展、引导社会价值理念和反映社会进步成就方面发挥的作用不断彰显，作为文明交流互鉴窗口和平台的作用日益突出。有资料表明，1996 年我国仅有博物馆 1 210 座，到 2019 年全国备案博物馆已达到 5 535 座，年均增加近 200 座新博物馆。2019 年，全国举办展览近 3 万个，年观众总量在 12 亿人次以上。即使在深受新冠疫情冲击的 2021 年，我国新增备案博物馆也高达 395 家，备案博物馆总数达 6 183 家；全年举办展览 3.6 万个，举办教育活动 32.3 万场；全年接待观众 7.79 亿人次；适应疫情防控需要，策划推出 3 000 余个线上展览、1 万余场线上教育活动，网络总浏览量超过 41 亿人次。其中，中国国家博物馆、故宫博物院等都是在国内外具有广泛影响、深受观众欢迎的世界知名博物馆。大体来说，当代中国博物馆事业发展具有以下几个突出特点：

一是强有力的政府支持。与西方发达国家主要通过各种基金会对博物馆提供间接支持赞助不同，我国博物馆中有三分之二属国有博物馆，而且各类博物馆都可以通过不同方式获得直接财政支持，馆舍建设、藏品征集、安全运维、免费开放等等都是如此。与此同时，中央以及地方政府还出台不同政策对博物馆事业发展提供强有力的政策支持。正因为如此，国内博物馆建设发展速度很快，年均新增 200 多座新博物馆，目前已经实现平均每 25 万人一座博物馆的"十三五"规划预定目标。没有党和政府的强有力支持，就没有今天我国博物馆事业繁荣发展的大好局面。

二是鲜明的历史导向。中国有百万年的人类史，一万年的文化史，五千多年的文明史，为我国博物馆事业发展提供了丰富的历史文物资源。正因为如此，我国博物馆的主体是历史类博物馆，包括各种依托考古遗址建设的博物馆、依托名人故居或重大事件发生地建设的纪念馆等等，即使是综合类博物馆或行业博物馆也大多是以历史文物藏品或展览为主。这样一种组织体系决定了博物馆工作鲜明的历史导向，在文物征集收藏上比较注重历史价值，在阐释解读上比较倾向于以物说史、以物释史、以物证史，强调对历史文化的深层次探索和解读。相对来说，博物馆工作中关于美的历史展示，关于公众审美意识和审美能力的引导培养，还有很大的发展和提升空间。

三是锚定一流的设施配备。由于我国现有博物馆绝大多数都是改革开放以来三四十年间新建或者是完成改扩建的，无论是馆舍建筑设计，还是配备的设备设施，都是着眼于世界或国内一流水平来规划安排的，所以，我国现有博物馆基础设施大都非常先进，硬件方面堪称一流，馆舍也很壮观，是当之无愧的文化地标，许多省级博物馆乃至地市博物馆也都建设得气势恢宏，硬件条件不逊于一些外国国家博物馆，这在很大程度上得益于后来居上的后发优势。与此相对照，关于博物馆的微观组织架构和管理体制机制则受苏联理念风格的影响较大，部门之间分工明确，行政主导特点鲜明，具体工作依项目组织运行，策展人的权责地位则不够明确突出。

四是馆藏总体规模相对偏小。在看到我国博物馆飞速发展的同时，我们也要清醒地看到，我国博物馆的藏品规模总体上还是比较小的，全国第一次可移动文物普查数据显示，总量只有 1.08 亿件（套），其中各级各类博物馆藏只有近 4 200 万件（套），全国博物馆藏品规模尚不及美国史密森学会（Smithsonian Institution）博物馆群 1.57 亿件的藏品规模、号称国内藏品最多的故宫博物院藏品只有186万余件（套），中国国家博物馆只有143万余件（套），较之大英博物馆、纽约大都会艺术博物馆动辄数百万件的藏品规模相去甚远，这又从另一个方面反映了中国博物馆发展空间巨大，任务更加艰巨复杂。

五是学术研究基础亟待加强。博物馆是一本立体的百科全书，学术研究是博物馆一切工作的基础，没有高水平的学术研究就没有高质量的征集保管，也没有高水平的展览展示，更没有引人入胜的教育传播活动。传统上，我国博物馆普遍比较重视展览展示和讲解社教，学术研究基础总体上则比较薄弱，而且不同博物馆研究实力和学术水平也很不均衡。一般来说，各省省级博物馆和部委属专题博物馆的研究机构设置和研究人员配备情况相对好些，地级市及以下博物馆比较弱些，非国有博物馆则几乎谈不上学术研究。总体来看，博物馆在藏品和展示方面呈现出越往上越好、越往下越差的三角状态。无论是承担学术研究项目，还是学术人才配备，这种梯级分布情况都十分明显。

六是国际策展人明显不足。博物馆展览是一项综合性工作，需要策展人是多面手，把符合博物馆功能定位的展览意图与社会观众的普遍预期有机结合起来。一方面，要选好展览主题，多方面争取和筹集经费，从不同单位协调展品，熟悉展品的基础信息和学术研究进展情况，准确把握观众需求和期待；另一方面又要做好展览的内容设计、空间设计、平面设计和灯光设计，不仅仅要把藏品摆出来，而且要摆得好、摆得到位，既能够让普通观众清楚明白地了解到策展人的展览主旨和斟酌脉络，又要让具有相当研究欣赏水平的观众能够对特定藏品进行近距离观赏和思考。在国际层面上，由于展览肩负文明交流互鉴的重任，而各博物馆的功能定位不同，中外博物馆策展理念存在明显差异，真正具有国际视野、能够推进国际展览的专门化策展人才严重不足，能够有效向国外推介中国博物馆展览的优秀人才则更是凤毛麟角。反映在展览交流上，就是我们处于严重的入超状态，即引进来的多，走出去的少；走出去的展览中古代的多，近现代的少；在走出去的古代展览中，靠展品取胜的多，依靠展览叙事产生重大影响的少。要改变这种情况，就必须加大对策展人的培养力度，形成一大批具有国际视野和能力的国际化策展人，真正推动中华文化走出去。

令人振奋的是，进入 21 世纪第二个十年以来，在以习近平同志为核心的党中央的关心和支持下，人民群众关注博物馆、参观博物馆、支持博物馆建设的热情更加高涨，我国博物馆事业发展明显加速，呈现出空前积极健康向上的良好发展势头。从博物馆自身发展来看，共同的趋势是更加突出观众为本的价值理念，更加强调展览展示是博物馆最重要的公共文化服务产品、策展能力是博物馆的核心能力，博物馆作为历史文化解读者的权威地位受到更多方面因素的影响，博物馆周边产品的延伸活化功能得到前所未有的关注和发展，网络信息技术手段得到广泛应用，文化客厅的地位作用更加突出，更加重视塑造提升博物馆的社会公众形象，更加突出征藏展示活动的评价导向功能。在这种情况下，博物馆作为一个相对独立的自主知识体系载体，如何能够更充分地留存民族集体记忆，如何更系统完整地展示中华文明的源远流长、绵延不绝和灿烂辉煌，如何更大力度地以中华文化走出去来促进文明交流互鉴，如何更有效地处理好保存历史与技术应用之间的关系，如何更多地创造分享社会发展新知，都成为时代提出的一些紧迫而直接的严峻挑战，要求我们广泛吸取各方面的智慧和启示，明确未来的发展方向，不断推进理论探索和实践创新，为世界博物馆事业发展提供中国方案、贡献中国力量。

三

概括起来看，无论是在中国，还是在外国，博物馆相关的知识体系大体上可以分为三大类：一类是关于文物藏品的学问，我们称之为文物学。在这个大类之下，各种关于不同类型文物藏品的研究都可以称之为一门专门学问，比如研究青铜器的，研究绘画作品的，研究雕塑的，研究玉器的，研究陶瓷的，研究钱币的，研究不同时代历史文物的，研究不同艺术流派的，研究民族民俗文物的，等等。一类是关于历史文化研究的，大致可以归为历史学的范畴。国内博物馆一般是依据历史时代进行断代史相关研究的，比如夏商周、先秦史、秦汉史、三国两晋南北朝史、隋唐史、宋元明清史、近代史、现代史、当代国史研究等等。欧美国家的博物馆由于藏品来源不同，大多按不同地区分为希腊罗马、埃及、中东、远东、印度等不同研究方向，依托馆藏文物藏品进行研究、展览以及征集等。比如，卢浮宫博物馆分设有希腊、伊特鲁里亚和罗马文物、埃及文物、东方文物、伊斯兰艺术、拜占庭与东方基督教艺术、绘画、版画与素描、雕塑和装饰艺术九个藏品部门。还有一类是研究博物馆管理的，包括征藏、文保、展览、教育、传播、设备、安全等等，这部分研究工作可以称为博物馆学。从这个意义来说，所谓博物馆学实际上就是博物馆管理学，核心内容就是研究博物馆运维的内在规律，包括征集工作规律、保管工作规律、学术研究工作规律、展览展示工作规律、社教传播工作规律、观众服务工作规律、文化创意工作规律、安全保障工作规律等等。总体上来说，这三方面的学问构成了现代博物馆知识体系的主体部分。自然历史博物馆和艺术博物馆则另当别论。

就博物馆的藏品研究来说，与大学或专门研究机构有着明显的不同。一般来说，大学研究或专门学术机构研究以文献为主，即使用到文物，也大多是引以为证。而博物馆的藏品研究则大多以文物为中心展开，对其产生、传承、功能、形态、材质、纹饰、图案等等从多方面展开研究，深入挖掘文物的历史价值、文化价值、审美价值、科技价值以及时代价值。这种研究固然需要具备深厚的历史背景和扎实的专业功底，但研究的对象始终是以物为中心，在这个过程中展现出广博的学科视野和深厚的知识储备，旁征博引，求真解谜，以释其真、其美、其重要，而由此得出的结论总脱不开物之真伪，并据此达到以物证史、以物释史、以物说史之目的。有物则说话，无物则不说话，有多少物则说多少话，至于由此物进行复杂的逻辑推演并获致更大范围内适用的结论，这在大多数情况下不是博物馆藏品研究的特点。从这个意义上来说，博物馆有多少藏品就会有多少研究专业或研究方向，每一件藏品的研究都是独一无二的，藏品研究的结论在很多情况下和很大程度上都只是对人类旧有知识或佚失知识的再发现，所以，要为人类知识宝库增加新的知识的话，就还需要通过上升到更高层面，比如历史学、艺术学等等来提炼或者归纳。因此，尽管博物馆藏品研究是学术研究的一个大类，研究领域、研究方向或者说研究课题纷繁复杂，但藏品研究本身并不构成一个独立的学科体系。这个结论对于文物学这个概念也是适用的。博物馆藏品大多属于文物，关于文物的研究可以用文物学来指称，但文物种类千差万别，对文物的研究缺乏一个共同的理论基础，试图用文物学这样一个大筐把博物馆藏品研究纳入其中，以此论证文物学作为一个学科存在的科学性，在很大程度上是难以成立的，因为大多数情况下文物之间的联系是偶然的而非必然的。

另一方面，在博物馆从事的科学研究大多是跨学科研究。对任何一件馆藏品的研究，都可以从多角度、多维度来进行把握，涉及自然科学和社会科学、工程技术等诸多学科领域，涉及历史学、美学、艺术学、理学、工学等各个学科门类的知识。举例言之，同样是研究大盂鼎，高校科研院所可能会将视角主要集中于器型、铭文或其功用之上，着眼于审美价值和历史价值；博物馆专家学者则需要从材质、工艺、纹饰、铭文、递藏过程等多维度来把握，需要科技史、文化史、文字学等多学科支撑，只有这样才能全面立体地展现大盂鼎的历史价值、文化价值、审美价值、科技价值和时代价值，向社会公众传达"国之重器"应有的教化意义。与此相适应，博物馆的学术研究是有明确应用指向的,研究成果要服务于博物馆的各项业务工作。围绕藏品进行研究是博物馆研究的基础,科研工作目标方向就是要以促进藏品征集、藏品保管、文物保护、展览策划、社会教育、公众服务、新闻传播等业务工作为导向,实现科研成果的直接转化。正因为如此，博物馆藏品或者说文物研究人员往往被称为专家而不是学者，因为相对于理论探索来说，博物馆藏品研究更多地是应用研究或者开发研究，虽然做的许多工作是基础性工作。

相比之下，博物馆学确实是一门综合性学科，关于博物馆学的研究可以从多个维度来展开，比如社会学、传播学、展览学、设计学、管理学、文化学等等。从我国的情况来看，博物馆学在形式上已经具有了作为一门成熟学科的主要条件，包括拥有中国博物馆协会这样一个学术组织，办有一批以博物馆为主题的专业刊物，而且南开大学很早就设立了博物馆学专业并且开始招生，甚至也定期进行博物馆定级评估并给予相关奖励，但作为一门生存和发展于历史学与考古学夹缝之中的交叉学科，博物馆学对自身的学科属性和专业定位长期模糊不清，学术研究也很难深入，这种复杂情况既可以在博物馆相关刊物的论文结构分布中清楚地看出来，也可以在专业基础对学生的就业方向影响不是特别显著这一方面呈现出来。之所以如此，一个重要原因就是博物馆研究缺乏符合博物馆实际而且特有的共同理论基础，在研究中要么主要是工作介绍，要么是经验归纳，既缺乏深入的理论挖掘，也缺少给人以启迪的思想提炼，以至于在全社会形成博物馆热的良好氛围之下，关于博物馆学的研究仍然冷冷清清，缺乏高度启示性、理论性的优秀学术著作，博物馆学相关研究成果对博物馆实际工作的指导作用也乏善可陈。因此，建设和发展中国特色博物馆学已是极为紧迫的。

关于建设中国特色博物馆学，王宏钧先生主编的《中国博物馆学基础》当属开山奠基之作，苏东海先生的《博物馆的沉思》等也进行了深入的思考和探索，但前者偏重于博物馆业务实践的归纳提炼，可称为博物馆微观管理学；后者偏重于博物馆事业发展的思辨和思考，属于博物馆一般理论。那么，中国特色博物馆学的理论基础到底是什么？这实际上是缺乏充分共识的。我个人认为，博物馆学的理论基础既可以是传播理论，也可以是知识管理理论，其核心包括以代际传承为主要内容的纵向传承和以展览为载体的横向扩散，当然随着网络信息技术的发展又有了赛博传播，从某种意义上可以说，博物馆的全部工作都是围绕着这三个维度展开的。以纵向传承来说，相关的研究包括藏品征集、藏品管理、库房管理、文物保护、藏品修复等，其中藏品的真伪之辨、新修之变、修旧如旧等实际上是要解决知识的确定性问题；以横向扩散来说，相关的研究则有展厅管理、展览策划、展览设计、展览制作、社教讲解、媒体传播、文化创意、国际交流等，其中的展览—传播—国际交流在形式上是社会教育，在实际上则是要解决知识的有效流动及其效率问题；以赛博传播来说，相关的研究则有博物馆信息技术、数据管理、在线展览、虚拟展厅、网络媒体、舆情监测、形象管理等，其中的数据、网民等实际上既是知识流动问题，也是网络信息时代博物馆形态变化的大背景下文物—观众关系发生时空转变的问题。而为了做好这些工作，中国特色博物馆学还应该有相应的基础工作，包括观众服务、设备管理、人力资源管理、财务管理、后勤管理、场馆运维、安全管理，以及涉及博物馆宏观管理的博物馆标准体系、博物馆政策法规等等。当然，也有学者提出要建立博物馆的知识图谱，这个问题值得商榷，因为历史上留下来的各种物质文化遗存是高度随机的，有时关于这些物质文化遗存的知识也是高度不确定的，而知识图谱需要在不同知识概念之间建立强逻辑联系，要把这样两种不同属性的事物融合起来，是需要超长时间的知识积累和研究支撑的，因而在效果上和方向上是难以实现的。

四

我们建设中国特色博物馆学，必须了解世界博物馆发展的总体趋势；我们创建世界一流博物馆，也必须把握世界一流博物馆的共同特点。在这方面，总的信息数据和研究基础都不那么令人满意。比如说，关于世界博物馆总量，一直没有准确数字，据估算在 20 世纪 30 年代约有 7 000 座，70 年代中期增加到 2 万多座，到 80 年代增加到 8.5 万座左右。但依据《世界博物馆》(*Museums of the World*) 2012 年版对 202 个国家的统计，博物馆数量为 55 097 座。根据联合国教科文组织的研究报告，2020 年全世界的博物馆数量自 2012 年以来已增长了近 60%，达到约 9.5 万家。2021 年 4 月，联合国教科文组织以同年 3 月开展的在线调查所得数据为基础，报告了全球 10.4 万家博物馆现状。不同来源数字的差距之所以如此之大，主要是不同机构对博物馆的界定标准千差万别，统计报告的范围各不统一。总体上看，博物馆界倾向于从严控制范围，因而得到的数字小些；而联合国教科文组织倾向于从宽掌握范围，所以得到的数字大些。无论如何，世界各国博物馆数量呈现出持续增长的趋势，这既说明博物馆在承担国家文化政策功能方面的地位日益突出，也反映了经济社会发展为博物馆建设提供的支持更加强劲有力。

然而，博物馆数量的增长并不等同于质量和水平的提升，后者主要通过博物馆结构反映出来，而其中最重要的指标就是世界一流博物馆的数量与影响力。尽管博物馆形态多种多样，规模属性不一，但究竟什么样的博物馆才是世界一流博物馆，从来没有一个准确的界定，主要是出自口碑，包括观众评价或业界评价。一般来说，要成为世界一流博物馆，需要在多方面达到世界一流水平，比如藏品水平、研究水平、展览水平以及社会教育水平、综合运维、社会影响等等，它们共同构成世界一流博物馆的基本指标体系。

其一，藏品规模大。世界一流博物馆一般都具有藏品丰富的突出特点，不仅数量多，而且质量好、价值高，拥有一批举世公认、人人希望一睹"芳颜"的稀世珍宝，这些珍宝或者是历史文物，或者是艺术品。纽约大都会艺术博物馆、大英博物馆、艾尔米塔什博物馆、卢浮宫博物馆等世界闻名的一流博物馆，其藏品规模都在数十万乃至百万件以上，比如大英博物馆拥有藏品800多万件，来自埃及的罗塞塔碑、法老阿孟霍特普三世头像以及来自中国的《女史箴图》等堪称明星级珍贵藏品；法国卢浮宫博物馆拥有藏品近50万件，其中断臂维纳斯雕像、《蒙娜丽莎》油画和胜利女神石雕被誉为"世界三宝"；纽约大都会艺术博物馆藏品超过150万件，仅15世纪至今的世界各地服装即超过3.3万件；艾尔米塔什博物馆拥有注册藏品318万多件，包括达·芬奇的《利达圣母》与《持花圣母》、拉斐尔的《圣母圣子图》和《圣家族》、提香的《丹娜依》和《圣塞巴斯蒂安》、伦勃朗的《浪子回头》、鲁本斯的《酒神巴库斯》等等。这些博物馆大多历史悠久，藏品丰富，质量水平突出，形成馆以物名、物以馆重的良性互动机制。

其二，综合性博物馆。世界一流博物馆大多是综合性博物馆，其藏品结构和业务方向既要有历史性，也要有艺术性，还要有文化性，但总体上看历史文化是主基调、主旋律、主方向。比如，纽约大都会艺术博物馆的藏品就包括各个历史时期的建筑、雕塑、绘画、素描、版画、照片、玻璃器皿、陶瓷器、纺织品、金属制品、家具、武器、盔甲和乐器等，其展览涉及的范围更广。艾尔米塔什博物馆的藏品包括1.7万幅绘画，1.2万件雕塑，62万幅版画和素描作品，近81万件出土文物，近36万件实用艺术品，超过112万枚钱币，以及古代家具、瓷器、金银制品、宝石等。俄罗斯国家历史博物馆不仅拥有500多万件藏品，比如超过 50 万年的旧石器时代物品、远古时代的巨大象牙、俄国最早的楔形文字记录与武器发展等，以及反映现代俄罗斯历史变迁的重要展览物，还有 1 400 多万份文档资料。由此可见，不管名字为何，世界一流博物馆肯定不应该是专题性博物馆，而是综合性博物馆，它们应该都能够进行宏大叙事，构建完整的话语表达体系，对公众起到教化作用。

其三，展览形态多样。作为公共文化机构，博物馆最重要的公共文化产品是展览，最核心的竞争力是策展能力。能否持续不断地推出在社会上产生巨大影响力的现象级展览，这是判断一座博物馆绩效水平的重要指标。世界一流博物馆无不以展厅多、展览多见长，有些博物馆建筑本身就是精美的展品。举例来说，卢浮宫拥有 403 个展厅；奥赛博物馆拥有 80 个展厅；大英博物馆则有 60 余个常年对外开放的固定展馆，有的展馆涵盖了多个展厅；纽约大都会艺术博物馆拥有 248 个展厅，常年展出服装、希腊罗马艺术、武器盔甲、欧洲雕塑及装饰艺术、美国艺术、古代近东艺术、中世纪艺术、亚洲艺术、伊斯兰艺术、欧洲绘画和雕塑、版画、素描和照片、现当代艺术、乐器等，另外还有一些临时展览；艾尔米塔什博物馆拥有 10 座建筑、500 多个展厅，其陈列展览既有宫廷原状陈列如沙皇时代的卧室、餐室、休息室、会客室等，也有专题陈列如金银器皿、服装、武器、绘画、工艺品等，还有既保留原状又有所改变的陈列，比如在原物之外又增加了许多展品。一般来说，这些展览都展示了人类历史上不同时期的艺术瑰宝，琳琅满目，恢宏大气，充分体现出各个时代的代表性技艺和艺术水准。

其四，具有强大话语权。世界一流博物馆的话语权主要在于强大的文化解释权，包括学术话语权和文物释读权，其基础在于丰富的研究资源和雄厚的研究实力，而来源则是强大的研究力量。无论在藏品征集鉴定、学术研究、展览展示、国际联络等方面，还是在教育传播、文创开发、安全运维、综合管理等方面，世界一流博物馆都拥有一批业内公认的顶尖专家和学术领军人才，他们在业内有学术影响力，在公众中间有社会影响力，在许多方面能够起到一锤定音的权威作用。他们在专业学术刊物上发表文章，在专业学术会议上发表演讲，在专业学术团体中拥有重要位置，在公共媒体或自媒体上不断发表观点，而在这些情况下，他们都会引起业界和公众的广泛关注，并加上引用、转发和传播，成为有关研究和宏观决策的重要依据。一定意义上，他们是权威专家，他们的声音就是比普通员工有更大的传播声浪。比如说，在藏品征集或文物定级中，他们的观点可能直接决定着博物馆是否会征藏某件文物，或者一件文物被定级为珍贵文物还是普通参考藏品。

其五，具有行业引导力。世界一流博物馆之所以具有行业引导力，主要是由四个因素决定的：一是站得高，即世界一流博物馆在看事情、想问题、作决策时，绝不仅仅从本馆的角度出发，而往往是从人类历史文化或者是艺术发展的角度来作判断的，具有更高的历史站位和专业站位；二是看得远，即世界一流博物馆的决策更具有战略性，既要立足当下，更会着眼长远，对其征藏、展览、研究、人才、传播等行为的社会影响更加看重一些，挖掘得更深更细一些；三是想得透，也就是对世界与社会发展大势、行业发展主流形态、面临的突出问题、解决的具体举措以及未来的发展方向等有着更加深入的思考，不断推出新思想、新理念，凝练提升为新模式、新方案，形成业界共识，起到引领示范作用；四是做得好，即世界一流博物馆不仅有行动指南，更重要的是有具体落实行动，把蓝图变成现实，成为人人看得见、摸得着、享受得了的具体成果，而且这些行为又是可学习、可借鉴、可模仿的。就其本质来说，行业引导力主要是思想引导力、理念引导力，归根到底也是学术引领力。

其六，具有国际性的社会美誉度。世界一流博物馆普遍具有较高的社会美誉度，而且这种美誉度是跨行业、跨区域甚至也是国际性的。我们说一家博物馆具有较高的社会美誉度，主要是从这样几个方面来把握的：一是它的业务工作大多达到了较高的专业技术水平，比较规范，也比较专业，能够得到业界专家的高度评价和认可；二是它所推出的公共文化产品和服务具有较高的质量和水平，无论是展览展示还是观众服务或者是文创传播，都能得到社会公众的广泛认可和好评，在媒体上或者观众心目中都有比较好的口碑；三是运维管理安全有序，能够高质量完成委托交办的任务，履职尽责到位，为政府管理的绩效评价增光添彩，实现社会效益和经济效益的高度统一，得到政府部门的充分认可和高度评价；四是在国际上有较高的知名度和美誉度，国外的社会知晓率较高，在观众构成中国际观众占比较高，而且观众口碑较好，重复参观比例较高。

建成世界一流博物馆是一项长期任务，不是三两年建起一座大楼就可以了的，需要持续不懈地在软、硬件和社会环境营造上下大功夫，特别是在博物馆管理的理念与理论基础上应该形成自己的特色特点。好的博物馆应该是有品格的，也是有性格的，国家特色、时代特征、自身特点共同塑造了优秀博物馆的气派和风格。当今世界正处在一个大发展、大变革、大调整的时代，博物馆在推进人类社会发展中的地位和作用从未像现在这样凸显，博物馆之间的交流合作从未像今天这样频繁密切，博物馆从业人员既要关注自身的发展，也要从更广阔的视野来深入思考博物馆的社会功能，准确把握博物馆发展的新特征、新变化，主动回应博物馆发展面临的挑战，在时代巨变的洪流中持续探索博物馆发展的方向和重点。只有这样，我们才能够完成建设一批世界一流博物馆的历史任务和使命。

五

无论是建设中国特色博物馆学，还是要创建世界一流博物馆，首先需要中国本土各级各类博物馆的积极探索和丰富实践，同时也需要广泛充分吸收外国博物馆界的理论成果与经验积累。中国国家博物馆作为国家最高历史文化艺术殿堂和国家文化客厅，历来重视学术研究，把研究立馆作为办馆方针的重要内容，把建成具有世界影响力的研究中心作为发展的重要方向，努力以扎实的学术研究推动构建与国家主流价值观和主流意识形态相适应的中华文化物化话语表达体系，引导人民群众增强历史自觉、坚定文化自信，推动中外文明交流互鉴。组织翻译《中国国家博物馆国际博物馆学译丛》（以下简称《译丛》），就是要坚持全球视野、专业视角，面向世界一流水平，以兼收并蓄、海纳百川的宽广胸怀，分享世界博物馆学研究动态，推介前沿学术成果，借鉴优秀实践经验，助力中国博物馆学的理论创新和建设发展实践，推动构建中国特色、中国风格、中国气派的博物馆学学科体系、学术体系和话语体系，为新时代博物馆事业高质量发展作出积极贡献。总体来看，这套译丛至少具有以下三个特点：

一是系统性。《译丛》主题涉及博物馆工作的方方面面，既有关于博物馆学理论基础的，也有关于策展实践的；既有关于展览设计的，也有关于文物保护的；既有关于博物馆运维管理、藏品保护的，也有关于博物馆数字化、公共教育等领域研究成果的，同时凸显博物馆学多学科交叉融合的特点。在研究方法上，《译丛》兼顾当代博物馆学发展的规范性、理论性、反思性、趋势性等特征，选取了部分将博物馆学这门人文学科与更广泛的社会背景联系起来的研究成果，涉及全球变暖、殖民主义、种族主义、可持续发展等更为复杂的社会问题，集中反映了当下多元文化共存的复杂社会环境和大范围深层次的创新变革下，博物馆学的研究对象和研究范式随着博物馆功能、职责和定位的拓展而发生的转变。从这个意义来说，无论对于博物馆工作实践还是博物馆学研究，《译丛》都具有很强的针对性和启发性。

二是探索性。《译丛》的学术研究特点非常突出，不是从概念到概念、从范式到范式，而是从不同作者的研究视角出发，结合博物馆的工作实际展开探讨，而这样一些主题，如策展伦理问题、策展手册、策展人的角色以及公众参与、数字化建设等，通常很少出现在纯粹的学术性论著之中。以策展为例，尽管大家一致认为在博物馆实际工作中，策展人扮演着非常重要的角色，他们关于历史文物或艺术作品的展览解读对大众思想起着非常重要的引导作用，但他们到底该如何发挥自身作用，包括在数字时代如何应对来自展示、传播、版权、媒体等方面的严峻挑战，始终没有一个明确结论。事实上，这不仅仅是一个理论问题，更是一个迫在眉睫的实践问题，必须结合博物馆工作实际不断加以总结提炼，而开放探索、创造新知恰恰是本《译丛》的鲜明特色。

三是开放性。《译丛》不仅选择的主题是开放的、研究的方法是开放的，而且叙事方式也是开放的，这在其中两本书中有突出体现。一本是关于自然博物馆中策展人的故事，阐明了自然历史展览策划中一些鲜为人知的理念思考和实践探索，实际上反映了《译丛》主编对于博物馆范畴的思考；一本是关于数字时代博物馆发展的研究探讨，展示了作者在网络信息技术和数据技术飞速发展的时代背景下，对博物馆面临的各种挑战以及应对策略的探索，实际上也反映了《译丛》主编关于博物馆核心理念到底是文物、观众还是技术的一些深层思考。一定意义上说，正是由于《译丛》不仅包含最新基础理论著作，也涵盖与实践紧密相关的应用研究，收录著作体裁十分丰富，包括研究专著、学术论文集、文献综述、演讲集，以及普及性读物，从而把研究的开放性与阅读的趣味性有机结合了起来，既能满足博物馆从业者和研究人员的需求，也适合一般博物馆爱好者阅读，进而形成了读者对象的开放性。

《译丛》的出版凝聚了国内文博界"老中青"三代的力量，规模之大，在我国博物馆行业尚属少见。在这套丛书的策划过程中，潘涛先生不仅有首倡之功，而且多次推荐重要书目，出力不少；中国国家博物馆的多位中青年学者勇敢承担起翻译工作，他们的贡献和辛苦已经以译者的形式予以铭记；一些国内资深博物馆专家和高校学者多番审校，其中有颇多学界前辈不顾高龄、亲力亲为的身影，他们的学术精神和敬业作风令我们甚为感动；还有一些学者承担了大量繁琐的幕后组织工作，虽未具名，但他们的贡献也已深深地凝结在了《译丛》之中。需要说明的是，《译丛》收录的首批著作都是在 2020 年之前完成的，当时几乎没有研究者关注到类似新冠疫情大流行之类问题对博物馆行业的重大影响，这一缺憾我们将在后续翻译出版工作中予以弥补，到时会适当关注全球疫情影响下的一些重要研究成果。衷心希望《译丛》的出版能够为中国的博物馆学研究和博物馆事业发展贡献一份力量。当然，由于水平有限，译本中难免会存在这样那样的错误和疏漏，真诚欢迎广大读者批评指正！

　　是为序。

2023 年 8 月于北京

前　言

本书重点介绍保护和修复各种艺术品和考古文物时所使用的化学药品，以及这些药品的特殊用途。

此外还涉及各种使用方法，包括清洗、保护和修复方法及针对每件器物保存状况的分析方法。

本书所含重要内容涉及：

（1）油画。

（2）纸张保护。

（3）纺织品及其染料。

（4）考古木材。

（5）化石。

（6）石质文物。

（7）金属及金属制币。

（8）玻璃（包括教堂窗户）。

本书内容聚焦基础问题，还关注过去几十年的文献研究。除了可作为教材外，本书还可能为仅仅泛知这些内容，但需要了解更多相关知识的文物保护工作者及专家提供专业知识。

如何使用本书

由于本书收录了大量的资料，作者收集资料时特别注意数据的可靠性。但所有内容不可能在各个方面得到全面体现，因此推荐读者查阅原始文献来获得完整信息。

致谢

本人由衷感谢我们大学的图书管理员克里斯蒂安·哈森哈特（Christian Hasenhütt）博士、约翰·德拉诺伊（Johann Delanoy）博士、弗朗茨·尤雷克（Franz Jurek）、玛吉特·凯什米里（Margit Keshmiri）、多洛雷丝·克纳布尔（Dolores Knabl）、弗里德里希·舍尔（Friedrich Scheer）、克里斯蒂安·斯拉梅尼克（Christian Slamenik）、雷娜特·查布施尼格（Renate Tschabuschnig）及伊丽莎白·格罗菲（Elisabeth Grofi），在文献收集方面提供的支持。非常感谢我的系主任沃尔夫冈·克恩（Wolfgang Kern）教授对此书给予的许可和关注。

在此，我还想对所有认真发表相关研究成果的科学家们表示感谢。特别地，我想感谢维雷格·M.苏珊娜（Virág M. Zsuzsanna）博士提供了一些有意义的细节信息，这对本书的撰写大有裨益。

最后，也是相当重要的，我想感谢出版人马丁·斯克里夫纳（Martin Scrivener）在本书准备阶段始终不渝的关注和帮助。还要感谢让·马尔科夫（Jean Markovic）非常仔细地对本书内容进行了最后编辑。

约翰内斯·卡尔·芬克

2017 年 4 月 14 日，于莱奥本

目 录

第一章　绘画

第一节　清洗

自古以来，艺术家们通过涂刷光油来保护油画表面。在这种技法系统下，人们可以通过刷洗甚至频繁地清洗去除油画表面长期累积的尘垢而不危及油画本体安全[1]。

遗憾的是，玛蒂树脂或其他传统软树脂制成的光油耐久性不强。几十年后，光油开始黄化、发脆、透明度降低，于是在作品表面直接清洗老化的光油变得更具挑战性。

即使是新的树脂，树脂的使用也可能改变绘画外观。在光油（清漆树脂）覆盖区域，颜料的透明度增加、媒介剂的折射率降低，由此，生成了一个全新的，且通常是光亮的表面。通常来说，艺术家们考虑到将来油画免受尘垢和清除的风险，已经接受了光油带给绘画作品外观的瞬时变化。

18世纪至19世纪，公立院校掌控着大部分专业绘画实践，对光油的需求也变得尤为重要。

作品"完成"的概念包含许多定义，这也成为学院艺术家和买家之间对于作品质量和耐久度所达成的不成文约定。因此，职业艺术家和他们的顾客或赞助人总是把涂刷光油当成作品持久度的保证，艺术家们也利用光油的性质，获得视觉性和实用性双方面的收益。

许多艺术家忽视光油涂刷原则或对画面进行不当操作，在临近展期时仍在作画，然后在尚未干透的绘画表面匆匆涂刷光油。还把诸如玛蒂树脂之类的软树脂光油混入颜料，以提升颜料的短期处理性能，甚至在作品完成上光油后继续在光油表面作画。这种在油画颜料内混入天然软树脂的做法，一直流行到 20 世纪中期[2]。

若每年对绘画进行一次清洗，用刷子或者吸尘器很容易清除光油层表面的尘垢。然而，用水洗效果更好，只需一二十年洗一次即可。这个操作需要润湿剂与光油层表面进行良好接触，使润湿剂表面能够吸附绘画尘垢。

采用土豆和洋葱的传统清洗配方非常出名[3]。唾液清洗也仍旧被认为是行之有效的。除此之外，人们还推荐了许多其他清洗材料，包括硼砂和尿液。

传统光油对紫外线、空气污染和水汽最为敏感，随着光油不断老化，它们变得极性更强、更脆、更易水溶。一篇专题论文中讨论了水性清洗的方法[4]。

在反复清洗作用下，光油最终会分解。蜡或者罂粟油刷涂在清漆树脂表面可以延长树脂的使用寿命，但会导致树脂透明度降低和变黄，破坏画面的视觉效果[3]。

最初人们透过清晰崭新的光油看到绘画，直到今日或许已时隔两代人。几百年来，人们一直使用酒精清洗干透画层表面完全氧化的玛蒂树脂光油[5, 6]。

沃尔贝斯（Wolbers）使用一种含表面活性剂的水基清洗体系取代纯溶剂清洗绘画作品表面[7]。该体系可同时有效地清洗绘画作品表面氧化的树脂、油性树脂和污染物。沃尔贝斯给出的新配方提供了更为可控的清洗顽固污染物的新方法[1]。

一、重要的思考

随着清洗技术和分析技术的快速发展，文物保护工作者不断意识到辩证地对待清洗工作非常重要且必要。伦敦国家美术馆（National Gallery of London）在 1947 年举办的关于清洗的辩论，开启了现代社会对文物清洗的讨论[8]。其对应的一项关于艺术史和保护研究中的科学成果业已发表[9-11]。绘画作品（表面）清洗和光油去除可以说是争议最大、损伤力最强的干预性修复。

早在 1921 年，德尔纳（Doerner）已警示溶剂和清洗可能引起的破坏[2, 8]，他在关于法国专业绘画修复起源综述[12]的书中讲道：

绘画作品清洗材料种类不计其数，其中大部分材料是修复师的个人秘方。并不是所有类型的清洗材料都适用于绘画作品。最强的腐蚀剂、酸和溶剂曾被不假思索地用到作品上。未知成分或所谓的秘制溶液被用来向公众推广，似乎没有专业知识的人也可以直接用它们来清洗作品。这样的清洗方法往往过于"成功"，以至浴直接清洗到绘画的基底层。这种情况下，文物修复师会采用重绘的方式掩盖他们的过度清洗。

毫不奇怪，对于不知情的公众来说，这些过度清洗的区域往往看起来比绘画原貌更干净。时至今日，仍有修复师严肃地声称自己找到的清洗材料，可只去除新绘层且不伤及真实的原始色层。但实际上，当清洗到达绘画原始色层时或许已经需要敲响警钟了。

在 19 世纪末之前，用香脂清洗绘画非常流行，特别是采用苦配巴香脂。然而，香脂对绘画的损害堪称灾难性，尤其对油画而言[13]。

苦配巴香脂是一种树脂，因具有软化特性可以长期保持活性而知名。所以，经过苦配巴香脂清洗的原始颜料层，相较其被干预之前，会更脆弱且更易遭受未来的损伤。值得注意的是，现有的商业成品中，如温莎牛顿艺术家系列的清洗剂（Winsor and Newton Artists' Picture Cleaner）[8]，仍含有苦配巴香脂。

二、草酸盐富集的绘画表层

草酸盐作为钙质基质（如石头和壁画）上的腐蚀产物，被人们广泛研究。然而，人们对于架上绘画[14]等其他物体上出现这一现象却极少关注。有研究探讨了与草酸盐相关的架上绘画保护[15]。

对这些腐蚀产物的认知非常重要，因为这对了解艺术品外观发生重大变化的原因，及其表面形成的草酸盐基质溶解度变化的原因极为重要。

蚀变后的草酸盐富集表层，很大程度上会影响人们对绘画图像的视觉解读。

研究表明，在各种非钙质基底层里，包括玻璃[16, 17]、铜[18-20]、人类尸骸如木乃伊皮肤[21]、彩绘木头和架上绘画[23-25]，均发现了草酸盐表层或者沉淀物。

绘画表面最常见的草酸盐为钙的草酸盐，主要为水草酸钙石（一水草酸钙）和草酸钙石（二水草酸钙），在绘画中含铜的颜料表面也发现了草酸铜。

这些化合物大部分存在于老化的有机物表层中。有研究提出草酸盐膜在艺术品表面中形成的生物、化学机制[26]。

对费城艺术博物馆（Philadelphia Museum of Art）绘画作品的研究表明，绘画表面的草酸盐可能来自绘画表层有机物质的氧化降解产物与含钙颜料或污垢颗粒物的反应。

草酸钙层的存在阻碍了有机溶剂和其他清洁剂与待清洁表面的有效接触[14]。

三、浸出

对无光油层绘画的清洗是最为重要的研究课题之一。一些研究关注了不同的清洗方法，如凝胶清洗、皂基清洗、酶洗、溶液清洗和泡沫清洗等，也包括各种干式清洗和激光清洗。但是，只有少数人研究了使用水和有机溶剂清洗对作品中颜料胶粘剂所产生的风险[27]。

有研究评估了水性凝胶剂在清洗画面时的效果，以及以下物质间的反应机理：用于去除凝胶残留的水或有机溶剂与作品中原有的油脂类颜料胶粘剂之间的反应。

采用傅里叶变换红外光谱（Fourier Transform Infrared Spectroscopy, FTIR）、气相色谱－质谱联用技术（Gas Chromatography-Mass Spectrometry, GC/MS）和扫描电子显微镜（Scanang Electron Microscope, SEM，简称扫描电镜）等方法，对水凝胶清洗帆布油画时的效果作了评估，样品来自一幅16—17世纪的弗留利—威尼斯朱利亚大区（Friuli Venezia Giulia）乌迪内省（Udine）历史遗产管理局（Soprintendenza per i Beni Storici）收藏作品上的碎片[27]。

四、除污

为无光油层绘画表面除污非常具有挑战性，特别是当沉积物分布不均且非常顽固的时候。此外，脆弱的、无光油保护且黏合度低的绘画层表面对水性溶剂很敏感。

如果溶解的灰尘已经不可逆地渗透入绘画表层，就需要采用非溶剂类清洗手段[28]。

干性清洗需要用到很多特定材料，如海绵、橡皮、塑性材料及超纤布。然而，这些材料尚未被修复师充分纳入实际操作中。只有少数研究聚焦于文物保护中的干性清洗材料。大部分研究的关注点在于纺织品和纸张的保护[29-32]。

有研究针对黏合力低且对溶剂敏感的色层表面，探讨了干性清洗材料的评估方法和清洗效果[28]。

该研究基于模拟实验，模拟样品经人为老化和模拟污染物处理，在污染物的预清洗实验基础上，评估超过20种文物保护中常用的清洗材料的性能，如表1-1所示。

表 1-1 干性清洗材料[28]

材料类型	产品名称 / 品牌	组分
塑性材料	Absorene	淀粉、白精油
塑性材料	Groom/stick	异戊二烯、白垩
橡皮	Edding R10	聚氯乙烯、邻苯二甲酸二辛酯
橡皮	Pentel ZF11	聚氯乙烯、邻苯二甲酸二辛酯等
橡皮	Bic Galet	植物油
布	Yellow microfiber	聚对苯二甲酸乙二醇酯、聚酰胺
海绵	Smoke sponge	异戊二烯橡胶
海绵	Akapad white	苯乙烯丁二烯橡胶
化妆绵	Etos	异戊二烯橡胶
化妆绵	Hema	苯乙烯丁二烯橡胶
化妆绵	QVS	聚氨酯
胶粉	Draft clean powder	苯乙烯丁二烯橡胶

　　模拟样品老化条件如下：温度设定为 50~60℃区间，每隔 6h 变化一个湿度，湿度变化区间为 27%~80%，湿热老化进行 4~6 周。在 23℃的温度和 44% 的相对湿度条件下，采用照度为 10 000 lχ 的紫外荧光光管进行光老化，光老化时间约为 600h。这相当于在博物馆环境中样品老化11.5 年当量。

　　第一组测试的样品为自然老化 30 年后的单色油画。第二组测试的样品为水敏性的镉红、镉黄、群青色管装颜料。第三组测试的样品为水粉画。

　　干性清洗实验是在常规室内温湿度条件下进行的。完成每一次测试后，对油画样品进行刷洗和吸尘器清理。最后，通过肉眼、光学显微镜和电子显微镜观察来分析测试结果。

试验结果表明，Akapad white清洗海绵和化妆棉是摩擦损伤度最小的擦洗材料。这两种材料对于去除嵌入的和顽固的污垢均非常有效。与之相反，橡皮类材料对画层伤害最大。值得注意的是，在橡皮擦清理后的油画中检测出增塑剂之类的化学残留物。这是一个尤须关注的问题，因为塑化剂会软化画层表面，使其对灰尘更敏感且易于磨损。另外，Groom/stick橡皮和Absorene橡皮会在结合良好、多孔的颜料层内形成沉积膜或颗粒残留物。在绘画老化过程中，这些沉积物可能会嵌入油画中并老化变硬。总的来说，化妆棉是最高效安全的清洗材料[28]。

五、有机溶剂的效果

一些科学研究评估了去除光油时溶剂对油画产生的影响[33]。研究还讨论了与清洗相关的科学研究历史背景，以及各种溶剂对油画颜料产生的不同影响。这些影响包括[33]：

（1）在清洗过程中，颜料胶粘剂溶胀、变软，这会导致颜料变得脆弱甚至剥落。

（2）溶剂的扩散和残留问题。

（3）浸出，即颜料中可溶性有机化合物的浸出。

该文还讨论了清洗研究中的方法学问题，尤其是考虑了油画样品老化的状况，研究了模拟样品清洗与实际样品清洗之间的关系[33]。

许多与溶解性相关的体系在文物保护行业内得到推广[34]。针对油画的有机溶剂清洗，研究者批判性评估了各类现存溶解度参数体系的理论基础。

研究者探讨了溶解力相关研究的最新进展，依据多方发表的数据总结了溶解度参数数据综合表。其中包含斯奈德（Snyder）及其同事最近研究出的溶解度参数体系。此项研究为建立全新的综合溶解度参数体系提供了基础，为选择清洗溶剂、分析颜料在溶剂中的溶胀反应提供了潜在帮助。

斯奈德等人研发的溶解度参数系统为进一步理解颜料层内部分子的化学

结合力提供了基础[34]。有研究进一步对溶解度参数性质进行了扩展探讨[35]。

梯氏（Teas）色散力参数（f_a）是溶解度的一个重要评价指标[36]。梯氏溶解度参数对于汉森（Hansen）溶解度参数进行归一化处理。有研究详细介绍多种材料涂层的溶解度[37]。

有实验将焦棕色亚麻油膜①放置在80℃环境中进行为期12天的老化，并用各类溶剂对其进行溶胀测试，表1-2列出了焦棕色亚麻油膜的最大溶胀值。图1-1列出了其中一些溶剂化合物的分子结构式。

表1-2　焦棕色亚麻油膜的最大溶胀值[36]

溶　剂	梯氏色散力参数	颜料层厚度 / μm	平均区域溶胀值
全氟萘烷	100	230	0.7
异辛烷	100	330	−4.75
白精油	90	230	7.52
四氯化碳	85	330	1.5
乙苯	87	320	9.7
二丁醚	70	230	10.9
二恶烷	67	220	23.5
醋酸戊酯	62	370	11.6
环己酮	55	220	25.6
二氯甲烷	59	—	38.8
丁酮	53	310	20.3
工业酒精/异辛烷	68	340	7.3
丙酮	47	330	19.8
n-甲基吡咯烷酮	48	300	34.7
叔丁醇	44	230	6.9
二甲基亚砜	41	230	22.2
异丙醇	38	320	5.1
正丁醇	43	330	6.8
丙二醇单甲醚	42	300	14.3
乙醇	36	300	15.6

---

① 译者注：文献［36］中，原文写到"burnt umber/linseed oil paint films"，意思为"焦棕色颜料膜（亚麻油做胶粘剂）"。该文引用写为"burnt umber linseed oil films"（焦棕色亚麻油膜）。

溶　剂	梯氏色散力参数	颜料层厚度 / μm	平均区域溶胀值
工业酒精	36	360	9.5
丙酮/水 1:1	32.5	230	18.5
甲醇	30	310	17.4
三氟乙醇		220	23.0
三乙醇胺 pH9.7	不适用	230	37.9
氢氧化铵 pH11.2	不适用	230	52.5

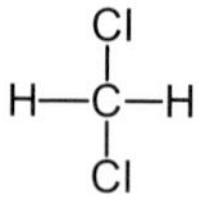

二氯甲烷

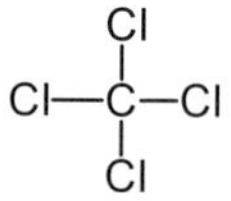

四氯化碳

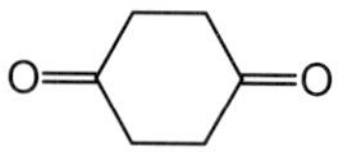

二恶烷

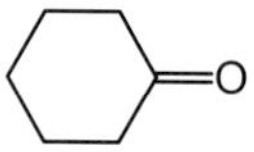

环己酮

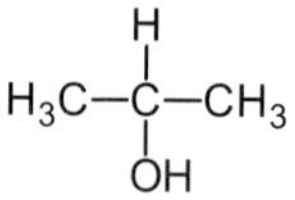

异丙醇

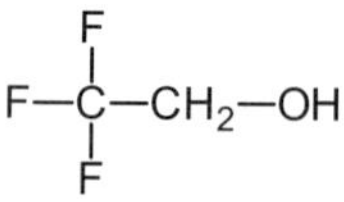

三氟乙醇

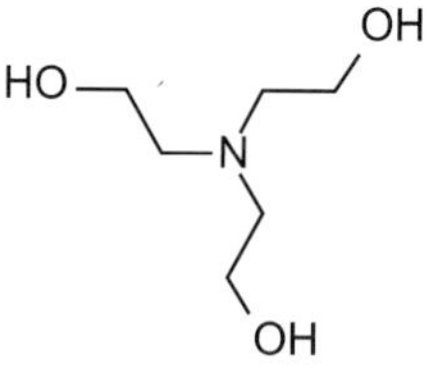

三乙胺[①]

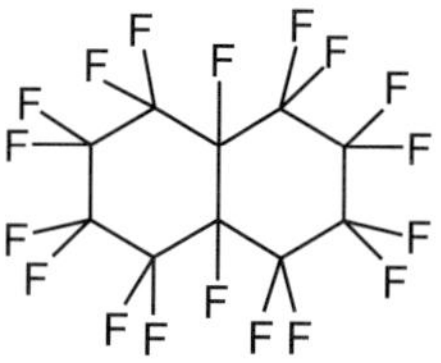

全氟萘烷[②]

图1-1　用于溶胀测试的溶剂

---

① 译者注：原文中"Triethanolamine"化学结构简式错误，译文中已修改。

② 译者注：原文中"Perfluorodecalin"化学结构简式错误，译文中已修改。

此外，有研究进一步测试用于去除树脂溶剂的溶解度，并给出了它们的梯氏溶解度参数[38]。

梯氏溶解度参数表因过于简化、存在缺陷和误差等因素而受到质疑。有文章总结了其中两个最具说服力的质疑评论[39, 40]。

简单来讲，梯氏溶解度参数体系之所以受到质疑，主要是因为其过度强调色散力，忽视了离子反应和酸碱反应以及分子内聚能密度的差异，假设了溶剂和溶质的随机性[38]。

有文章介绍了两种油画颜料层在不同溶剂中的溶胀反应[41]。两种颜料层的构成相同，都是采用艺术家专用的油画颜料制作的，含有以亚麻籽油作为胶粘剂的土黄和铅白颜料。一个是暴露在强光下进行老化，一个是避光保存。然后采用一种简单的电子显微镜图像分析法来评估颜料层在溶剂中的平面溶胀程度。

两种颜料层样品在超过55种常用溶剂和14种含酒精的混合溶剂中进行测试。实验结果表明，溶胀曲线面积变化百分比随时间变化，最大溶胀度是溶剂种类选择的指标。围绕油画颜料层在有机溶剂中溶胀的相关问题，此研究将实验结果与过去已有的研究数据进行对比，并探讨了清洗对于油质颜料的影响[41]。

在科学研究和实际修复操作中，为了使修复成功，文物保护者们必须选择合适的方法论，同时尊重艺术品的完整性[42]。尤为关键的是，文物保护者们必须选择适当的修复材料和方法。

艺术品清洗中普遍使用溶剂，但在进行加固处理和涂刷保护层的过程中，溶解度问题也极为重要。

在艺术品保护领域，汉森溶解度参数的使用可靠性得到了检验[42]。研究者尝试探索一种高效的方法来选择关键溶剂。

出于这一目的，评估艺术品修复材料时采用了两种不同的方法。其一为基团贡献法，依据材料的化学构成，预测以下物质的汉森溶解度参数，包括蛋黄、松脂，以及七种有机红色色素（墨西哥胭脂虫红、波兰胭脂虫红、亚美尼亚胭脂虫红、胭脂虫红、茜草红、紫胶红及血竭）。这些物质被运用在传统绘画、纺织品和手抄本当中。

还有一种实验装置用于测试商业成品中文物保护合成材料的溶解度，如Primal AC-532K、Beva gel 371a/b，以及一种用达玛树脂和蜡制作的商用亚光光油。基于不同物质间存在相对能量差异，并以汉森溶解度参数作为直接参照，可以设置专门的溶解度虚拟测试，测试结果能够适用于实际、复杂的体系当中，如艺术文化遗产保护[42]。

六、混合溶剂的空穴化能

在文物保护和修复过程中，常用混合溶剂进行表面清洗。然而，人们对应用这种保护处理方法的后果却缺少认知[43]。

现有理化理论提出了共沸溶剂混合物的概念。众所周知，二元溶剂混合物并非理想态，也就是说混合溶剂的性质与溶剂的混合比例既不成比例也不相关。

物质的溶解度由溶质的溶解性和溶质在液相中的分子稳定性决定。混合溶剂的性质与其混合组分中任一种纯溶剂的性能均不同，因为它们的溶解能力和空穴化能存在很大的不同。

溶解能力与溶剂和溶质之间的分子间作用力有关。一个拟定的混合溶剂可以大大提升其中的某种溶剂组分对有机聚合物中的大分子或者其他组分的溶解能力[44]。

在实际应用中，人们关注最多的是助溶剂效应，即在混合溶剂体系中每一种溶剂均表现为对某种结构的化合物具有较好的溶解选择性。这能提升溶剂对双结构合成材料（如由邻苯二甲酸和脂肪酸缩合而成的醇酸树脂）的溶解能力。通常情况下，这个助溶体系的建立往往会忽略空穴化能这一参数。

溶剂化标准吉布斯自由能计算公式为[45]：

$$\Delta G_m = \Delta H_m - \Delta S \qquad (1.1)$$

在溶解过程中，溶剂混合吉布斯自由能ΔG_m随着溶解过程降低。混合溶剂有效的溶解效果要求溶剂-溶剂、溶剂-溶质具有相似的分子间作用力，混合焓变ΔH_m大多为正且变化较小。因此，混合溶液中的混合熵变ΔS_m是与温度T相关的。

溶剂混合过程中熵的变化主要取决于液体中分子间相互作用力，因为必须克服液体之间的内聚力，才能在液体中形成穴腔，以便和溶质相结合[46]。

空穴的形成可以用液体的内聚能来表述。这可以由希尔德布兰德（Hildebrand）参数来衡量。此参数决定溶解过程的熵变。

溶解过程中既有吸热变化又有放热变化。放热过程是一个焓变过程，可以用溶质与溶剂之间的分子间作用力来表述。这个相互作用可以是色散力、非质子作用力和质子作用力。

在一项研究中，将漆膜浸入有机混合溶剂中，用有机合成材料的溶胀度量化溶剂的溶剂化效应。

采用正己烷、甲苯、氯仿、乙醚、丙酮和乙醇六种溶剂，以及这些溶剂的二元混合溶液进行实验。

将2g漆膜样品浸泡在50mL溶剂中，称重浸泡液，并使用傅里叶变换红外光谱技术（FTIR）、直接温度分辨质谱和气相色谱质谱（GC-MS）分析技术进行表征。FTIR研究结果表明，随着混合溶剂的极性增加，漆膜成分中极性组分溶解量增加。当漆膜样品溶胀体积变化量超过7%时，浸出液中的甘油三酯大量增加。

测定的溶胀数据显示，溶液中液态和固态醇酸树脂的反常溶胀行为一致。在极限状态时，漆膜的膨胀体积可达理想值的几倍。这种结果不受液-固的相互作用的影响，而是由液-液之间的相互作用引起的。研究发现，混合溶剂的极性差异越大，观察结果与理想状态的偏差就越大。

另一方面，在非极性混合溶剂中，有机合成物的溶解行为与理想行为的偏差却很小。相反，含有极性溶剂的混合溶剂则表现为较强的反常溶胀现象。因此，液态和固态醇酸树脂在含乙醇的混合溶剂中溶胀变化较大，体积增加高达200%。这种效应在形成共沸物的乙醇混合溶剂中尤其明显。

反常溶胀现象与混合溶剂的沸点的变化有关[47]。溶胀数据已有翔实记录[43]。溶剂混合物的溶解和溶胀能力直接关系到绘画作品中小分子化合物的溶出。

七、半互穿网络结构的水凝胶

与有机溶剂相比，水基清洗体系在文物清洗方面具有一些优势，如清洗的选择性，可温和去除文物表面的污垢或老化树脂增加绘画作品的观赏性[48]。

遗憾的是，绘画材质的特殊性使得水基清洗体系具有有害性。水与木材或画布支撑体的相互作用增加了基材和绘画层之间的机械应力，从而导致绘画作品层脱落。

为了避免画层损失并确保逐层可控地去除污垢层，本文讨论的水基清洗剂体系仅限于专门为表面敏感的文物配置的化学水凝胶。

水凝胶是基于半互穿网络结构的聚甲基丙烯酸-β-羟乙酯/聚乙烯基吡咯烷酮的化合物，具有适当的亲水性、保水性和足够的机械强度，以避免清洗处理后的残留物。单体化合物如图1-2所示。

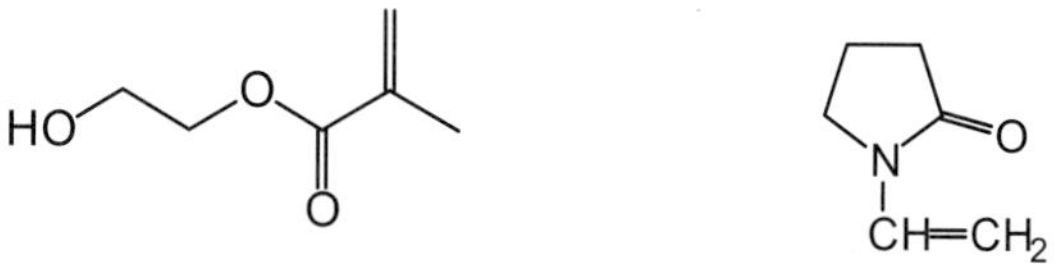

甲基丙烯酸-β-羟乙酯　　　　乙烯基吡咯烷酮

图1-2　水凝胶单体

采用差示扫描量热法（Differential Scanning Calorimetry, DSC）定

量测定自由水和结合水的含量，研究其保水性和释水性。扫描电镜（SEM）观察到水凝胶的介孔结构。采用小角X射线散射法对其微观结构进行评估。案例研究展示了水凝胶在限制和调节清洗体系性能方面的效率和普适性[48]。

八、有机凝胶

有研究将有机凝胶应用于涂层表面的清洗[49]。有机凝胶结合了大部分常规清洗剂和凝胶的优点，同时降低了其有害性。

室温下，一种潜在的胶凝材料聚醚酰亚胺（PEI）与有机溶液中的二氧化碳（CO_2）反应生成一种氨基甲酸铵形式的PEI-CO_2。氨基甲酸铵是氨与二氧化碳或氨基甲酸反应生成的一种盐。化合物结构如图1-3所示。

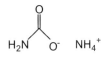

图1-3　氨基甲酸铵

带电部分交联生成三维网络状聚合物，将液体固定为凝胶。

通过加入少量的弱酸，可以恢复凝胶材料的初始液体状态。酸分子取代二氧化碳分子，PEI链带正电荷。

运用接触角测量、红外光谱分析和视觉观察对比凝胶清洗前后表面的变化。凝胶流变测试结果佐证了这一变化。结果表明，凝胶清洗是一种清洗绘画文物和艺术品的有效方法。

尤其是PEI-CO_2材质的有机凝胶对于去除绘画表面某些老化产物非常有效。选择两幅马里奥托·迪克里斯托福罗（Mariotto di Cristoforo）提供的绘画，一幅19世纪老化的油画和一幅15世纪的木版油画，完全去除了绘画表面的达玛树脂层。此外，一种被用于20世纪60年代的意大利锡耶纳阶梯圣马利亚圣器室（Santa Maria della Scala Sacristy in Siena）的文艺复兴时期壁画保护的丙烯酸树脂也被有效去除。

等温流变凝胶代表一种新型的、广泛使用的、非常有效的去除艺术品表面老化材料的有机凝胶[49]。

九、微乳液和胶束乳液

随着材料科学的革新，纳米科学和纳米技术得到推进。这些材料为文物保护科学提供了新材料，为逆转艺术品的劣化过程提供了新方法。目前最为先进的方法为[50]：

（1）使用水性胶束乳液和微乳液时，可将它们与凝胶混合，去除意外污染物和过去修复中残余的聚合物。

（2）氢氧化钙纳米粒子在艺术品加固中的应用。

在各个修复环节中，文物保护者通过综合运用不同的纳米技术，得以在尊重过去艺术家所使用材料的物理化学特性基础之上，对作品进行干预[50]。纳米科技手段一直在不断发展中。

胶体体系应用于壁画、石膏、岩石的加固和保护中，人们对此胶体体系的合成与制备进行了详细阐释。此外，研究还探讨了两个加固修复的代表性案例，分别为中美洲（Mesoamerican）考古遗址壁画保护，以及两座意大利文艺复兴时期（Italian Renaissance）建筑的加固修复[51]。

十、丙烯绘画

盖蒂保护研究所（Getty Conservation Institute）、加利福尼亚州立大学（California State University）、特拉华大学（the University of Delaware）和温特图尔博物馆的文物保护部门（the Conservation Division of the Winterthur Museum）共同开发了一个模块化清洗程序。

该项目的目标是系统地研究采用含非挥发性成分的清洗组分清洗后

表面残留物的问题。

模块化清洗程序可有效帮助文物保护工作者达到预设的清洗精度。它并不指导文物保护工作者如何清洗文物表面，而是以一种逻辑和可扩展的方式来指导清洗选择。

模块化清洗程序模拟物理和化学反应。它有 20 个内部数据库，但文物保护工作者只与少数组分的数据库直接交互。清洗组分数据库包括[52]：

（1）组分数据库。

（2）物理常数数据库。

（3）化学药品名称。

（4）化学文摘服务注册号。

（5）分子量。

（6）物理形态。

（7）密度。

（8）弱酸和弱碱的酸离解常数。

（9）螯合剂生成常数。

（10）亲水亲油平衡值。

（11）临界胶束浓度。

（12）胶束聚集数。

（13）表面活性剂的浊点。

（14）沸点。

（15）希尔德布兰德（Hildebrand）溶解度参数。

（16）汉森和梯氏（Teas）溶解度参数。

（17）偶极矩。

（18）折射率。

（19）介电常数。

（20）溶剂的摩尔体积。

模块有一个单独的二元和三元混合溶剂共沸物的数据库。

因此，模块化清洗程序通过输入相关物理常数检索和计算出合适的清洗溶液配方，并给出另外一组文物保护工作者常用的配方[52]。

水溶液的计算基于组分数据库和用户指定数据中的适当的物理常数。对于pH缓冲液和螯合剂溶液，酸解离常数和用户指定的反离子、清洗液浓度和pH值，用于计算溶液中所需离子的浓度和物质类型，以及将溶液设置为规定pH值所需的反离子量。

此外，在三维汉森空间中模拟混合溶液溶解度参数，同时也给出了梯氏和希尔德布兰德溶解度参数。分别采用卡波姆（Carbopol®）凝胶剂和Pemulen®基乳液作为溶剂相简单模拟混合清洗溶液。凝胶清洗材料基于卡波姆、用户指定的有机胺或胺类化合物pH中和剂，以及依据化学计量形成凝胶所需当量的水组成。Pemulen乳液的液相是基于一种添加Pemulen聚合物及其混合物增稠的水洗溶液[52]。Pemulen聚合物是丙烯酸和C10–C30丙烯酸烷基酯的高分子交联共聚物。丙烯酸的分子结构如图1–4所示。

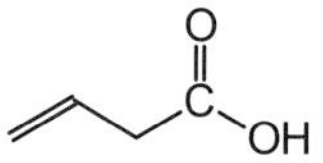

图1-4　丙烯酸

有研究详细介绍了模块化清洗程序的基础信息和使用说明。模块化的清洗程序软件系统对所有文物保护工作者免费开放[53]。

十一、丙烯酸乳胶漆绘画

由于丙烯酸乳胶漆的材料性质，尤其是它的溶解度，清洗丙烯酸乳胶漆绘画具有一定难度[54]。有研究测试了在此类绘画上进行水性清洗的效果。一些颜料制造商提出了清洗此类绘画的建议，修复师们也提出了清洗与修复此类绘画的建议。

尽管水性清洗具有一定风险，其仍在绘画清洗领域。对于清洗效果的判断，需要更多的科技信息作为支撑。有研究评估了老化的钴蓝颜料在经过水性清洗后，其物理力学性质所发生的变化。结果表明，在经历溶剂的短时间浸泡后，颜料的各项力学性能下降。有意思的是，延长浸泡时间，并不会能进一步降低其力学性能。

因为短时间浸泡后颜料层厚度大大增加，所以导致其力学性能的降低[54]。

十二、丙烯颜料表面清洗的复杂性

从多方面而言，丙烯绘画耐久力显著。但是，它的表面也尤其脆弱。随着丙烯绘画的尺幅愈加增大，它遭受人为损伤的可能性也在增加。指印和磨损会影响画面外观，且难以修复[52]。

此外，绘画表面逐渐累积的尘垢是普遍被关注的问题[55]。研究表明，即使是保存于环境良好的博物馆内，绘画在经历50年左右的尘垢累积后，其表面也会产生可识别的视觉变化。还有研究发现了丙烯颜料的一些特殊性质[56, 57]。

对丙烯颜料配方的实验研究表明，设计作品表面清洗方案时，需考虑方案的可变性[7, 58]。

事实上，丙烯酸乳胶颜料系统以丙烯酸为基础。它由水、丙烯酸单体、稳定剂（将丙烯酸单体稳定为胶束的物质）、pH调节剂、聚合物引发剂和消泡剂构成。其中还添加增稠剂和成膜助剂，以帮助它成为良好的颜料胶粘剂。

色素和填充剂必须进一步与水、分散剂及其他添加成分混合，从而制成丙烯酸乳胶颜料。

与所有传统颜料成分系统相比，丙烯颜料的所有组分构成了一个非常复杂、相辅相成的系统。由于每种成分具有各自的敏感性和特殊属性，可以推测丙烯颜料本身具有潜在的敏感性。

丙烯颜料的潜在敏感性与以下三大类因素密切相关[52]：

（1）pH值。

（2）离子强度。

（3）表面活性剂的迁移行为。

丙烯颜料层本身的物理结构也是重要的考虑因素之一。

丙烯酸乳胶颜料的干燥方式与其他颜料系统有所不同。干燥过程的第一阶段是水分蒸发，色素颗粒和聚合物球状胶束形成密集堆积的基质。第二阶段，在聚合物颗粒和色素颗粒间隙产生的毛细力将水从颜料膜层中排出。

由于成膜助剂和聚合物本身的性质，聚合物颗粒连续排列聚结，形成膜层[59]。

干燥后的颜料膜层，既是一种充分聚结的坚硬膜层，又是一种有孔隙、不规则且有缺陷的结构不均的膜层。

所以，在清洗系统中，表面活性剂的迁移行为和清洗试剂的离子强度，会与丙烯色层的物理结构产生特殊的关联作用[52]。

十三、聚乙酸乙烯酯颜料

大部分合成颜料都是由多种添加剂组成的复杂混合物，这会影响颜料在不同修复干预下所产生的反应。并且，颜料本身对于大部分有机溶剂具有较高的敏感性，这也限制了人们对修复材料的选择。

清洗传统油画或蛋彩画的相关经验知识不能完全适用于当代绘画。所以，人们需要进一步研究合成颜料的化学性质，以及修复实践对其产生的影响。

人们在清洗茹利昂·萨尔门托（Julião Sarmento）的绘画时，对聚乙酸乙烯酯颜料层进行了测试，并发表了初步研究成果[60]。茹利昂·萨尔门托是葡萄牙最杰出的当代艺术家之一，他在作品中广泛使用了聚乙酸乙烯酯颜料。20 世纪 90 年代，他开始创作名为《白色绘画》（*White Paintings*）的系列作品。这些绘画以纯白色背景为主，非常吸灰，色层表面已经需要清洗。

实验将含有金红石型钛白粉的聚乙酸乙烯酯颜料样品，放置在氙弧灯光源下人工老化 3 250h。在光照过程中，样品所处环境里含有灰尘，如大气颗粒物。该实验测试了几种常用的清洗方法：

（1）水。

（2）水和非离子表面活性剂，如 Brij700S。

（3）白精油。

Brij 是一种聚乙二醇十八烷基醚化合物。测试中还使用了软橡皮（Akapad white），模拟再现了萨尔门托作品的真实清洗案例。众所周知，脂肪族矿物油对丙烯颜料的损伤最小，所以白精油也被纳入测试对象[57]。

由于大部分物质在最初几分钟内便从颜料样品中浸出，所以实验对样品的浸洗时间设定为 5min。

上述人工老化实验表明，老化后的颜料与未经老化的颜料相比，最大的变化为增塑剂（邻苯二甲酸二异丁酯）的丧失。邻苯二甲酸二异丁酯的分子结构式如图 1-5 所示。

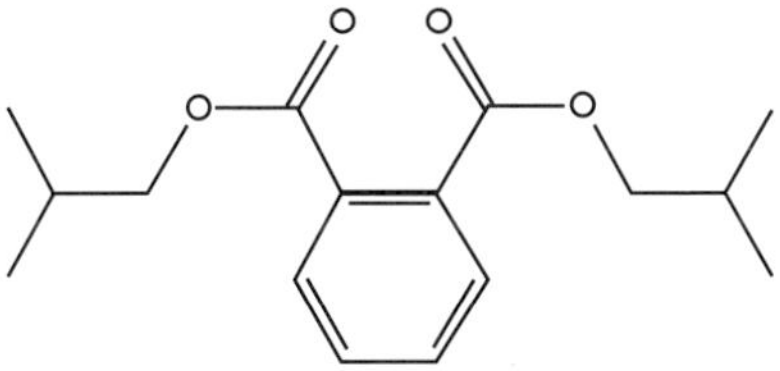

图 1-5　邻苯二甲酸二异丁酯[①]

---

① 译者注：原文中 "Diisobutyl phthalate" 化学结构简式错误，译文中已修改。

人工老化颜料样品的红外光谱显示,并没有邻苯二甲酸二异丁酯在颜料表面富集的明显迹象。因此,浸洗对颜料层中增塑剂的去除微乎其微。观察红外光谱图,因增塑剂浸出导致的图谱变化极小。在浸洗所剩的残余物中,甚至检测不出邻苯二甲酸二异丁酯[60]。

因为颜料样品表面形态不规则且对尘垢的吸附力强,样品表面的尘垢没有得到有效去除。这一点可以通过光学显微镜观察和比色法测定证实。

纯水清洗没有对白色颜料的表面形貌造成太大变化。但是,使用Brij700S的水溶液清洗后,乳胶粒子变得粗糙。颜料样品上的表面活性剂残余物使其表面质地变得更不规则。

用橡皮清洁会在颜料表面残留橡皮颗粒或橡皮添加剂颗粒。

对聚乙酸乙烯酯颜料进行物理清洗后,只可观测到纳米级的颜料层变化。但是这一清洗方式会磨平颜料层,使作品失去其特有的颜料堆积感和画底肌理感[60]。

十四、表面清洗

有文章阐述了近20年内意大利绘画清洗方法的发展[61]。在意大利,从事修复工作的大部分是私人修复师。

公立研究实验室数量较少,如博物馆所属实验室。修复师们仍需对低毒性材料展开研究,并考虑如何合理谨慎地使用传统材料。

在20世纪下半叶,意大利人主要使用中性有机溶剂、酸性反应物、碱性反应物(有时将它们彼此混合或与水混合)来清洗架上绘画和彩绘物品。其中,最常用的混合液是将碱性物质与水进行不同比例混合制成的。

有实验将修复室里备有的不同溶剂进行混合,以测试它们去除画面顽固尘垢(不包括清漆树脂涂层、不明涂层、旧有补色和旧有填充物)的效果。

表 1–3 和图 1–6 列举了一些修复中常用的混合溶液。

表 1–3　修复中常用的混合溶液[61]

成分	比例
水+氨	1:1
水+丙酮+酒精	1:1:1
水+氨+酒精+丙酮	1:1:1:1
水+丁胺	1:1
水+丁胺+二甲基甲酰胺	1:1:1
二甲基甲酰胺+乙酸戊酯	1:1
二甲基甲酰胺+乙酸戊酯+硝基稀释剂	1:1:1
二甲基甲酰胺+合成稀释剂+二甲苯+丙酮	3.5:1.5:1:1

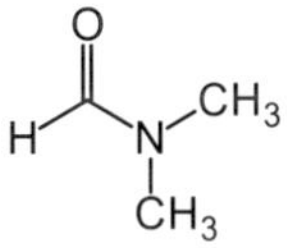

二甲基甲酰胺 　　　　　　丁胺

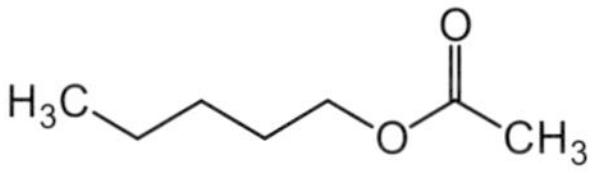

乙酸戊酯

图 1-6　用于修复的化合物

　　泡沫是一种包含液相和气相的两相系统，通常两相彼此趋于分离。所以，这是一个热力学不稳定的系统。由于重力的作用，液体会从泡沫中排出。

　　出于修复目的，必须研发出持久稳定、液体流失过程缓慢且可控的泡沫清洗剂。对于修复师来说，若泡沫清洗剂失去这些性质则无效。

发泡剂可以促进稳定泡沫结构的形成，它是一种表面活性物质，可以降低液体的表面张力。

实验测试了不同浓度的离子型、非离子型表面活性剂、聚合物稳泡剂（如纤维素醚），以此找出最理想的成泡配比，表1-4列举了这些材料。

表1-4　表面活性剂、聚合物稳泡剂和聚合物凝胶的成分[63]

离子分类	化学名称	产品名称	制造商
非离子型	脂肪醇乙氧基化合物	Marlipal 618/25	Sasol
非离子型	聚山梨醇酯-20	Tween 20	ICI
非离子型	烷基糖苷	Plantacare 818 UP	Cognis
阴离子型	十二烷基硫酸钠	SDS	ROTH
阴离子型	脂肪醇醚硫酸盐	Texapon NSO	Cognis
非离子型	羟丙纤维素	Klucel H	Hercules
非离子型	甲基纤维素	Methocel A40M	DOW

实验使用了旋转搅拌式泡沫发生器来制造泡沫。为了测试清洗效果，实验样品选取了温莎牛顿牌格里芬醇酸类浅镉黄颜料（Winsor & Newton Griffin Alkyd light cadmium yellow），并在颜料表面人为喷洒了灰尘。

实验结果表明，与用棉签进行清洗相比，泡沫有助于减缓液体的流失和扩散，但测试所用的泡沫洗剂所释放出的水分大于凝胶类清洗剂。

泡沫清洗效果与传统清洗方法的效果相似。含烷基聚葡糖苷和纤维素醚的泡沫清洗系统清洗效果最佳[63]。总的来说，用真空吸除泡沫可以减少清洗过程对绘画表面的机械力损伤。

十五、褐斑的去除

褐斑是在旧书、旧纸或旧布等档案作品上出现的点状或斑状污渍。它们通常呈现为褐色或黄褐色，大致为圆形。其产生的原因尚未完全明确，但一般认为是纸张中的杂质催生了真菌或微生物，外加存放环境足够潮湿温暖，从而促发了这一过程。

众所周知，丝状真菌会通过两种基本方式破坏纸张和赛璐珞制品。首先，丝状真菌会将纸张纤维素作为碳源，使纸张变得脆弱，最终破坏纸纤维。其次，真菌会以纸张或纸张上的墨水里的微量金属为食。四种真菌菌株通常会引发褐斑，其中每一种菌株会产生不同颜色的褐斑。

茄链格孢菌引发深黑色色斑，尖孢镰刀菌引发粉色色斑，点青霉引发绿色色斑，球毛壳菌引发褐灰色色斑。这些色斑有时能被苛性溶剂浸出，但几乎所有溶剂都会溶解墨水或损坏纸纤维，且许多色斑还能有效抵制溶剂的浸出。

褐斑的处理方法非常难，且通常不可操作。由于色斑的化学结构通常是未知的，所以研发新的溶剂系统很耗时，需要大量试错。机械性除斑也存在问题，因为在操作中无法分辨墨和色斑，常常会磨损纸纤维，导致纸张被显著破坏。

在艺术品保护与修复工作中，已建立了褐斑的去除方法，但其既不安全且有损。表1-5总结了在艺术品修复中常被讨论的典型化学药品。图1-7展示了其中一些化学药品的分子结构式。

表1-5中列举的所有危险化学品都会严重损坏纸张的纤维素，从而可能导致纸的褶皱或字迹、图像的扩散。

这些化学品会引入残留酸性盐，将对艺术品造成长期的更多损伤，且化学品使用难度大，价格也较高。

表 1-5 去除褐斑的常用化学药品[64]

化学药品	化学药品
环氧乙烷	次氯酸钠
氯胺	次氯酸钙
氯气	过氧化氢
硼氢化钠	二氧化氯
葡萄糖酸氯己定	氧化镁
高锰酸钾	氢化铝锂

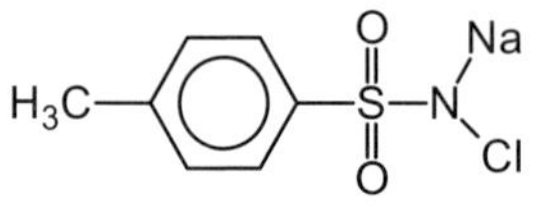

氯胺T

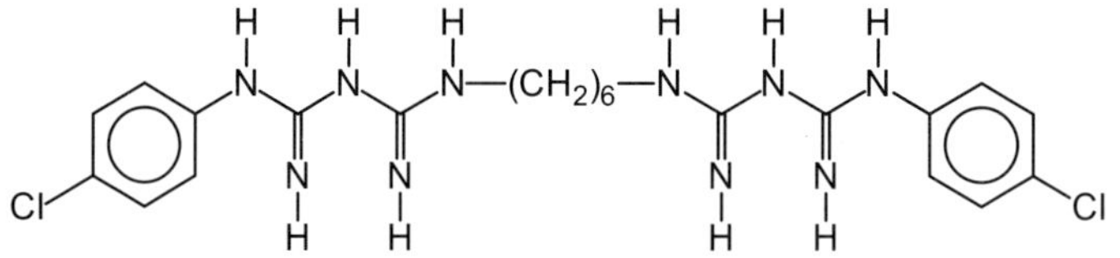

氯己定

图 1-7 去除褐斑的化学药品

运用以下方法能够解决上述操作难点[64]：

（1）将纸张或赛璐珞制品完全浸泡在温热的蒸馏水中。

（2）将纸张或赛璐珞制品从水中移出，吸干所有多余的水分。

（3）将纸张或赛璐珞制品完全浸泡在温热的浓度低于5%的家用漂白剂中。

（4）将纸张或赛璐珞制品在温热的蒸馏水中进行完全浸泡和漂洗。

（5）将纸张或赛璐珞制品从水中移出，吸干所有多余的水分。

（6）将纸张或赛璐珞制品完全浸泡在温热的浓度高于75%的醋溶液中。

（7）将纸张或赛璐珞制品在冷蒸馏水中进行完全浸泡和漂洗。

（8）将纸张或赛璐珞制品从水中移出，吸干所有多余的水分。

（9）将纸张或赛璐珞制品完全浸泡在碳酸氢钠（小苏打）和蒸馏水中。

（10）将纸张或赛璐珞制品完全浸泡在常温蒸馏水中。

（11）将纸张或赛璐珞制品从水中移出，吸干所有多余的水分。

（12）将纸张或赛璐珞制品完全浸泡在胶液中。

（13）将纸张或赛璐珞制品在冷蒸馏水中进行完全浸泡和漂洗。

（14）将纸张或赛璐珞制品从水中移出，吸干所有多余的水分。

（15）让纸张或赛璐珞制品自然风干，不使用热吹风机。

十六、真空技术

在 20 世纪早期，德国文物保护师温弗里德·海贝尔（Winfried Heiber）[65]发明了名为 Schlürfer 的除尘设备，用于去除敏感的现代绘画表面上的尘垢（见图 1-8）。

设备由配有校准器和计量器的真空泵构成。真空泵通过软管连接至洗气瓶，可选择安装滤片，以减小气泡。另一根软管与洗气瓶的另一端相连，末端连接至柔软潮湿的聚乙烯醇（PVA）吸水海绵。海绵具有强吸收性和微孔结构。

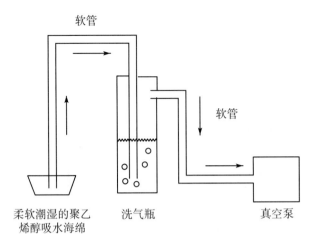

图 1-8 Schlürfer设备[65]

在清洗过程中，由于真空泵的吸力，溶解后的尘垢穿过湿软的海绵被吸出。尘垢和溶剂被收集在有水的洗气瓶里。通常建议在出口端设置过滤棉板以保护真空泵。

Schlürfer设备的吸力比海绵、棉纤维、超纤布等强很多，绘画表面的水可以快速地被吸除。

运用Schlürfer设备进行水性清洗，能够减少对绘画的机械力影响，避免颜料损伤或负面作用[65]。

十七、激光清洗

从艺术品表面去除旧的、失效的保护材料是一项极具挑战的工作，需要特殊的把控和筛选。

许多聚合物（包括丙烯酸和乙烯基的专业材料，如Paraloid® B-72、Primal、Plextol、Plexisol、Elvacite和Laropal系列产品）已被用于包括石材[66-68]和绘画[69-71]等文物的加固或者封护。

然而，聚合物会老化，其应用后会产生不可预估的表面性能变化，例如，光泽度、色彩饱和度、不透明性和不均匀性的变化或产生晕染效

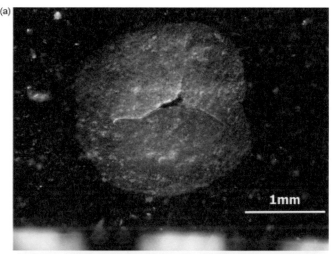

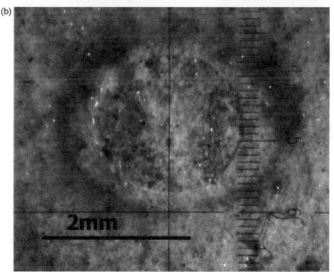

图1-9　采用248nm KrF准分子激光器照射壁画模拟样品表面的封护树
脂前后的立体显微照片，图片引自爱思唯尔（Elsevier）[76]
（a）脉宽为纳秒（ns）；（b）脉宽为飞秒（fs）

应，会有碍艺术品外观，影响艺术品的观赏性[69, 72]。

现今被推荐使用的用以去除失效保护树脂材料的溶剂，如芳香族化合物、凝胶或者乳液清洗均会导致壁画表面模糊不清[33, 73, 74]。

乳液和溶剂可深入渗透到清洗过的文物内部，并可能导致有机材料的迁移，这种迁移现象广泛地存在于壁画和石质等多孔基材中。此外，使用这种清洗方法会对文物产生风险，这通常发生在暴露于室外环境的文物外表面上。同样，要求高温和缓冲溶液条件下，生物酶和生物降解技术也被用于去除老化的文物保护树脂，但由于施工难度和可控制性差，其使用非常有限[75]。

基于推动意大利比萨纪念公墓（Monumental Cemetery of Pisa）大型保护项目，开展了一项多学科交叉的激光清洗技术用于去除壁画表面保护材料的研究[76]。

为有效去除纪念碑残片及模拟样品上的老化的加固保护材料，探究激光清洗技术在文物保护上的应用，我们进行了一项探索性研究。研究观察到许多清洗效果，如聚合物膜的微裂隙、透明度降低（主要发生在纳秒ns区间）和光照区域材料的炫光（主要发生在飞秒fs区间）。

模拟壁画样品上激光照射点的立体显微照片，如图1-9所示。

虽然对激光用于辅助绘画表面老化树脂材料的清洗已有广泛研究[77-80]，但激光技术用于清洗常用的加固材料产生的问题并未得到有效解决[81]。

应用248nm激光清除老化交联且变色的保护树脂材料，这些保护树脂层最初用于通过改变绘画作品颜色的饱和度而改善绘画作品的外观，并且能够保护绘画表面，多为可逆性材料。这样，如果可行的话，可实现最小干预绘画基层材料。

在大多数情况下，由于绘画作品表面对外部环境条件（如光、热或湿度）极为敏感，并且光热效应可能导致原始绘画层或颜料变色，因此，采用激光清洗技术局部清洗绘画外层老化的保护树脂，同时综合采用温和溶剂和溶剂凝胶清洗，最后再涂一层新的保护树脂是保护和修复文物的关键步骤。

与使用树脂保护目的不同的是，绘画作品保护中的加固材料通常用于固定、稳定和保护脆弱、变质或损坏的艺术品表面，有效但不可逆。

几种合成树脂已被用于保护表面敏感的文物，用以加固劣化的壁画、脆弱的木结构，粘接不同绘画层并增强壁画连接媒介性能。

尽管已有事实证明使用合成树脂材料保护壁画会因温度波动和材料的不兼容性产生潜在风险，但还是常用合成树脂来封护保护壁画表面[77]。树脂的老化和劣化会导致材料的透明度降低、材料脆化和树脂交联，非常有必要去除这些加固保护材料。因此，必须采用有效的清洗技术去除老化和失效的保护材料。

基于XeCl准分子泵浦染料激光器（DFDL）的工作原理，在248nm处产生飞秒激光脉冲（500fs）[76]。该装置在248nm处的最大能量为4毫焦每脉冲，平均脉间波动为15%。光束通过石英透镜（f=+300mm）垂直聚焦在样品上，照射面积为0.006~0.009cm^2。

在248nm工作条件下，KrF准分子激光系统（Lambda-Physik，IPK200）发射纳秒激光脉冲（30ns）。当激光束通过熔融石英平凸透镜聚焦在样品上时，每个脉冲的最大能量为40mJ（f=+100mm，照射面积0.022cm^2）。所有辐照实验均在空气中进行。

在光学显微镜的透射光和反射光模式下检测激光照射区域的形态变化。此外，对样品进行喷金处理后，采用扫描电子显微镜观察材料形貌[76]。

图1-10和图1-11展示了经辐照的Elvacite树脂薄膜的扫描电子图像和乙烯基聚乙烯醇薄膜的显微照片。

如Elvacite树脂和Paraloid B-72丙烯酸类材料具有相对较低的玻璃化转变温度，辐照会导致树脂表面产生边缘模糊的弹坑和凹坑。这与基质材料中爆炸性气泡形成的清晰的凹坑有关。即使在单脉冲辐照下也能观察到气泡的生成，气泡的大小在1~20μm之间[76]。

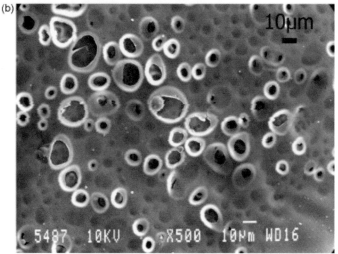

图 1-10　Elvacite薄膜在波长 248nm，30ns，10 个脉冲激光辐照下的扫描电子显微照片，图片引自爱思唯尔（Elsevier）[76]

（a）凹坑边缘（放大 100 倍，F=1 730mJcm^{-2}）；（b）凹坑表面（放大 500 倍，F=1 270mJcm^{-2}）

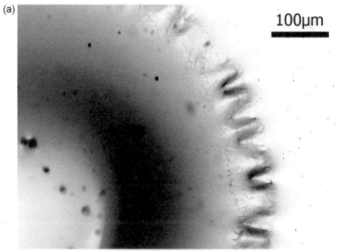

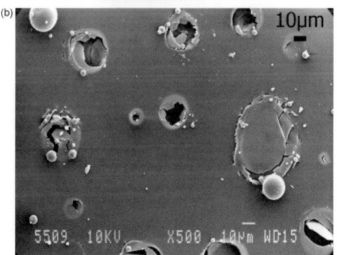

图1-11 乙烯基聚乙烯醇薄膜在248nm，30ns辐照下的显微照片，图片引自爱思唯尔（Elsevier）[76]

（a）凹坑边缘（扫描电子显微照片，放大500倍，单脉冲，$F=1$ 530mJcm^{-2}）；（b）凹坑表面（光学显微照片，放大250倍，30个脉冲，$F=700$mJcm^{-2}）

乙烯基聚乙烯醇具有相对较高的玻璃化转变温度，在类似条件下，其凹坑状表面更光滑。气泡的生成是有限的，而其尖锐而碎裂的边缘是光照与一个更脆的材料。气泡形成的直径在10~50μm之间［见图5（a）］；在这种情况下，凹坑的边缘相对干净，而烧蚀区边缘的波浪状结构意味着由于热量扩散而发生的形态变化。

与纳秒级辐照相比，飞秒级辐照材料的主要形态变化是聚合物表面的再沉积和各种化学结构的再形成。气泡的形成非常有限，且主要发生在乙烯基聚乙烯醇上，乙烯基聚乙烯醇具有200℃的高熔点和85℃的玻璃化转变温度。单个脉冲足以诱导材料熔化并形成气泡。结果如图1-12所示。

使用波长在2.3~3.3μm之间或5.5~6.5μm之间的脉冲激光去除艺术品表面的保护清漆或者腐蚀产物，例如使用波长为2.94μm的铒激光（Er:YAG）或脉冲氟化氢激光器，辅助刷子、棉签或喷雾器施加含有羟基的清洗剂，以刺激污染物膜层中的OH键或将溶剂导入污染物膜中[82]。

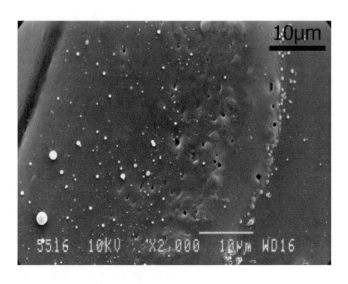

图1-12　乙烯基聚乙烯醇薄膜在波长248nm，500fs，单脉冲激光辐照下的扫描电子显微照片（放大2 000倍），F=150mJcm^{-2}，图片引自爱思唯尔（Elsevier）[76]

Er:YAG激光器是固体激光器，其激光介质是掺铒钇铝石榴石，即Er:Y$_3$Al$_5$O$_{12}$[83]。

待去除的污染物，包括短链天然树脂、合成树脂、长链聚合物和胶粘剂（天然和合成）、无机盐（卤素和金属）及与羟基自由基结合的所有化合物[82]。待清洗的物质表面用盖玻片覆盖，并用激光辐照。激光能量与污染物中的羟基基团或羟基自由基相互作用。

激光能量与羟基自由基的反应使被污染的薄膜材料沉积在盖玻片上。残留在油画表面的污染物可以用手术刀或棉签蘸取润湿剂去除。

该方法是一种通过去除污染物膜（如光油层、绘画复绘层，以及覆盖和遮蔽绘画表面的石膏）来改进去除艺术品表面的清漆层和腐蚀产物的清洗工艺[82]。石膏（Gesso）是一种白色混合涂料，由白垩、石膏、颜料或可将这些材料混合在一起的胶粘剂组成[84, 85]。

清洗过程选择含有羟基或者羟基自由基的试剂，如蒸馏水、醇（包括异丙醇、丙酮和乙醇），用于清洁绘画表面。将所选择的含有羟基的清洗剂施于待清洁的艺术品表面上。预定波长在 2.3~3.3μm 之间或者5.5~6.5μm 之间选定激光器，例如，Er:YAG 激光波长约为 2.94μm，选用预定的激光能量和脉冲数并将之作用于待清洗的含有羟基自由基的区域。通过激光能量与羟基自由基相互作用使得污染物松动，随后用干性清洗材料或者清洗剂去除[82]。有研究详述了几个应用案例[82]。

十八、运用氧原子等离子体清除有机保护涂层

有研究介绍了运用氧原子束流发生装置和束流控制器去除绘画表面的有机保护涂层[86]。

此研究以一幅由无机颜料和半透明有机保护涂层构成的绘画为样品，运用可控的氧原子束流对其进行辐照，在不损坏底层颜料的前提下去除保护涂层。以往去除有机保护涂层的手段，主要是运用有机溶剂浸洗画面或使用棉签蘸溶剂滚擦画面。

例如，没有已知溶剂可以在不损伤画面的前提下去除聚氨酯涂层。对于丙烯酸清漆和天然树脂涂层而言，现有的清洗方法是使用棉签或液体直接接触画面进行清洗，但这会擦除掉部分溶解的颜料、蹭脏色层或改变画布表面形态。在色层凹陷处，用棉签清洗会损伤相连的颜料层，无法有效去除涂层。因此，此类修复手段通常会给作品带来伤害[86]。

在操作中，将绘画放置在真空仓中，并用电子回旋共振等离子体或其他氧原子束流发生器发射的原子氧对绘画进行辐照。原子氧与有机保护涂层的化学反应会产生一种气态副产物，真空系统再将其从绘画表面抽离。原子氧穿透有机保护涂层，直至与无机物的颜料颗粒接触。原子氧不会和无机颜料发生反应，且颜料会充当基底层的保护层。因为颜料大部分为不反应的无机物，所以当原子氧接触到更多的颜料时，整个反应就变慢了。这一反应过程会持续到所有表面有机保护层被移除[86]。

这一方法也可用于去除火灾在绘画表面残留的污染物。这些污染物主要包含炭黑和其他碳氢化合物。

十九、刚性凝胶和酶清洗

对于各种绚丽多彩的艺术品，以水解酶和多糖为基材的刚性凝胶是一种非常有效的清洗手段，如架上绘画作品、木制彩塑、纸张和图书资料。

与传统的液态凝胶相比，刚性凝胶有几个优点，例如[87]：

（1）可有效控制水或水溶液的传输。

（2）拥有可吸附其溶解颗粒的网络结构。

（3）一般不需要再清洗处理。

琼脂糖是一种最纯的半乳糖衍生物凝胶材料。它能制备出比混浊的琼脂凝胶更透明的凝胶。这是一个在处理脆弱文物表面时极为重要的特性。

琼脂胶是琼脂中的另一种硫酸化的多糖聚合物。它是一种存在于琼脂制剂中的多聚糖，由D–半乳糖和连接β–1,3糖苷的3,6–脱水–L–半乳糖组成。一些半乳糖基单已硫酸化。3,6-脱水-L-半乳糖结构，如图1-13所示。

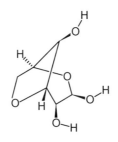

图1-13　3,6-脱水-L-半乳糖

　　大量的硫酸盐基团减小了聚合物网络的孔径，从而减缓了水的释放速率。除了作为清洁材料，多数情况下，刚性琼脂凝胶还因为水分缓释可以作为一种加湿材料使用。

　　根据特定表面的处理要求，凝胶需在处理面上保留一定时间，直到其释放出要达到预计清洗效果所必需水量或直到水完全释放。水分完全释放后，留下固态凝胶硬结物。这种硬结物极易去除，因为它不与物质表面粘附。当凝胶吸收溶解的物质时，通过观察其着色变化来佐证凝胶清洗的有效性。

　　由于水解酶在温和的条件下选择性地作用于特定的基材，通常代替传统的酸和碱性清洗剂，水解酶对艺术品更安全，对文物保护工作者的健康危害更小。

　　蛋白酶、淀粉酶和酯酶分别水解蛋白质中的肽键、淀粉中的α-1,4-糖苷键和酯中的酯键。这些酶均在文物保护过程中有所应用。

　　例如，可以在可控条件下去除成膜材料，如动物胶和鱼胶、明胶、白蛋白、酪蛋白、淀粉和含淀粉材料、植物胶、干性油、脂肪、蜡和一些含酯的合成树脂[87]。

二十、海绵和布的清洗功效

有研究选取了五种海绵和两种浸湿的超纤布，用它们清洗自然及人工老化、玷污后的油画表面，以测试它们的性质和清洗功效[88]。与传统使用棉签蘸水和唾液进行滚擦清洗的方法相比，测试所使用材料的清洗效果更好。在所有测试材料中，湿润的异戊二烯化妆海绵在清洗人工老化、玷污的油画表面时，清洗效果最好。

二十一、运用软纳米科学进行智能清洗

智能清洗剂是现代艺术品保护科学中的主要研究问题。对于艺术品保护科学领域而言，纳米科学中的新材料不仅提供新途径，还根本改变了解决问题和挑战的方法。相关文章回顾了近十年内纳米结构体系在艺术品清洗领域的发展[89]，同时也记录了相关案例的研究。

文章中还评估了胶束、微乳液、浓稠且构成复杂的液体，以及响应性凝胶。

智能纳米结构体系的发展需要对它们在纳米尺度下的行为表现及其与其他材料的相互作用进行深入了解。该文章说明了运用纳米流体（如胶束或微乳液）从多孔质地文物上去除聚合物的做法[89]。

二十二、胶合板

20 世纪 60 年代，弗兰塞斯克·阿蒂戈（Francesc Artigau）创作了由九幅作品构成的系列组画。他在胶合板上制作了传统基底层，并使用商业水粉颜料、蛋黄、彩铅进行绘制，从而完成了这一系列作品。由于作品在长达三十多年的存放过程中一直受到数只小狗排泄物的污染，因此，这些作品的状况极差，亟待修复。绘画的颜料层、基底层呈现多种病害，如色层脱落、受潮发霉、材料脆化、真菌污染、尘垢顽固、磨损、擦洗损伤等。

相关文章探讨了针对这些作品的颜料层和基底层的修复处理[90]。

由于这些作品表面尘垢和颜料层本身都是水溶的，所以修复师在修复时选择了琼脂作为清洗材料。琼脂的韧性结构使所需水分保留在凝胶状结构中，确保颜料层在不被液体渗透的前提下，实现水与作品表面尘垢的接触。并且，因为琼脂具有刚性结构，使用琼脂进行清洗后，不会留下任何残余物，无须对作品表面进行漂洗。

其实，在清洗过程中，由于色层深度吸附污垢，以及绘画基底和颜料层的脆弱，不允许进行区别清洗，因而不可能完全去除绘画表面附着的所有污垢。事实上，经历数年之后，一些尘垢已植入作品内部，与作品融为一体[90]。

二十三、聚合物水性乳胶颜料

在 20 世纪 50 年代，人们开始使用聚合物水性乳胶颜料[7]。这种颜料既可以像流水般流动透明，又可以像凝胶般粘稠，艺术家能够使用这种材料，创作出与以往慢干油画颜料不同的视觉效果。

这种新材料使艺术家们脱离了传统油画中的写实模仿技法。但此类绘画的保护修复具有较大难度。聚合物水性乳胶颜料也应用于户外公共墙绘，这加大了博物馆对当代绘画的保护修复难度[7]。相关文章探讨了当代壁画的保护问题[91]。

研究发现，丙烯酸乙酯-甲基丙烯酸酯共聚物和甲基丙烯酸甲酯-丙烯酸丁酯共聚物在室温条件下缺乏硬度，会形成一个柔软且易吸灰的表面，同时使表面活性物质向其表面富集。图 1-14 中展示了上述单体的分子结构式。

纯水和几乎所有溶剂都可以增强颜料中表面活性物质的浸出，使颜料溶胀、软化。因此，表面处理、清洗手段必须加以严格控制。影响丙烯颜料层对溶剂和水的吸收与溶胀作用的因素很多，如构成颜料层的物质种类与数量，以及这些物质的物理排列。

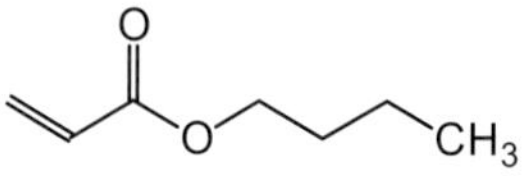

丙烯酸丁酯 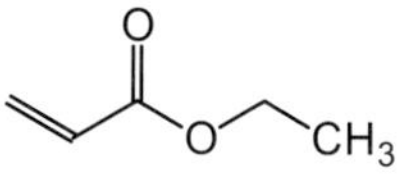　　　　　　　丙烯酸乙酯

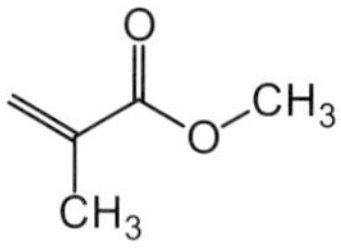

甲基丙烯酸甲酯

图1-14　丙烯酸酯单体

颜料层的吸收和溶胀现象由多种因素引发，如颜料的色素含量、填料、表面老化变硬、聚合物弹性、色层干燥速率、色层厚度、色层下的基底层材料等。

研究者专门设计了一系列用于测试丙烯颜料的清洗溶液的pH值和电导率的实验，实验结果业已发表。模型试验中所用颜料为高登厚重型艺术家管装颜料（Golden Artist Colors Heavy Body Tube Colors）和柯雅丽唯特管装丙烯颜料（ColArt Liquitex Acrylic Tube Colors）。

运用电子显微镜和液相色谱-质谱仪来表征颜料层表面的溶胀变化，并定量分析浸出的表面活性物质。

浸出实验结果表明，颜料层在溶液中短时间浸泡后所产生的溶胀变化，与溶液的pH值和一价离子电导率存在明显的函数关系[7]。

第二节　清漆树脂

清漆树脂是古代大师作品上最脆弱的部分。19世纪中期，人们开始在完成后的画面上涂刷一层透明清漆树脂。环境问题会使传统绘画上的清漆树脂迅速劣化，自然氧化会使其发生雾化、开裂和黄化[92]。

一、清漆树脂的可去除性

有研究对五十多幅绘画上的自然老化合成清漆树脂进行了清洗测试[69]。其中，大部分清漆树脂由聚甲基丙烯酸异戊酯或聚甲基丙烯酸丁酯构成。由于这些老化的甲基丙烯酸涂层具有至少五十年历史，研究者对其聚合物交联结构展开了研究。它们难以被溶剂去除，甚至完全不能溶解。图 1-15 列举了这两种单体的分子结构式。

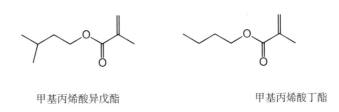

甲基丙烯酸异戊酯　　　　　　　　　　甲基丙烯酸丁酯

图 1-15　甲基丙烯酸异戊酯和甲基丙烯酸丁酯

实验中，研究人员增加了清洗溶剂的极性，用棉签蘸溶剂对光油层进行滚擦清除，并通过红外光谱对溶解的光油进行分析。

实验结果表明，所有清漆树脂层都能被溶剂去除，但所需溶剂往往为极性较强的混合溶剂。经检测，25 幅被推测含有聚甲基丙烯酸异戊酯涂层的作品中，只有 5 幅作品的保护涂层确为聚甲基丙烯酸异戊酯。实验使用了相对温和的溶剂，通常采用溶胀方式对保护涂层进行清除。

此实验还检测了 31 幅带有聚甲基丙烯酸丁酯涂层的作品。尽管使用极性不强于丙酮的溶剂即可去除此类清漆树脂层，研究者还是围绕着美国早期作品中颜料层对溶剂的敏感性问题展开了研究。如今，这些老化的保护涂层均可被去除，美国国家美术馆（National Gallery of Art）也设有紫外线过滤装置，但这些保护涂层的未来老化状况仍旧不可预估。因此，研究者必须针对部分作品的清漆树脂层老化状况进行系统性的持续检测。

二、合成清漆树脂

由于低分子合成树脂保护清漆具有极好的光学特性及化学稳定性，其在绘画保护领域得到了广泛应用[93]。

如达玛树脂、玛蒂树脂一类的传统天然保护清漆也具有极佳的光学特性，但是它们的化学性质并不稳定，且在老化后难以清除。

用于制作保护清漆涂层的许多合成高分子材料都拥有很好的化学稳定性，但光学特性较差。

有研究发表了低分子树脂（如脲醛树脂、碳氢树脂）的分子量分布和玻璃化转变温度的相关数据，也包含了树脂在氙灯照射近3 000h后的分子量分布变化数据[93]。

相关研究探讨了几种工业制造的低分子合成树脂作为绘画保护清漆涂层的可能性[94]。实验运用红外光谱仪、凝胶渗透色谱法和差示扫描量热法对树脂进行测试，同时也测量了它们的折射率。实验还对树脂膜进行了氙灯加速老化，并运用紫外-可见分光光度法、红外光谱技术和溶解度测定法评估了树脂层的稳定性。实验还研究了Tinuvin® 292受阻胺光稳定剂对上述几种树脂、Laropal® K80酮树脂、MS2A醛酮树脂、改性酮树脂（如酮酯）的老化过程的影响。

大部分测试产品比天然树脂和酮树脂更稳定，且在受阻胺光稳定剂的作用下，它们甚至显现出很好的耐紫外线性质。MS2A醛酮树脂和酮酯在添加了受阻胺光稳定剂后也变得更加稳定。此外，绘画修复师们还测试了其中几个产品的实用性和美学特性[94]。

MS2A醛酮树脂、Laropal® A81醛树脂以及美国伊士曼化学产品公司（Eastman Chemical Resins, Inc.）生产的Regalrez™ 1094碳氢树脂都

是如今绘画修复中的常用材料，相关研究通过质谱技术对它们进行表征[95]。这些树脂通常被当作绘画保护清漆涂层使用。

酮树脂是甲基环己酮、环己酮分别或共同进行缩合反应的产物[70]。甲醇和甲醛在碱性介质中可完成此类缩合反应。Regalrez 1094 是一种碳氢树脂，它由甲基苯乙烯和α-甲基苯乙烯合成，且为不饱和聚合物的氢化作用产物[96]。图 1-16 为甲基苯乙烯和α-甲基苯乙烯的分子结构式。

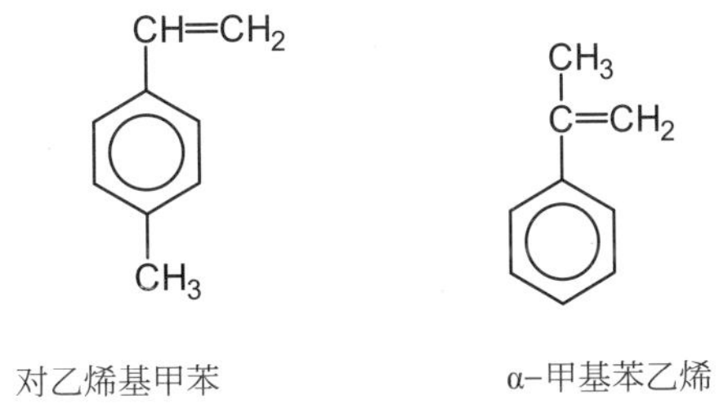

图 1-16　对乙烯基甲苯和α-甲基苯乙烯

BASF公司生产的Laropal A81是一种由脲、异丁醛和甲醛合成的醛树脂。

过去，这些树脂的分子结构并未完全明确。如今，通过综合运用气相色谱-质谱联用法、热裂解-气相色谱/质谱联用法和电喷雾离子化质谱法，可以进一步分析此类物质的化学构成。这些技术帮助人们发现了此前未知的物质结构特性[95]。

酮树脂是甲基环己酮、环己酮分别或共同进行缩合反应的产物，20世纪20年代酮树脂首次被授予专利[97]。

MS2A醛酮树脂是由甲基环己酮、甲醇和它们的派生物发生羟甲基化作用和缩合作用所产生的复杂混合物。图 1-17 展示了MS2A的生成过程。

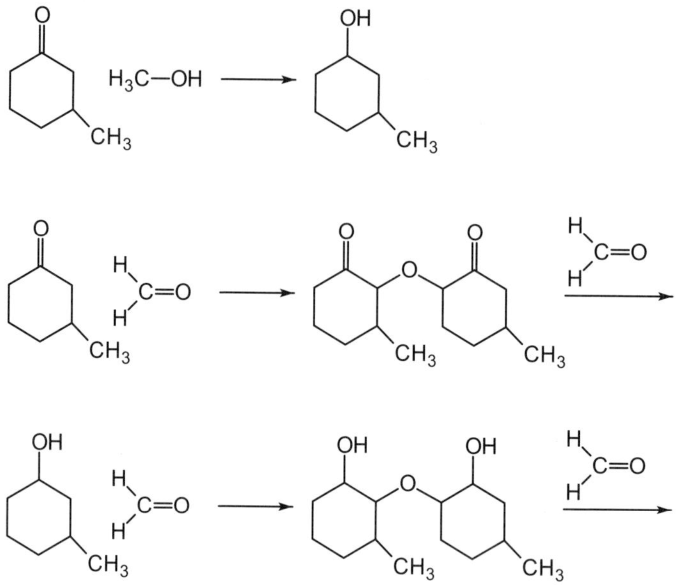

图1-17　MS2A的生成过程

　　该树脂在低极性、高折射率的溶剂中具有较强溶解力。溶解后可形成高固体份、低黏度保护清漆，易于涂刷、喷洒，且具有很好的光学性质。

　　在大部分情况下，此树脂具有快干的优点。但此类树脂保护清漆即使存放于博物馆内也还是会劣化。主要问题在于其酮基和双键在光照下会发生分解，长此以往会导致保护清漆层发黄、溶解性降低。

　　用于涂刷、喷洒的MS2A基础型光油的制备方法如下[97]：

　　制备1-1：将50g MS2A树脂捣碎成小颗粒，装入薄纱袋后悬置于110mL斯托达德溶剂（Stoddards solvent）（芳烃含量少于20%的BS 245白精油溶剂）中进行溶解。树脂静置一夜后溶解，也可以通过频繁搅拌和略微加热加速溶解。最终溶液浓度为31%。50g MS2A树脂加上110mL斯托达德溶剂，溶液总体积为160mL。

　　此外，文章中还介绍了亚光保护清漆基础溶液和用于完成画面的亚光保护清漆稀释溶液的制备方法[97]。

三、离子液体清除清漆树脂

文物保护者和修复师越来越关注低毒性清洗方法的研究进展。因此，若离子液体能够替代挥发性有毒有机溶剂，则保证了修复操作的安全性[98]。

离子液体是熔点低于100℃的有机盐类物质，它由有机阳离子、无机或有机阴离子构成。离子液体的某些性质非常适用于油画修复[99-101]。

离子液体的低挥发性减少了对健康和环境的危害。它具有高黏度，避免了其对颜料层的渗透。它能与水或低毒性溶剂（如酒精）较好地混合，所以人们可以使用较安全的溶剂去除离子液体[98]。

有研究对离子液体的清洗效果和影响进行了测试。在模拟实验中，研究者使用不同种类的离子液体对不同材质的绘画和保护清漆树脂进行清洗，以评估其清洗效果和风险[98]。

四、清漆树脂溶液对可溶性成分的浸出

有研究围绕保护清漆树脂溶液对颜料层的影响进行了探讨，分析了保护清漆树脂溶液对颜料层可溶性物质的浸出作用[102]。

研究中选取了多种油画颜料层样品，其上涂刷了由多种树脂和溶剂构成的光油。通过运用气相色谱法分析干燥后的光油层以及涂刷光油前后的颜料层样品，来测定光油从颜料层中浸出的脂肪酸。

光油对可溶性成分的浸出量大小，除了与光油中的溶剂种类相关，还与树脂种类相关。极性大、氧化程度高的树脂光油比非极性碳氢树脂光油浸出的可溶性成分更多[102]。

五、玛蒂树脂和麦吉普媒介剂

三萜类树脂属于天然保护清漆树脂，如玛蒂树脂和达玛树脂。与其

他天然树脂相比，它们不容易发黄，而与其他稳定的合成保护清漆树脂相比，它们具有极佳的光学特性。因此，它们在绘画和彩绘雕塑中被广泛使用。

玛蒂树脂是最好的天然保护清漆树脂之一，常被用作绘画完成后的最终保护层，或用作绘画的树脂类媒介剂。从古至今，它一直被人们使用[103]。

然而，树脂复杂的劣化过程会使其特性发生改变，从而影响艺术作品的视觉效果[103]。

人们广泛研究了辐射对树脂劣化过程的影响，但关于生物劣化在这种天然产物上的作用却知之甚少。研究人员从西班牙格拉纳达美术馆（Fine Arts Museum of Granada）藏品中提取了真菌样品，将其注射到覆着玛蒂树脂的载玻片上。经过15天培育后，研究人员运用气相色谱质谱联用仪分析样品的化学变化。同时对菌丝在固化树脂中的形成过程实施检测。其中，样品的主要变化源自好食丛梗孢菌、草茎点霉和产黄青霉，由此说明，微生物促发了树脂的老化过程[103]。

有文章详述了玛蒂树脂保护清漆和麦吉普媒介剂的保存问题[104]。

第三节　文物保护的方法与材料

一、微生物污染

文化遗产保护中最重大的问题之一是微生物污染防控[105, 106]。南美洲属于热带气候，气温高且相对湿度大，艺术作品中常常滋长霉菌。近来，研究者对一幅17世纪的秘鲁绘画进行修复，画面70%的区域受到严重霉菌污染，运用伽马辐照可以去除霉菌，实现对作品的保护修复。

然而，辐照会作用于作品材料的分子结构，改变材料特性，特别是对颜料色彩及聚合物的化学物理性质产生影响[105, 106]。

干燥后的丙烯颜料层并不是一个完全致密的表面。它是一个结构不均的膜层，存在半透膜区域及海绵般的微孔膜区域[52]。

如果在不透膜上进行水性清洗，不会对颜料膜层产生影响。

如果在半透膜上进行水性清洗，液体会在颜料膜层内产生渗透。

如果在微孔膜上进行水性清洗，液体会在颜料膜层内产生扩散。

在微孔颜料膜层上进行水性清洗时，颜料中可溶盐的相对浓度会与清洗溶液中的离子保持平衡。

将蒸馏水施于颜料层表面时，颜料内的离子强度越高，越会引发离子向蒸馏水中扩散，从而内部物质浸出颜料膜层。

当清洗溶液的离子强度低于颜料时，清洗溶液为低渗溶液。若清洗溶液的离子数量高于颜料膜内时，清洗溶液中的离子向颜料膜内扩散。此时，清洗溶液对颜料膜是高渗的。

当清洗溶液和颜料内的离子强度相近时，尽管溶液中存在一些离子交换，不存在离子向颜料膜层内外的整体运动。

因此，对于多孔颜料膜层而言，清洗溶液是等渗的。

当丙烯酸漆膜被视为半透膜而非微孔膜时，在漆膜上施加清洁溶液，可以观察到预期的渗透效应。

若将蒸馏水施于丙烯颜料层表面，干燥后的颜料膜层并不完全致密。它是一个结构不均的膜层，存在半透膜区域及海绵般的微孔膜区域。此时清洗溶液对颜料膜层是低渗的，清洗中应避免此现象的发生。

因此，绘画清洗的难点之一在于测定颜料层的离子浓度，以配制等渗清洗溶液。

可以将蒸馏水滴在颜料表面，让它停留一小段时间，使其与丙烯颜料达到平衡状态，最后通过测量水滴的电导率和pH值得知颜料层的离子环境信息，但此方法得到的数据并不准确。

首先，将水滴放入单液滴电导率仪，然后将水滴放入单液滴酸度计（这两种仪器均有售）。

在模块化清洗程中含有种类复杂的水性溶液可供选择，由此可以控制清洗测试溶液的离子强度及溶解度参数。

添加缓冲剂和螯合剂可以提升清洗测试溶液的离子强度。如果需要更高的离子强度，可以添加离子缓冲剂，如氯化钠稀释溶液[52]。

高通量检测技术对清洗效率的测试结果表明，使用柠檬酸三铵浓度为0.7%或29mol/L的溶液清洗丙烯颜料时，可达到最理想的清洗效率。由此，修复师们在清洗丙烯颜料时，可将螯合剂浓度配制为29mol/L[52, 107]。

二、油画

布面油画会在一定时间内开始劣化[108]。尽管颜料层寿命长达几百年，画布却进行着持续的、较快的化学分解和物理劣化。因此，需要在几十年内对油画进行保护修复。

油画修复师通常在破损的画布背后加衬一层新画布，这一方法被称为"托裱"。一段时间后，托裱用的画布老化破损，需要替换新画布，即"重托裱"。进行"重托裱"时，必须移除此前背部托裱的画布，才能加衬新的画布，因此，这种重复性的步骤要求其所用胶粘剂是可逆的。修复师通常使用热熔型胶粘剂进行托裱和重托裱，因为这种胶粘剂容易去除[108]。有论著详细介绍了绘画修复中使用的胶粘剂和加固材料[109]。

历史上，蜂蜡一直被当作热熔型胶粘剂使用，但近些年内，一些修复师尝试使用合成热熔型胶粘剂。由于加热会损伤颜料层，所以在一些修复案例中，修复师在常规室温条件下使用了压敏胶粘剂[108]。

修复工作者建议使用细网状合成材料制成的柔韧基布，如聚酯单丝织物、玻璃纤维或者聚酯薄膜来替代托裱所用的传统画布[110]。在室温条件下，可以用有机硅压敏胶将这种合成材料托裱在原作画布背面。

此外，也可以使用热活化型胶粘剂，如乙烯醋酸乙烯酯或一种蜡树脂。衬布可单独使用，也可用画布或府绸托裱。

在绘画作品上进行的任何修复操作都会对作品造成损伤，托裱与重托裱都会对绘画造成物理及化学损伤[108]。在施加、去除热熔型胶粘剂的过程中，会对颜料层造成热损伤。溶剂型胶粘剂会对颜料层造成化学损伤。水基型胶粘剂会使画布产生收缩和舒张，从而改变颜料层应力，造成损伤。

作品原画布的劣化对颜料层造成的损伤最为严重。画布老朽后，会丧失其本来对颜料层的支撑作用，颜料层进而开裂，最终从画布上剥落。作品原画布的伸缩及尺寸变化还会进一步使颜料层变得更脆弱。

即使对破损画布进行重新托裱，并用胶粘剂或蜡填补缺失部位，也不能减缓原画布的缩张给颜料层带来的应力变化。托裱是一种临时性保护修复手段，只要原画布还是完整的，就会持续劣化，颜料层也会不断失去支撑。由于画布的不稳定性，许多作品在色层老化之前就已经缺失。即使运用合成材料进行托裱和重托裱，也不能明显改善画布劣化对色层造成的应力损伤[108]。

有研究介绍了新的托裱操作方法，此方法为一种一体化结构，使古老的布面油画得以修复并长期保存[108]。首先，此方法要消除老化画布给颜料层带来的应力变化，确保画布的进一步劣化不再给颜料层施加额外的作用力。通过磨损或破坏原画布的编织纹理可以实现这一目的。然后，用胶粘剂将一块新的合成基布托裱于原画布背面，从而使其与颜料层、基底层、老化画布残体形成一个单一综合体。胶粘剂能够渗透入老化画布残体，填充颜料层背部空隙，并对颜料层产生持续的黏附力。与之类似，它还可以填充新支撑物的空隙，对其产生持续的黏附力。且在颜料层的预期寿命内，胶粘剂本身不会在常规环境中发生明显的氧化或其他劣化现象[108]。

此方法特别包含以下几个步骤：

（1）至少去除作品背面的部分画布，至足以破坏画布编织纹理的程度，以去除画布给颜料层造成的应力变化。

（2）选择一种尺寸稳定的新托裱材料，其预期寿命与颜料寿命相同，材料本身有正反面之分。

（3）在原画布的背面或覆背材料的正面两者之间，至少选择其一，将液体胶粘剂均匀涂刷在上面。液体胶粘剂能够在原画布残体和绘画基底层中进行渗透，并在室温条件下固化，胶粘剂固化后的预期寿命与托裱材料的寿命相当，固化后能使颜料层与托裱材料紧密粘合，且不会对颜料层造成损伤。

（4）在颜料层表面和托裱材料背面均匀施加压力，从而使原画布与托裱材料压紧贴合，直至胶液完全固化。

三、有机材料

（一）天然材料

天然材料在艺术品中被广泛使用，如蛋白质、脂质、多糖、萜类化合物。许多蛋白质材料被用作颜料胶粘剂，如动物胶、鱼胶、鸡蛋、酪蛋白[111]。

胶原蛋白是哺乳动物和鱼类体内结缔组织中的一种纤维蛋白，将其溶解可制成胶液。蛋白和蛋黄成分复杂，因为它们各自含有不同种类的蛋白成分。蛋白中含有糖蛋白、卵清蛋白和溶菌酶。蛋黄中含有磷脂类物质（如非脂性磷蛋白、卵黄脂磷蛋白）、脂蛋白和卵黄蛋白。

酪素是一种磷蛋白，是脱脂牛奶酸化后的沉淀物，可制成胶液，主要用作坦培拉媒介剂。

干性油属于甘油酯类，是一种甘油三酯混合物。它是油画及其保护层制作工艺中的重要材料。油画领域常用多种蜡材料，它们由烃类、酸类、酒精、酯类、固醇类、萜类的混合物构成[111]。

干性油可用作胶粘剂和表面保护层材料。它常被当作防水剂使用，偶尔用作颜料胶粘剂。树木受伤处会溢出多糖胶，这种多糖胶可用作水彩画、细密画和手抄本的媒介剂，也可用作胶粘剂。天然树脂的化学性质各有不同，但其主要由萜烯类化合物构成，萜烯类化合物是一种由异戊二烯单元构成的物质。

精油主要由单萜类、倍半萜类化合物构成，可用作光油增塑剂。天然树脂含有二萜类、三萜类、单萜类、倍半萜类化合物，这些成分决定着树脂的初始流动性。天然树脂被广泛用作光油，其次用作胶粘剂[111]。

米尔斯（Mills）和怀特（White）在文章中谈到，天然沥青类材料包括天然沥青、焦沥青和石油沥青；人造沥青类材料由木头、煤或树脂经高温热分解后制成，包括焦油沥青和热解沥青。

沥青类材料的化学构成复杂，由长链烃、萜类化合物或芳香族化合物构成，如酚类物质。这些柔软的材料被用作胶粘剂、砂浆和保护涂层材料。

除了上述材料以外，工匠们还将许多混合物用作保护涂层材料（如涂漆）及颜料胶粘剂的添加物，这些添加物包括乳化剂（牛胆汁）、增塑剂（蜂蜜）或胶粘剂（大蒜）[111]。

（二）合成材料

舍恩拜因（Schönbein）在1846年发明了历史上第一种合成聚合物——硝酸纤维素。此后几年，艺术创作和艺术品修复领域开始使用除天然材料之外的合成高分子化合物。

在那个时期，亚历山大·帕克斯（Alexander Parkes）在伦敦国际展览会中展示了许多用硝酸纤维素塑造的产品。20世纪，合成高分子化合物被广泛应用，它们不仅用作艺术品原材料，也用作艺术品修复中的胶粘剂、加固剂、光油或填料[113]。

艺术创作和艺术品修复中使用多种合成树脂，其中，丙烯酸、聚乙烯醇和聚环己酮被广泛用作绘画媒介剂或画面清漆树脂[111]。

此外，艺术家们还常常使用装修领域、工业领域等其他商业领域的材料制品。如家用涂料、工业涂料和保护涂层材料中的醇酸树脂，还有聚氨酯、环氧树脂、硅树脂及硝化纤维素。

这些材料被用作颜料胶粘剂和清漆树脂时，具有许多超越传统材料的优点，如持久的机械稳定性、光学稳定性，以及更快的干燥速度。其中一些材料可用作乳化剂，以此替代有毒材料的使用，如有机溶剂。然而，大部分上述材料的长期老化现象并未得到全面评估[111]。

（三）劣化机制

有机化合物的稳定性首先取决于其物质结构或其内部不同化学键的强度，这些因素决定了有机物的变化机制[111]。

自由基的氧化过程和离子的水解过程导致了艺用媒介剂和清漆树脂的劣化。热能和光化学能的输入会引起自氧化反应。极少情况中，无氧气条件下的电离辐射会引起自氧化反应。通过测定光化学反应中的量子产率，可以对清漆树脂或媒介剂中的光化学反应程度进行经验性评估。

断链的高分子数量与有机材料吸收的量子数量之比，即为量子产率。

氧气在清漆树脂和颜料层中的扩散是引发老化衰退的重要原因。缺氧深度指氧气浓度减少至发生反应所需浓度的10%时所达到的颜料层深度数值，是评估氧化程度和机制的另一个参数。

除了热源和光化学光源，研究者还评估了其他引起老化衰退的因素。金属氧化物和其他颜料中的盐类会对光油和媒介剂产生显著影响，因为它们会促发光氧化反应。与之相反，如炭黑等其他颜料可以防止光的穿透，从而起到保护作用。漆树脂和媒介剂中的某些少量化合物发挥着感光剂作用，可以吸收光线并将能量传递至基底层分子。臭氧是大气中的氧化剂之一。

酸类物质是水解反应的主要催化剂，其他催化剂还包括空气中的污染物。水解过程主要影响蛋白质、干性油及多糖类，从而导致颜料层、清漆树脂层的化学性质和机械性质的显著改变。

霉菌、细菌、高等生物的生物降解，还有生化反应或酶催化过程，是艺术品劣化的另一种常见形式。

清漆树脂和胶粘剂的劣化引起许多化学变化，如聚合链间的交联反应、断链反应、主链或侧基的氧化反应、分子的破裂。这些反应通常会生成高度氧化的产物。这类结构变化会导致材料不溶性和极性的增强、强度的减弱以及色彩的变化[111]。

（四）微量化学实验

18世纪晚期，人们第一次对古老材料的有机成分进行化学研究。当时，人们用溶剂擦拭物品表面来简单测试物质的溶解度，以此对物质进行定性分析[114]。

早期，人们还采用了其他方法来测定媒介剂的物理性质，如熔点测定[115]、微量化学实验。

溶解度测试对于媒介剂的定性非常有帮助，但仅限于溶解度参数确定且互不相同的材料。然而，艺术品中的有机材料容易降解，所以只能粗略得到重叠区域所展现的溶解度参数，难以准确识别胶粘剂的成分。

大部分用于分析绘画作品的微量化学实验主要源自组织学实践。这种技术基于特定官能团对某些深色生物染色剂的亲和作用，依此可区分有机胶粘剂的种类。

微量化学实验除了简单之外，还有另一优势，即通过切片分析鉴别图片结构中的颜料媒介剂种类，并且可以借助立体显微镜观测反应。然而，这项技术较为局限，因为它的特异性低，难以区分不同物质中的相同官能团[111]，如硬蛋白、干酪素、明胶等蛋白质类物质。

1905年，研究者对用甲基紫、四碘荧光素染色后的切片样品进行微量化学实验[116]，以此鉴别油性和蛋白类媒介剂。

四、聚乙酸乙烯酯颜料

研究人员对聚乙酸乙烯酯均聚物、含色素和填料的聚乙酸乙烯酯混合物、历史颜料复制样品进行光化学反应研究。历史颜料复制样品是基于阿·法夫雷尔·里斯本森（A Favrel Lisbonense）公司生产的、葡萄牙艺术家华金·罗德里戈（Joaquim Rodrigo）调配的颜料进行精确复制的[117]。

样品制备成膜层，放置在波长大于300nm的光照环境中，运用排阻色谱法、红外光谱法以及比色法对样品变化进行评估。

聚乙酸乙烯酯作为均聚物或乳胶漆，具有良好的光学稳定性。在经过5 000h光照后未生成凝胶。使聚乙酸乙烯酯断链的光照（波长313nm）的光通量为7×10^{-8}lm。这个数值说明波长300nm的光照与波长245nm的光照的作用机制不同。实验中，未发现侧基断链，主链断裂是光老化的首要机理。并且，颜料中的金属离子并不影响聚合物的光化学稳定性[117]。

五、压敏胶

在布面绘画的保护修复中，可以通过覆背对作品的原始支撑体进行加固[118]。使用压敏胶可以减少传统托裱技术给油画带来的风险。

丙烯酸酯胶粘剂因具有长期稳定性而被用于托裱修复中。相关实验对胶粘剂进行热氧老化，并运用红外光谱仪、测角法和180°剥离测试法分析它的化学性质、表面形态、粘接性能的改变。

实验结果表明热氧老化会使胶粘剂产生三种改变[118]：

（1）脱水。

（2）氧化。

（3）交联。

尽管这些变化现象的程度较小，胶粘剂粘接性能的丧失却非常显著。但其中一些胶粘剂所具有的性质是符合修复保护要求的[118]。

六、微晶纤维素复合材料

将一种常用于文物保护的热塑性树脂Paraloid B-72和微晶纤维素粉（Microcrystalline Cellulose, MCC）熔融复合和压缩成型制备成加固使用的复合薄膜材料[119]。

为了模拟油画修复工作，将MCC基复合材料应用于两种画布（英式亚麻和机织涤纶）上的托裱加固。有趣的是，准静态和蠕变条件下的单剪切试验表明，添加MCC的加固材料具有显著的稳定性。对托裱区域进行微观结构分析表明，添加了MCC的胶粘剂并不改变托裱区域结合处的断裂性能。

视觉观察法评估材料的透明性和颜色结果表明，MCC基添加物量达到30%时薄膜的颜色明显发生变化，而对紫外-可见分光光度（UV-vis）分析结果表明，相对透射率随MCC含量增高而降低。此外，流变测试显示，在温度为23℃、干燥或者相对湿度为55%的环境中，随着MCC含量增加，Paraloid B-72的黏度增加。

七、艺术品保护的纳米科学

纳米科学应用于艺术品保护已经成为一个重要研究方向[120]。纳米技术正在逐步取代传统保护修复技术。已有研究详细介绍了纳米科学与技术背景，以认知、制备及其应用纳米系统来保护艺术品。大量的案例研究展示了如何应用这些纳米体系。

对微乳液的关注源于其可通过限制亲水/亲油性分子在非极性或者极性基材中的活性来控制其可操作性[121]。微乳液的微观结构特性已多有表征。然而，微乳液的应用研究目前主要集中在其作为纳米反应器在催化和生物催化中的应用，以及其在药物释放中的应用。

对微乳液在文化遗产保护中的应用已有研究。该系统运用少量可挥发性的、环境友好的溶剂清洗壁画表面老化的保护树脂材料[121]。

在这一领域，除了生态环境问题外，还值得关注的是其作为一个嵌入聚合物分散的水包油微乳液体系，或者油相胶体化的双连续微乳液的潜力。并以此设计了一种嵌在疏水改性2-羟乙基纤维素中的对二甲苯-水微乳液体系。

相对于传统清洗方法，这种体系在清洗艺术品方面具有如下优

势[121]:

（1）由于具有非常高的黏度，清洗溶剂在绘画层中，包含表面封护层的多孔基质中的渗透作用大大降低。

（2）由于微乳液主要由水组成（85%以上），微乳液的高截留率降低了挥发油分散相（对二甲苯）的蒸发量，因此对环境的影响大大降低。

（3）残留物可以很容易地从绘画表面移除。

（4）该体系是透明的，在应用过程中可以直观地监测和控制。

（一）纳米石灰

分散在异丙醇中的纳米石灰已广泛应用于壁画的加固。

这种对将纳米石灰新材料应用于文物保护可能产生影响进展的认知，是评估和改进这项技术的基础[122]。

采用小角X射线散射技术和透射电子显微镜对四种不同$Ca(OH)_2$纳米粒子分散体系进行表征，以获得有关粒子的尺寸、形状、分散性、团聚性和晶体结构的信息[122]。以巴勒莫（Palermo）的斯特里监狱（Carceri dello Steri in Palermo）的涂鸦和18世纪科尼奥拉（恩波利）（Corniola (Empoli)）的圣犹大和圣西蒙修道院（SS. Giuda e Simone Cloister）半月形拱顶的石灰壁画两个保护案例为例，分析测试了这两个不同保护案例中所使用的纳米石灰分散体系。

用扫描电镜结合X射线能谱仪对处理后的样品进行了形貌和表面化学成分的表征，并对其吸水率和力学性能进行了测定。结果表明，所有分散体均为纳米结构，其应用成功地恢复了绘画或涂鸦层的机械性能，并且不改变绘画的水渗透性，保留了墙壁的透气性能[122]。

（二）微乳液

对用于增溶丙烯酸和乙烯基聚合物的水包油微乳液和胶束溶液进行了物理化学研究[73]。

已经测试了三种不同的四组分体系。这些体系如表1-6所示。

表 1-6　增溶丙烯酸和乙烯基聚合物的四组分体系[73]

体系 1	体系 2	体系 3
水	水	水
对二甲苯	碳酸丙烯酯	对二甲苯
十二烷基硫酸钠（SDS）	十二烷基硫酸钠（SDS）	吐温 20
正戊醇	正戊醇	乙二醇

丙烯酸和乙烯基聚合物从过去的几十年直到现在，一直被广泛用于艺术保护。树脂材料的老化使得绘画或石头表面变黄并严重劣化，使得它们从艺术品和建筑物表面剥离。接触角测量、红外光谱分析（FTIR）和扫描电镜-能谱仪（SEM-EDX）分析结果表明，所研究的微乳液和胶束溶液能非常有效地去除固体表面的丙烯酸和乙烯基聚合物。

一幅文艺复兴时期由斯皮内洛·阿雷蒂诺（Spinello Aretino）创作的湿壁画表面的疏水性丙烯酸树脂（20 世纪 60 年代进行修复时使用）是能够被完全去除的，该画位于意大利阿雷佐圣弗朗切斯科大教堂里的瓜斯科尼礼拜堂（Cappella Guasconi in San Francesco Cathedral, Arezzo, Italy）；同样，位于意大利科内格里亚诺大教堂（Cathedral of Conegliano, Italy）外墙装饰的文艺复兴时期湿壁画表面的聚醋酸乙烯酯（PVAc）树脂（20 世纪 50 年代修复时使用）也可完全去除。

纳米容器释放途径的实验表明，纳米体系为一种非常安全有效的去除艺术品表面老化树脂的方法[73]。

从壁画表面去除防水材料的方法如下[74]。纳米结构体系具有良好的理化性质，可替代无载体有机溶剂清洗多孔绘画表面。

微乳液体系制备，由于有效成分可选择范围广泛，可用于清洗多种不同类型的有机材料。

已经做过将水包油微乳液和胶束溶液作为壁画清洗剂的试验[74]。这些体系的功效已经在意大利的几处文物保护现场进行了去除各种防水材料的测试。特别是在佛罗伦萨比加洛凉廊（Loggia del Bigallo）壁画的保护过程中，以及在普拉托大教堂（Prato Cathedral）的马焦雷礼拜堂（Cappella Maggiore）后堂的菲利波·利皮（Filippo Lippi）壁画表面多种老化树脂的去除过程中，均有成功应用。

此外，水包油微乳液也被证明是有效的清洗剂，可以去除用于普拉托（Prato）巴罗内别墅（Villa del Barone）一幅18世纪干壁画上使用的油性和丙烯酸基失效保护材料。结果已通过照片记录和FTIR分析详细说明[74]。

较早用于保护修复绘画的丙烯酸和乙烯基聚合物已经出现有害影响，导致绘画表面完全毁坏[123]。传统溶剂去除这些老化材料通常效果很差，这对文物保护工作者来说是个很大的挑战。

如今，文物修复师可以使用一个全新的清洗配方[123]。这个配方基于微乳液、胶束系统及理化凝胶，专门用于文物清洗。

1984—1990年，佛罗伦萨布兰卡奇礼拜堂（Brancacci Chapel in Florence）文艺复兴时期马萨乔（Masaccio）、马索利诺（Masolino）和利皮（Lippi）的壁画保护项目是第一个将微乳液应用于文物保护的案例[124,125]。

1966年，佛罗伦萨的切波的圣尼古拉（San Nicola al Ceppo）祈祷室装饰壁画因阿尔诺河（Arno River）洪水泛滥而遭受破坏，2007年文物保护工作者对该壁画进行了保护修复，去除了洪水淹没后留下的污垢[126]。绘画表面覆盖了石膏混合洪水残留下的油污形成的风化硬结物。洪水淹没事件发生60年后，人们发现这些碳氢化合物和其他材料的混合物老化交联，使得保护材料难溶于大多数有机溶剂。因此，必须将溶剂的溶胀和部分溶解能力与石膏硬结物的化学性质结合起来。通过使用含有1%二甲苯分散在碳酸铵溶液的水包油微乳液体系溶解石膏硬结物中的有机组分，成功实现溶胀和溶解这一双重目的。该组合体系被用作清洗溶剂的连续相[123]。

专门为去除丙烯酸树脂而配置的微乳液也用于去除壁画、石刻、纪念碑上不必要的清漆类树脂涂鸦，如涂绘、涂写和刻画等[74]。

对已配制的用于溶解丙烯酸和乙烯基聚合物的水包油微乳液和胶束溶液进行了理化研究[73]。表 1-7 中展示了部分四组分配方。

表 1-7　水包油微乳液[73]

化合物			
水	对二甲苯	十二烷基硫酸钠	正戊醇
水	碳酸丙烯酯	十二烷基硫酸钠	正戊醇
水	对二甲苯	吐温 20	乙二醇

吐温 20 是聚氧乙烯[20]山梨糖醇单月桂酸酯，其结构图如图 1-18 所示。

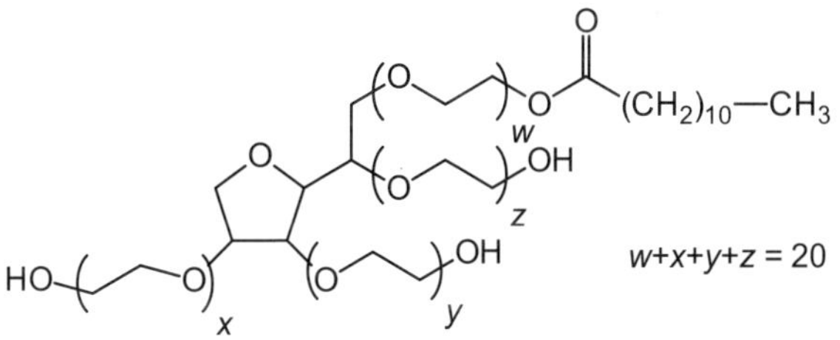

图 1-18　吐温 20 的结构

在壁画或者石刻文物保护中，微乳液和胶束溶液体系作为溶剂去除丙烯酸和乙烯基树脂的应用已有研究。实际上，过去几十年，丙烯酸和乙烯基树脂在文物保护中已有广泛应用。

老化使绘画或者石刻表面变黄并严重劣化，使得最外层从艺术品或者建筑物上剥离脱落。经接触角测量、红外光谱（FTIR）和扫描电镜（SEM）分析结果表明，所研究的微乳液和胶束溶液对去除几种固体表面的丙烯酸或乙烯基树脂非常有效。

意大利阿雷佐圣方济各大教堂的瓜斯科尼礼拜堂（Cappella Guasconi in San Francesco Cathedral, Arezzo, Italy）中文艺复兴时期斯皮内洛·阿雷蒂诺（Spinello Aretino）创作的湿壁画表面防水的丙烯酸树脂，及意大利东北部的科内利亚诺大教堂（Cathedral of Conegliano）外墙壁的文艺复兴时期的装饰湿壁画表面的聚醋酸乙烯酯（PVAc），均可被完全去除。

因此，纳米容器的释放途径表明了其作为一种新型的、安全的、非常有效的清洗方法，可用于去除文物表面老化的树脂，否则这些文物将完全损坏[73]。

八、基于石灰-醇分散体系的壁画加固剂

将氢氧化钙分散在短链脂肪醇中，用作预加固和加固壁画的保护方法已有研究[127]。依据材料物理化学兼容性选择石灰加固剂，即用氢氧化钙和水制成的糊状物，因为石灰材质亦是壁画的原始胶粘剂。

用氢氧化钙加固壁画时遇到了许多问题。由于氢氧化钙在水中的溶解度很低，其饱和溶液作为加固剂太弱，不能起到加固的作用。此外，氢氧化钙在水中的悬浮液太不稳定，不适用于无防护的绘画表面。

然而，已有研究提出了氢氧化钙-正丙醇分散体系加固剂[127]。发现这些石灰-醇悬浮液比石灰-水悬浮液稳定得多。

在 60~90℃温度下，将等体积不同过饱和度（2~10）的 NaOH 和 $CaCl_2$ 水溶液混合制得亚微米级 $Ca(OH)_2$ 晶体颗粒[128, 129]。$Ca(OH)_2$ 颗粒是厚度仅为几纳米的六角片状结晶微粒。

结果表明，1,2-乙二醇和 1,2-丙二醇吸附在纳米颗粒上，形成了微米级的团聚。1,2-乙二醇和 1,2-丙二醇如图 1-19 所示。

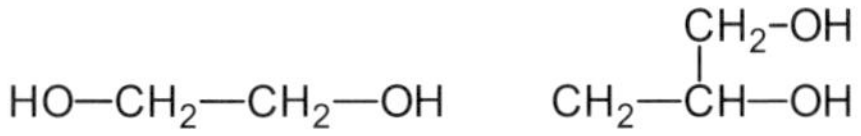

1,2-乙二醇　　1,2-丙二醇[①]

图 1-19　二醇化合物

通过在异丙醇中超声波浴解团聚，制备纳米级别的分散体系[130]。

虽然$Ca(OH)_2$粒子在短链醇中分散是惰性的，但最近的研究表明它们可以转化为醇化钙[131]。对其相变的机理、动力学及其对纳米石灰性能的影响已有阐述。石灰熟化后形成的$Ca(OH)_2$颗粒分别与乙醇和异丙醇反应，部分转化为乙醇钙和钙。这些化合物的结构图如图 1-20 所示。

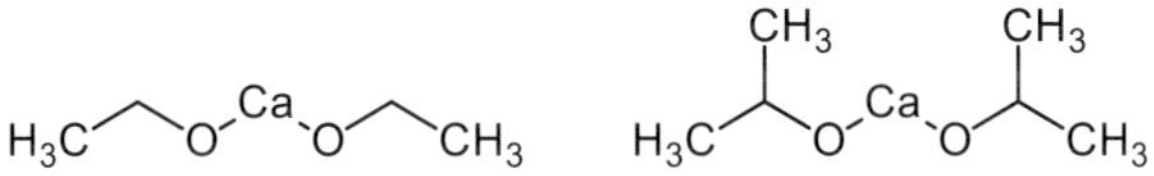

乙醇钙　　异丙醇钙

图 1-20　乙醇钙和异丙醇钙

用X射线衍射法（XRD）和傅里叶红外光谱（FTIR）分析研究了不同分散度的醇分散加固剂模拟样本的粘接力。通过测定毛细管上升、水渗透性及汞压孔隙率，对加固后的材料表面性能进行表征。此外，采用硬度法和胶带试验测定了试样的力学性能[132, 133]。

结果表明，石灰-乙醇分散体系具有良好的加固性能[127]。

---

① 译者注：原文中“1,2-Propanediol”化学结构简式错误，译文中已修改。

九、受阻胺类光稳定剂（HALS）

低聚物或聚合HALS化合物可改变用于艺术保护和修复的材料的流变性[134]。此处生成了溶致液晶相，其流变性可通过改变HALS的量以及溶剂或树脂本身来改变。

低聚物或聚合物形式的受阻胺化合物可与合适的溶剂形成液晶相凝胶，其作为有机溶剂和聚合物溶液组分的流变改性剂具有优异的性能，尤其是用在美术品保护修复使用的媒介剂或者涂料中[134]。

凝胶的溶致液晶由受阻胺化合物、溶剂分子组成，依据所用树脂的性质，可能还含有一些其他聚合物。溶致液晶分子是双亲化合物，其特征是具有亲水性和亲脂性末端的细长分子，根据浓度和温度以及所用溶剂的类型，这些分子在溶液中以各种构型聚集生成乙醇钙-异丙醇钙。

在低浓度下，溶致液晶分子的溶液无明显表象，溶质分子随机分布在整个溶剂中。在较高的浓度下，分子开始排列成胶束团簇，根据浓度的不同，胶束的形状可能是空心球、棒状或圆盘状。

在中等浓度的极性溶剂（如水）中，分子倾向于聚集在空心球体中，空心球体的表面由溶解在水中的一层极性头部形成，内部部分由亲水头部从水中筛选出的疏水尾部组成。反过来，胶束倾向于以类似立方晶格的规则阵列排列。

类似的现象也发生在非极性溶剂中，但分子的取向是相反的。对于低聚物或聚合物分子，胶束是各向异性的，并且根据浓度、环境、溶剂类型和其他溶质不同，胶束会自行排列，形成各种各样的结构。

随着浓度的增加，一个不连续的立方相（胶束相）会被一个六角形柱状相（中间相）所取代，后者又会被一个双连续的立方相所取代，然后是层状相或双层相，两层分子在极性溶剂中排列，每层分子的极性头相互背对，非极性尾相互背对，在非极性溶剂中分子的取向又发生了逆转。

由于片层结构可以很容易地彼此滑动，尽管溶剂含量较低，该相的黏性比六方相小，至少在滑动方向上如此。

HALS化合物包含一个环链中氮两边带有烷基取代基的哌啶环。

这类受阻胺光稳定剂的一个实例就是聚丁二酸（4-羟基-2,2,6,6-四甲基-1-哌啶乙醇）酯或丁二酸与4-羟基-2,2,6,6-四甲基-1-哌啶乙醇的缩聚物，如图1-21所示。

选择溶剂为丙二醇单甲醚（1-甲氧基-2-丙醇）、丙二醇正丙醚（1-丙氧基-2-丙醇）和二丙二醇甲醚［1-（2-甲氧基异丙氧基）-2-丙醇］[134]。这些溶剂如图1-22所示。

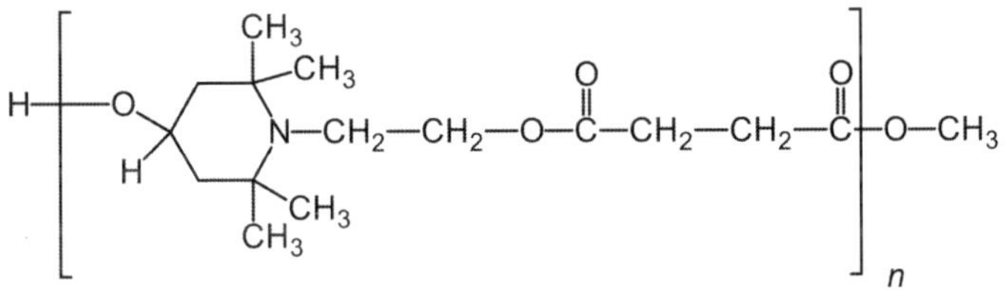

图1-21　丁二酸与4-羟基-2,2,6,6-四甲基-1-哌啶乙醇的缩聚物

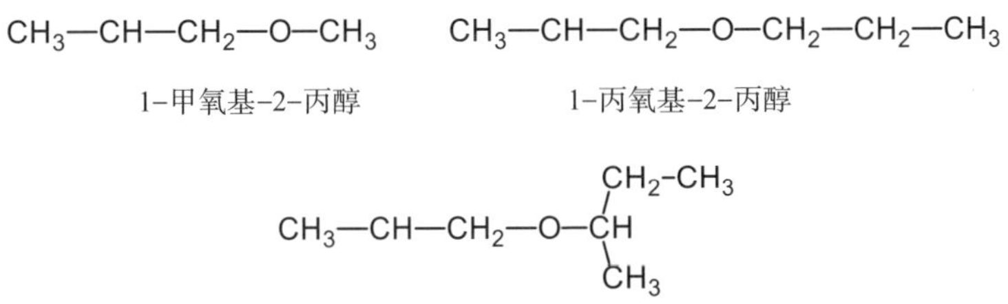

1-甲氧基-2-丙醇　　　　1-丙氧基-2-丙醇

1-（2-甲氧基异丙氧基）-2-丙醇

图1-22　丙醇溶剂

十、酶

脂肪酶是一种作用于甘油酯键的水解酶，因其具有降解老化树脂膜

的能力，作为一种无毒且温和的强极性有机溶剂或碱性混合物的替代品而常被用于文物保护[75]。其中一种这样的酶已在两个案例中被用于去除老化的丙烯酸树脂，即Paraloid B-72，其中一个应用在15世纪的木板蛋彩画，另一个应用在19世纪帆布油画的画布上。

对于脂肪酶的应用，在38℃下，将石材样品浸入在含有脂肪酶（0.5mg·mL^{-1}）的溶液中2~7min[135]。通过将脂肪酶加入到一个含有0.1mol/L碳酸铵、pH值为8.7的碳酸盐缓冲溶液中制备膏状溶液，这些缓冲介质代表脂肪酶活性的最佳条件。去除膏状物后，依次用蒸馏水和碳酸盐缓冲溶液洗涤石材样品，以去除多余的脂肪酶。

十一、γ射线与聚合物

一幅17世纪的秘鲁绘画经过修复后被霉菌污染[136]，遭受了保护性的破坏。为此，研究者提出了采用放射线照射作为替代修复技术的方案。这是一种有效的去污和保护技术。

研究者研究了射线照射过程对原始绘画和修复材料的影响，采用剂量范围为6~25kGy、60Coγ射线辐照这些材料。

辐照前后，通过热分析技术对聚合物材料进行表征。通过分光光度分析比较照射和未照射颜料的颜色。还对一个取自原始绘画的小样品进行了辐照和研究。文献资料表明，以6.0kGy当量进行辐照时修复的绘画不会受到损坏。

十二、部分水解的聚醋酸乙烯酯和硼砂凝胶

研究者对基于醋酸乙烯酯（PVA）的凝胶材料开展研究，以扩大文物保护工作者的选择范围。PVA可以与硼砂交联反应生成性能良好的水凝胶[137]。但是，此处的凝胶的量相对较小。

另一方面，水解系数降低的聚乙烯醇（PVAc）可以与大摩尔分数的甲醇、乙醇、正丙醇、异丙醇、丙酮或N-甲基吡咯烷酮发生反应，作

为共溶剂与水生成硼砂交联凝胶。N-甲基吡咯烷酮的结构，如图1-23所示。

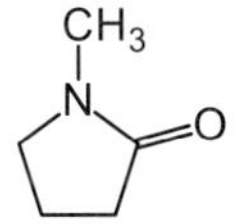

图1-23　N-甲基吡咯烷酮

室温下，在密闭容器中制备这些不粘连、透明、柔韧、稳定的凝胶至少需要几周时间。因此，它们在去除敏感和脆弱文物表面的污垢和其他涂层方面有很大的潜力[138]。

凝胶与高达80%的极性、有机溶剂反应可生成水解率分别为40%、45%、75%的40-PVAc、45-PVAc和75-PVAc。然而，当水解度增加到80%时，凝胶仅在水和有机溶剂1:1混合物中稳定。当羟基单体与硼酸盐离子的比例为15:1左右时，形成热稳定性最佳的凝胶。荧光素（见图1-24）可掺入凝胶溶剂中，并通过共价键连接至聚合物链上[139]。含有荧光素的凝胶可用于监测包含在凝胶材料外围及表面层的溶剂损失。

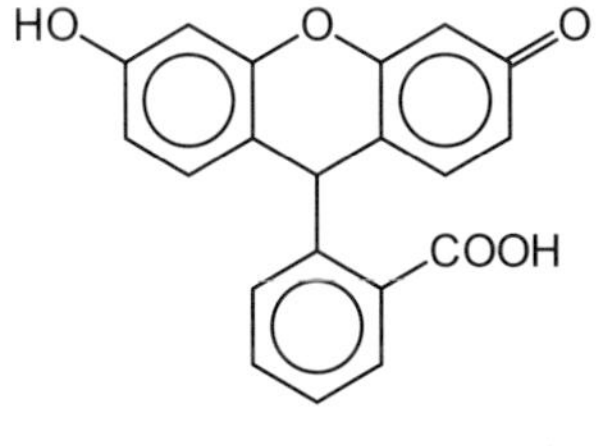

图1-24　荧光素

含有80%乙醇和20%水的凝胶已被用于去除意大利19世纪的一个基底层为石膏的木框表层未经漂白的虫胶。通过荧光分析，证实这些虫胶已完全去除。同样，也尝试将这些凝胶试用于丙烯酸绘画表面。似乎含有大量水的凝胶可能特别适合此目的[138]。

十三、纸本书法作品的修复

有研究已经提出了一种修复如日本纸和机制纸的纸本书法作品的方法[140]。该操作不需要很高的技能，保留了作品的原始厚度，提高了修复后作品的耐久性，并确保作品中性，简化了进一步修复的步骤。

将由纸浆、水和胶粘剂（如木槿根液体提取物和任意类型的染料）制得的修复液放入一个缸中。将待修复的纸张放置在布或抄纸上，再将其铺于安装在抄纸架上的滤纸状部件上。

将抄纸架浸泡在未经处理的修复液中，以便将修复液中的纤维填充到纸制品的受损部位。当纤维干燥到潮点时，从抄纸架上取下布料或抄纸。继续干燥后，将待修复纸张从抄纸架上取下[140]。

（一）文献的微喷砂处理

有研究测试了粉末纤维素微喷砂技术在文献干洗中的应用[141]。微喷砂是一种使用非常精细喷嘴的喷砂技术。

研究者对三种不同性质的文献进行了清洗试验。然后，将结果与传统的橡皮擦干洗法进行比较。

为了评估喷砂对纸本基底的影响，使用光学显微镜、三维立体显微镜以及扫描电镜-能谱仪（SEM-EDS）检测文献处理前后的变化。结果表明，粉末纤维素微喷砂技术是一种去除纸质文献表面污垢的可行技术。

微喷砂技术的使用不会改变处理后纸本基底的表面性质。此外，粉状纤维素具有化学稳定性，并与纸质文献兼容，避免了在使用橡皮擦干洗文献过程中纸纤维中的橡胶残留物对纸张造成的长期负面影响[141]。

（二）有机溶剂清洗纸本文物

对有机溶剂对老化纸张样品化学成分的影响已有评估[142]。使用三种类型溶剂清洗化学木浆纸本样品，检测其力学性能、颜色和pH值变化。

这样，就可以确定未清洗和已清洗的纸张之间是否存在任何显著的结构或化学差异。

FTIR分析表明，在溶剂清洗前后的样品中，纸张表面的官能团发生了巨大的变化。然而，机械性能测定表明，使用乙醇、甲苯和丙酮清洗纸张表面的效果良好。但是，加热条件下，这些溶剂加速了纸张样品的氧化和水解速度[142]。

第四节　分析与分析方法

一、绘画的技术分析

通过技术分析，可以检测作品中的重绘层、原画层和底稿层，还可鉴别原有材料和后补材料，如颜料、胶粘剂、保护层和复绘层[143]。原画层为作品的先前绘制痕迹，体现了创作的修改过程。这也表明了艺术家在绘画过程中构思的变化。

这些信息对于艺术品的年代确定和真伪鉴别至关重要，它极大地帮助我们了解艺术品[143]。此外，它还能帮助我们评估艺术品的物理状况，如衰退状况和受干预状况，有利于修复决策的制订。

传统绘画分析法局限于有损分析和非原位分析。这些分析法的弊端是会对绘画造成伤害。需要从作品中提取样品，且这些样品只能提供特殊点的信息，不能代表作品整体状况。因此，无损技术作为一种可以满足原位分析且能提供全面信息的分析手段，它的发展对世界影响至深。

过去的20年里，现代科技在艺术作品化学分析与结构分析中的运用取得巨大进展。但其仍具有提升空间，因为艺术作品分析总体而言是一个非常复杂、苛刻的问题。原位无损分析技术的发展是其中非常重要的部分。为了满足艺术品保护领域对于无损分析设备的需求，应用于艺术品材料原位检测的成像技术与光谱技术得到了发展。

　　胶片成像在艺术品的可见光、近紫外光和近红外光成像中应用广泛。从胶片相机到模拟相机和数码相机，成像设备多种多样。此外，不同相机的可见光成像或近红外成像已应用于艺术品检测分析。尤其是在近红外成像中，作品上覆盖的颜料通常变为透明，由此能看到作品底稿层。宽波段荧光成像可以反映作品的保护层（如清漆树脂层）状况及先前修复干预的位置。多种色散光谱技术也已应用于原位和非原位绘画材料的鉴别。颜色相同的材料在可见光中具有相近的漫反射光谱，但在可见光波段外则可能生成不同的光谱图。通过测量吸收光、荧光、弹性及非弹性散射信号，可以记录材料劣化后的成分改变，获得定量测定特征信息。在这一过程中，由于艺术品材料的复杂性质及光与物质相互作用机制，荧光和漫反射光谱在可见光和近红外波段中通常较宽。因此，这些光谱技术适用于原位检测物质的化学成分与结构变化，以及鉴别颜色相同而化学成分不同的颜料。由于拉曼光谱和红外光谱能够获取艺术品材料上特定点的指纹光谱，所以它们能够提供先进的、精确到分子的检测信息。至今，这些技术限于对材料样品的实验性非原位分析，主要原因是其所需仪器复杂。激光诱导击穿光谱技术是一项新兴且充满前景的原位分析技术，需要对光斑位置进行激光烧蚀形成等离子体，进而分析等离子体的发射光谱。因此，这项技术被认为是微损的，在一些案例中（如脆弱单薄的材料）并不适用。除了上述内容外，另一个普遍问题严重限制了传统光谱技术在艺术品原位分析中的应用：艺术品中的材料因其语境特征不同而具有很强的空间变异性，对这些复杂材料进行检测时，分析点的信息无法代表作品的整体状况。此外，分析点是由研究者选取的，在一些情况下研究者无法关注、检测到作品发生变化的区域。因此，检测误差会降低这些分析方法的精确性[143]。

　　总的来说，传统光谱仪可以为作品的局部区域提供大量光谱信息，而传统宽带成像能为物品重要区域提供少量光谱信息（分辨率）。

在艺术品保护领域，研究者已使用滤光片对可见光与近红外感应相机进行过滤，在滤光片的调节机制下，可以对图像中心波长进行选择。在可见光谱内，这些相机可以准确复制颜色；在近红外光谱内，滤光片可调节至合适的成像波段，从而获取作品底稿层的最大成像信息。综上，可以合理推断，成像技术和光谱技术将在艺术品、历史遗迹的无损分析和档案记录领域迈出重要一步。尽管拉曼光谱和红外光谱学方法可提供先进的分析信息，但这些方法难度较高。相较而言，在艺术品全表面检测中，能够获取漫反射和/或荧光光谱信息的成像系统的发展并没有任何根本性或技术性限制。这些技术的主要缺陷是所获取的光谱只包含单一信息或只能对绘画材料进行鉴别[143]。

有研究人员将多个已知成分的绘画材料模型的漫反射和荧光光谱进行了对比[143]。研究人员还在未知成分艺术品上选取任意点，比较其在同样波长光照下发射、捕获的光谱强度。这种在感兴趣的区域选择任意空间点所进行的对比研究，能显著提高鉴别信息的准确性，有助于分析成分复杂的艺术品。这是一种用于对未知结构成分的历史绘画进行无损技术分析的成像方法[143]。

二、声学无损检测法

发现与测定湿壁画的空鼓量是文物保护修复领域最迫切、最困难的问题之一[145]。

在无损检测科学技术中，目前唯一能给出壁画空鼓区域信息的即所谓的热成像技术[146]。

然而，这种技术往往会产生难以解读的检测结果。此外，检测仪器复杂，难以操作，成本高，这大大限制了这项技术的应用[145]。

热成像的替代技术还未达到令人满意的效果。最近的一项技术研究是基于振动计系统，测量加速度/力或惯性频率的响应函数。实际上，不考虑实验室内已获得的实验结果，上述两种声学检测技术的应用具有较大的局限性，使得它们不能被归为无损检测。实际上，要求通过机械源对绘画进行物理撞击，以激发待分析结构的回声，并通过检测回声的传感器进行测量。

推荐使用另一种声学技术，它将声能吸收系数作为判定空鼓区域的物理指标。这是一种完美的绘画无损分析方法。

此处，用于激发绘画表面回声的声源和检测回声信号的传感器都位于与壁画一定距离的位置，无须接触壁画。另外，所提出的方法利用适当的信号处理系统，能将指示空鼓区域的微弱信号与其他噪声区分开。

结果如下：模拟的空鼓样品表现得像弹性薄片或一个以某种振动模式振动的薄膜，并在一定频率下吸收撞击在其上的一部分声能。声能吸收系数显示出其为最适合检测空鼓区域的物理指标[145]。

三、颜料表面特征

相关研究对颜料样品在清洗前后的表面形态和物理性质进行了表征，在清洗中，样品受到了有意或无意的磨损。实验采用了不同手段去分析样品的表面形态，如[147]：

（1）数码照相。

（2）比色法。

（3）粗糙度测量。

（4）立体摄影。

（5）扫描电子显微镜。

测试结果用于评估、归类绘画作品的特征。

结果显示，老化褪色颜料的表面磨损，如铅白、铅锡黄或松脂酸铜绿，通常位于厚涂颜料顶端，且呈现为点状或区域状亮色而易于发现。而后，亮色位置会被老化褪色的颜料区域包围。

一旦熟悉了此类出现在色差对比强烈区域的颜料磨损，修复师便能在看似完整的更大范围内的颜料层平面上识别更微小的颜色变化。

微量分析证实，颜色变化实际上是未损坏颜料和损坏颜料表面结构之间的某些差异导致的[147]。

小心地使用少量修复颜料为损坏的色层表面进行补色，可以减少损坏处的视觉干扰，对统一画面的整体外观可以起到非常显著的效果[147]。

将聚丙烯酸（PAA）增稠剂加入丙烯颜料内来调整颜料的黏稠度，如聚丙烯酸的一种钠盐——Primal ASE-60。刚从管内挤出的丙烯颜料的pH值为9.5左右，这是为了确保聚丙烯酸的酸性基团被去质子化且被充分拉长，形成三维结构，从而给予丙烯颜料奶油般质地，满足艺术家需求[148]。当颜料干燥后，聚丙烯酸变硬，但仍可能对水性清洗系统中清洗液的pH值产生影响。在一个碱性的，甚至是中性的清洗环境中，聚丙烯酸会吸收水分后产生溶胀，软化并破坏颜料膜表面[52]。

为了使聚丙烯酸增稠剂的溶胀最小化，清洗系统的pH值需要尽可能地降低。

缓冲剂的选择基于酸离解常数，如pKa。实际运用中，模块化清洗程序为文物保护师提供了有效的缓冲剂选择范围，其中包含给定的弱酸或弱碱。

当文物保护师选择了中性碱或中性酸去调整缓冲溶液的pH值后，模块化清洗程序会初步大致计算所需添加的中和成分的量，以获得理想的清洗溶液pH值。由于这是一个初步的大致计算，所以，人们需要运用pH值对所有模块化清洗程序中存有溶液的最终pH值进行检测和调整[52]。

四、胶粘剂和保护涂层

18世纪末首次报道了艺术品和文物的分析研究和技术检测。随后，用于艺术品研究的分析技术和方法不断发展。在艺术品的构成材料中，用作胶粘剂或保护涂层的有机化合物因其在老化时能够产生形态和化学变化而受到关注。[111]相关研究回顾了艺术品和艺术品保护材料中有机化合物的鉴定和测定的最新进展。

免疫荧光技术（IF）是近几十年来提出的一种替代传统的、更简单的微量化学测试的方法。

此外，为了提高分析结果的灵敏度、重复性和准确度，对各种仪器技术进行了改进。

光谱技术，如UV-vis、FTIR和Raman光谱，已经可以与光学显微镜结合起来实现以上目的。同步辐射红外显微光谱法也成功地应用于艺术品的分析。质谱法（MS）越来越多地与色谱装置相结合作为检测系统应用。近年来，色谱分析方法也得到了改进。纸色谱和薄层色谱技术已逐渐被气相色谱、裂解气相色谱、高效液相色谱和毛细管电泳技术所取代。

近来，更为复杂的蛋白质组学联用技术，如纳米液相色谱-纳米电喷雾离子化/碰撞四极杆飞行时间串联质谱仪等，已被应用于蛋白质胶粘剂的鉴定和测定。

同样，微束分析技术作为一种先进的仪器分析技术，已被用作艺术品的保护修复。

最后，许多新的仪器技术取代常规显微镜技术应用于形态学研究[111]。

五、达玛树脂薄膜的降解

应用紫外-可见光透射光术技术、红外光谱法、荧光光谱法和凝胶渗透色谱法，有研究者对达玛树脂薄膜进行了光老化和热老化研究[149]，同时也对薄膜的溶解性和酸值进行了研究。

广义的自氧化只在光照存在时发生，虽然在这些环境下材料发生少量黄变。

自氧化反应生成含有极性基团产物，特别是羧酸基团产物。因此，氧化的树脂仅溶于极性较强的溶剂中。交联反应生成更高分子量的产物。但是，这并不是造成材料不溶的主要原因。

黄变是发生在自氧化产物中的二次非氧化热反应过程。尤其在光老化伴随着热老化时，这种反应更强烈。在热老化过程中，当添加抗氧化剂或在该步骤中用氮气代替空气时，并不会抑制黄变。

紫外荧光主要是由于非氧化热反应产生的。羰基物种之间的羟醛缩合和脱水反应是导致黄变和产生荧光的原因。然而，黄色薄膜很容易被波长大于400nm的光漂白[149]。

在紫外光存在的环境下，当前可用的紫外阻剂添加剂并不能防止达玛树脂的光化学降解，如果能消除光源中的紫外光成分，使用HALS（受阻胺类光稳定剂）可使树脂性能变得明显稳定[150]。即使在有紫外光的情况下①，也可以通过进一步添加苯并三唑来改善HALS的效果，紫外线吸收剂结构示意如图1-25所示。

已有研究指出，在这些条件下，紫外线吸收剂起到自由基清除剂的作用。在氙弧灯褪色仪中紫外光的作用下老化长达3 700h时，含有2%的Tinuvin 292和3%的Tinuvin 328的达玛树脂膜仍会完好无损，而不添加紫外吸收剂时，它们会在几百小时内破裂。在加速老化的这段时间之后，树脂的原始成分并无变化，并且薄膜仍可将环己烷清除。在经过长时间的褪色仪老化之后，再热老化并不能使树脂黄变[150]。

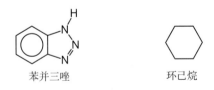

苯并三唑   环己烷

图1-25 苯并三唑和环己烷

---

① 译者注：根据上下文，前面讨论"没有紫外光"的情形，"即使"后面应该讨论"有紫外光存在"状况。此处更正为"即使在有紫外光的情况下……"。

六、光谱技术

有研究综述了文物保护领域遴选的光谱技术[151]。

近年来，科学技术被应用于文物的保护和保存。在这一领域，光谱技术是研究文物所有材料结构的最有力方法之一。

特别是，一些光谱技术对于研究以下艺术品材料鉴定非常重要：

（1）架上绘画。

（2）纸和墨水制品。

（3）石碑。

（4）壁画。

（5）古陶瓷。

所使用的光谱技术包括傅里叶变换红外光谱（与显微镜结合）、X射线荧光光谱、质子激发X射线发射光谱、紫外光谱、可见光谱和荧光光谱、拉曼光谱以及穆斯堡尔光谱。

（一）染料鉴定

染料是艺术品和考古发掘物中最重要的材质之一。在文物的科学分析中，由于天然染料化学成分的复杂性及可能存在生色团和降解产物等物质，天然染料的鉴定是一项极具挑战性的工作[152]。因此，已经开发出多种新的分析方法和技术，用于有机染料鉴定及其在微量样品中的鉴别。

有研究综述一些基于光谱和色谱技术的对艺术品和考古发掘品中有机染料的研究极为重要的分析方法[152]。其中包括分子光谱法、高效液相色谱法和质谱法。

（二）光谱成像技术

光谱成像技术可同时记录物体的光谱信息和空间信息，最初是为遥感技术而开发的。之后，它已成功地应用于其他研究领域。实际上，这种无损的鉴定方法在绘画和文献的分析、材料的鉴定和文档数字化方面取得了可喜的成果[153]。

有研究对应用于艺术品研究和保护多光谱和高光谱成像的文献进行了总结[153]。

手工绘本是一种复杂多层的和多材质的研究对象，其中包括支撑体、基底层、颜料层，常常还有一个光亮层。

例如，应用高光谱成像技术对来自波尔多地区圣安德烈大教堂（Saint-André Cathedral in Bordeaux）珍宝室的两件意大利绘本进行了研究[154]。利用可见光范围内颜料光谱信号特征绘制颜料图像，并将其反射光谱与中世纪颜料图谱库进行比对。在这两个意大利微型画中，可识别出绘画主要使用的颜料，且发现与典型的中世纪颜料相对应，如天青石、铅丹、铅白、铜绿颜料，以及可能的蒽醌基颜料，如巴西木色淀和胭脂虫红[154]。

七、有机质谱

相关专著搜集和整理了艺术品和考古样品中的有机质谱的要点问题[155]。该书概述了利用质谱技术分析艺术品和考古材料的方法，阐述了质谱技术的基本原理、操作流程和应用。这样，这本专著填补了有损分析技术在博物馆样品分析中应用领域的空白。

热解气相色谱法（Py-GC）已成为一种鉴定非挥发性物质的强有力的技术[156, 157]。它已被广泛应用于法医检验和工业实验室内，但在文物保护领域，因文物样品材料成分复杂、样本量小，其应用受到了限制。

有研究综述了将Py-GC技术用于材料的一般研究，例如干性油、琥珀和天然树脂，并给出了具体案例以介绍该技术在艺术品和考古学中的应用[156]。

应用气相色谱质谱法（Py-GC / MS），在一个公元前2000年的古埃及软骨样品中鉴定出了松香和多糖胶[158]。

八、便携式核磁共振仪

有研究使用基于核磁共振波谱（NMR）单边传感器的移动设备对木材，尤其是考古样品中的木材进行了原位无损分析[159]。

可通过测定水分体积分数获得水分含量，水分体积分数对应着传感器适当的数量，并且与其所测敏感区域水的体积占比有关。该设备已被用于评估环境相对湿度随时间变化引起的木材样品含水量变化。水吸附动力学结论与重量法测定结果相关[159]。

通过对一幅意大利维泰尔博市立博物馆（Civic Museum, Viterbo, Italy）收藏的 塞巴斯蒂亚诺·德·皮翁博（Sebastiano del Piombo）（1485—1547 年，出生于威尼斯，逝于罗马）创作的旧木板油画《皮耶塔》（Pietà，1516—1517 年）分析检测可知，NMR的传感器灵敏度极高，可用于原位无损分析。

原位油画检测结果表明，NMR传感器可以大范围检测水分波动，且测量精度超过电解法湿度测定[159]。

古代壁画的寿命高度依赖于环境，如水分、盐结晶和温度变化的影响[160]。

非常有必要了解壁画中物质的动态迁移过程，以便采用恰当的保护修复技术来保护这些文化价值较高的物体。无损、便携的单边NMR技术可用于监测壁画中水分的含量、传输和表分扩散系数。有研究通过模拟实验探究壁画样品中的盐结晶、水分传输及水分的扩散[160]。

此外，还讨论了湿壁画和干壁画的绘画技法以及保存和加固方法对水分传输和扩散的影响。这一结果还与意大利赫库兰尼姆（Herculaneum）的卡萨·德尔萨洛内·尼罗（Casa del Salone Nero）和帕比里别墅（Villa of The Papyri）壁画的原址测量结果进行了比对[160]。

第五节　赝品

绘画作品的伪造在多个专著中均有论述[161-166]。

同样，有著作阐述了可用于绘画鉴伪的化学方法[167]。

一、图像分析工具

有研究讨论了机器学习和图像分析工具是否可以用来协助艺术专家鉴定未知或有争议的绘画[168]。对最近一些成功实验重新检测表明，实验设置的图像清晰度的变化与绘画的真实性有关，并且是一个受人为干预很大的混淆因素。

为了确定该因素对先前结果的影响程度，要重新建立一个真实数据集，在同样采集条件下采集已知的绘画作品原件和复制件的图像。已发现的先前多种成功方法对这种新的混淆因素 —— 自由数据集是无效的，但可以证明，对绘画小波系数的隐马尔可夫树（HMT）建模所得到的特征进行有指导的机器学习有可能在新的数据集中区分复制品和原件[168]。

二、相关滤波器

有研究概述了现有的可以增强分析艺术品的真实性的图像统计和处理技术[169]，讨论了高级相关滤波器在有争议的绘画作品中识别赝品的适用性。

通过在绘画原件的粗糙拼合图像的每个部分上训练最优折中综合判别函数滤波器，可以有效区别绘画的低品质图像数据和赝品。该方法还具体指出了产生差异的位置，以及复制品特别忠实于原作的地方。给定绘画原件初始版本的描绘形式，在确定一幅绘画原件是否经过任何修改方面也极有价值[169]。

三、射线检测

电磁辐射通常用于医学诊断，有时也用于治疗疾病。然而，医学并不是唯一使用电磁辐射方法的行业。电磁辐射法在文物鉴定中有着长期的应用[170]。

有研究探讨了X射线方法、γ射线方法和β对粒子在检测赝品和指导油画保护修复方面的应用。X射线技术在绘画鉴定和修复中应用最为广泛。有研究还讨论了不同检测技术在绘画鉴定中所能获得的信息。

目前，利用电磁辐射检测二维或三维绘画的最佳方法是光学相干层析成像技术（OCT）。OCT并不是一种广为放射科医师所知的技术，它主要在眼科使用。有研究讨论了OCT技术的物理特性和油画分析检测过程中产生的信息[170]。

四、轮廓波变换

一种基于轮廓波变换[171]的方法被用于艺术品鉴定[172]。此处，将不同艺术家的数字图像样本转换为灰度图。然后，从灰度图中提取背景模块。

提取的数据片段采用轮廓波变换的方法进行转换，并采用隐马尔可夫树（HMT）进行建模。通过计算Fisher距离信息来判定艺术家笔触之间风格的相似性。Fisher距离是测量两个概率分布函数之间相异性的方法[173]。

对这种方法得到的结果进行分析，以确定这些画的真实性。利用这种方法，对现有的各种鉴伪技术进行分析，以确定其局限性。

有研究提出了一种可以克服一些局限性混合方法[172]。这种方法已经在20幅绘画作品的样本上进行了测试，包括梵高和其他艺术家的绘画作品，样本被分为梵高和非梵高的绘画作品。

第二章 纺织品

有专著[1]介绍了纺织品保存的化学原理。

第一节　纺织品的颜色

一、着色剂的发展历史

色彩是自然界的重要元素，它使人们的生活更加富有美感和魅力[2]。自古以来，植物、动物和矿物作为色素、染料、颜料的主要来源为人们所利用。

最早的纤维染料是在史前发现的，它由浆果、花朵、树皮和树根中易褪色的染料组成。有研究[2]介绍了着色剂的历史，详细记录了染色工艺的年代发展和染料的起源。

介壳虫属于半翅目小型昆虫，其中包括了介壳虫总科。大多数介壳昆虫是植物的寄生虫[3]，并长期以来用于生产深红色染料。

植物色素也曾作为染料使用。在很久以前，茜草就被用于在皮革、羊毛、棉花和丝绸上染红色。靛蓝也是一种天然染料，它的分子结构与甜菜碱相关。古代染料骨螺紫是从骨螺属贝类中提取的紫色染料[2]。色彩科学的新发现也促进了许多工业创新和色彩时尚的变化。

二、着色剂的分类

由于染料的降解，一些在北美东部获得的纺织品已褪色为棕色或黑色。也有一些纺织品由于矿化作用变成了绿色[4]。而其原始的颜色已无法被识别。

为了对这些纺织品所用的着色剂进行分类鉴别，研究者发展了一系列最低限度破坏样品的分析方案。这些方案包括拍照、在光学显微镜下对纤维进行策略性取样分析、扫描电子显微镜及能量色散谱分析[4]。

采用紫外反射、荧光、近红外等摄影方法，可以捕捉到由于化学成分不同而引起的差异。这些差异是通过肉眼无法观测到的，因此它们能使样品的采集更具有目的性。

用光学显微镜能观察到纤维上的饱和色彩，并可将其作为染色的一种指示，它与颜料在纤维表面沉积的情况是不同的。纤维表面的元素成分和颗粒与潜在的矿物和有机着色剂来源相关，同时也反映了纤维的矿化情况[4]。

三、古代纺织品中有机染料的微量分析

研究者综述了基于表面增强拉曼散射技术的新方法[5]（Surface-enhanced Raman Scattering, SERS）。该方法可用于历史纺织品和考古纺织品、画作、彩绘中有机染料的无损或微损识别。

琼脂基质具有生物相容性和纳米结构，在该方法中用于染料成分的萃取。萃取体系的参数可根据目标分析物的化学性质进行优化，如选择合适的萃取试剂或调节萃取时间。

研究人员还开发了选择性提取、识别蒽醌类和靛蓝类染料的方法。该方法适用于纺织品上特定浓度染料的分析。蒽醌类染料，如茜草素、胭脂红酸，一般通过三价铝盐（Al^{3+}）等媒染剂与纺织品纤维结合。这些离子在染料分子和纤维之间搭起离子桥

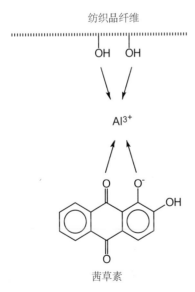

图2-1 茜草素与纺织品纤维的结合机理[5]

梁。离子桥梁在茜草素和纺织品纤维之间的结合机理如图2.1所示。

染料分子通过醇类等溶解度高的溶剂或者其他特殊的化学处理方式，暂时性地从纺织品纤维上转移至琼脂凝胶中。

首先将几滴乙醇溶液滴入琼脂凝胶，然后让纺织品纤维与凝胶接触约30min。另一种方法则是采用乙二胺四乙酸（ethylenediamine tetraacetic acid, EDTA）。EDTA是一种螯合剂，它能选择性与媒染剂中的Al^{3+}结合，并使染料脱离原有体系。EDTA的使用会导致体系呈酸性，pH值大约为3，而使用其二钠盐则能够使体系维持在中性。

研究者发现这个萃取体系是十分稳定的，并且易于使用、操作和存放。即便经过一段较长的时间，样品也依旧能够用于分析，并保持信号增强性能不变，提取的化合物也不会遭到破坏[5]。

采用激发波长514.5nm和785nm的显微拉曼光谱系统，可在提取的染料分子中检测到具有高度结构特征的SERS谱带。

这种方法对分析的基体非常安全，因此它是选择性分析和检测低浓度化合物的重要手段。特别在艺术品保护领域，具有重要的应用前景[5]。

四、染料的分析

研究人员在伊朗西南部的切拉巴德（Chehrabad）盐矿中发现了距今2000-4000年的人类纺织品遗存，并对其中三件纺织品样本上的染料进行了分析[6]。

这三件纺织品样本由平纹编织的羊毛做成，所用的染料在这个地区也是独特的——不仅因为它的年代早，还因为它代表了该地区普通老百姓所使用的纺织品，例如盐矿工人，他们与富有的人在当年下葬时的着装是不同的。

从这些纺织品样本的纱线中提取染料，并用带二极管阵列检测器的高效液相色谱（High-performance Liquid Chromatography with a Diode Array Detector, HPLC-DAD）、高效液相色谱质谱联用仪（High-performance Liquid Chromatography with a Mass Spectroscopy, HPLC–MS）进行分析，发现红色的染料来自茜草（*Rubia tinctorum* L.）。蓝色染料来自靛蓝类植物，例如菘蓝（*Isatis tinctoria* L.）。这两种植物在伊朗都是为人所熟知的。

此外，研究者还发现了两种黄色的植物衍生的黄酮醇染料。第一种黄酮醇染料可能是来自柽柳（Tamarix sp.），第二种黄酮醇染料存在于黄色和绿色的纱线中，但是仍然无法确认其来自哪一种植物[6]。

（一）骨螺染色纺织品的化学分析

人们在以色列犹地亚沙漠（Judean desert）、瓦迪穆拉拜阿特（Wadi Murabba'at）山洞中发现了三件纺织品，并用化学和色谱学技术对其染料进行了分析[7]。

这些纺织品可追溯到罗马时期，由代表显赫地位的紫色染料染制。HPLC分析结果表明，这三件纺织品的染料来源于骨螺属的海蜗牛（*Hexaplextrunculus*）。然而，它们染色的过程却不相同。其中一件纺织品的颜色已改良为蓝绿色，可能是在染色过程中暴露于阳光下造成的。另外两件纺织品则可能经历了两次染色过程，第二次染色过程是将纺织品浸渍于亚美尼亚胭脂虫提取的染液中，这个过程最终产生了代表崇高地位的紫红色[7]。

（二）茜草染料的提取与分析

研究者针对纺织品和色淀中茜素染料的提取，开发了一种温和的碱性提取技术[8]。这个技术基于EDTA二钠盐的氨水溶液的使用，能更好地保护纺织品纤维中的配糖类化合物。

为了检验该技术的有效性，研究者根据古代的配方制备了染色纺织品和色淀，并利用一维和二维扩散排序核磁共振谱（ID and 2D Nuclear Magnetic Resonance Spectroscopy Diffusion–ordered Spectroscopy）、电喷雾离子化质谱（Electrospray Ionization Mass Spectroscopy）对这些现代模拟样品的提取物进行分析。

而后，再将HPLC-DAD、HPLC-MS技术用于实际样品的检测。如文献中所报道，用氨水作为提取液提取茜素染色的纱线和色淀，其染料主要成分为糖基化的蒽醌化合物[8]。

五、有机残留物分析

研究人员利用气相色谱（Gas Chromatography, GC）技术对来自克里特岛米诺斯文化（Minoan Culture of Crete）的一个青铜时代中期作坊的陶器进行了分析，确认它曾用于制作有机染料[9]。

调查的考古遗址位于克里特岛东的北部。该遗址包括九个岩石盆地，以及在基岩中的沟渠、石墙遗迹和许多人工遗存。所发现的陶器年代确定在米诺斯文明中期（距今1700—1800年）。

气相色谱分析鉴别出了三种染料（骨螺紫、黄檗黄、茜草红），同时还鉴别出了羊毛脂，这是一种来自羊毛的油脂。

六、红外光谱分析

研究者利用红外光谱（Infrared Analysis）对脆弱考古纺织品上脱落的样本进行分析，通过与已知材料的红外光谱进行比较，对考古样本进行分类[10, 11]。

收集的已知参考材料有植物、动物纤维，其中还包含烧焦的、矿化的、无机颜料着色的，以及有机染料染色的纤维。研究还收集了来自北美东部两个考古遗址出土的织物样本的红外光谱。

在参考样品的分析中，利用红外光谱可以根据参考样本的组成将其进行分类。也可以在有机染料染色的、无机颜料染色的矿化纤维中找到其红外光谱的特征。考古样本的红外光谱也体现了其组分特征，这些特征可用于材料的鉴别分析[11]。

相关研究[12]报道了便携式反射傅里叶变换红外光谱仪（Reflection Fourier Transform Mid-Infrared Spectroscopy）用于古代高加索地区的丝

绣和棉制品的原位分析。研究分析了不同色彩区域纤维，并鉴别了其中的染料成分。

利用二阶导数对光谱进行处理，得到精细光谱。然后，在光谱数据库中进行检索匹配。该数据库包含大量的传统染料及未染色纤维的二阶导数光谱。部分检测到的颜色及对应的染料总结于表2-1。

这些结果表明，反射傅里叶变换中红外光谱结合光谱谱库检索方法，能够很好地识别古代棉和丝纺织纤维上的天然染料，而且该方法是完全无损的[12]。

表2-1　文献[12]中检测到的颜色

时间	颜色	材质	成分
17世纪	红色	棉	茜草素、羟基茜草素、茜素红、胭脂红、鞣花酸
17世纪	深绿色	丝	靛蓝、藤黄、单宁酸、苏木
17世纪	深棕色	丝	单宁酸、藏红花、五倍子酸、漆（水/甲醇提取液）
17世纪	蓝色	棉	靛蓝、羟基茜素
18世纪	红色	丝	茜素、胡桃、单宁酸
18世纪	深蓝色	丝	靛蓝、藏红花、指甲花、朱草、红花
18世纪	黑色	棉	鞣花酸、巴西洋苏木、藏红花、靛蓝

第二节　不同地域的纺织品

一、早期的纺织品和欧洲的纺织品生产

相关研究[13]记录了史前时期到公元400年欧洲纺织品的出现和生产。

此外，有专著[14]对古典时代晚期纺织品所象征的权力进行了评述。专著中记录了很多关于纺织品的例子。人格和美的理想形态，以及自我

和社会的观念，在古典时代晚期不断变化，这是罗马世界广泛而又剧烈的文化巨变的时期。基督教的快速发展使异教黯然失色。古典时代晚期的纺织品就开始记载文化传统的转变和当时人群的社会价值。

（一）希腊和罗马的纺织品及着装

有专著[15]综述了古典时期纺织品和服装的研究。其中强调了以下内容：

（1）研究纺织品对于理解古代经济发展的里程碑的重要作用。

（2）不同形制的图案反映出的服饰的纺织编织技术。

（3）古代数学和纺织技术语言体系的密切联系。

（4）肖像学与现实人物穿着的关系，其中还介绍了关于古代雕塑色彩的开创性论著、染料配方及分析方法。

（5）来自西班牙、威尼斯和希腊纺织装饰物的分析及保护研究的案例。

（6）在地中海范围内使用的纺织品分析工具。

（7）就罗马漂布工坊之间的关系讨论贸易、种族划分。

（二）地中海北部的纺织品

有研究[16]概述了地中海北部的纺织品的地位。在过去，纺织品制造在社会的各个阶层都有实践。这是劳动最密集的工作之一。因此，它对社会和文化的发展都具有重要作用，并且在区域、地域经济乃至远距离的交流中发挥着不可或缺的作用。

地中海北部纺织品生产的社会意义还表现在丧葬仪式和宗教活动中。例如：丧葬的纺织品器具和其他相关的陪葬物品，在宗教活动中所留下的纺织品工具以及一些在圣殿中所发现的特殊的仪式服饰。

二、古代欧洲的天然有机染料

纺织品研究已经成为考古领域中的一个重要研究方向。许多史前时期的染色技术至今还在使用。为了了解考古发掘的古代纺织所使用的材料，人们通过实验重现了古代天然有机染料的生产和加工方式。

天然有机染料有几种不同的分类方式。然而，根据染料的染色方法主要可以分为以下三种[17]：

（1）直接染料。

（2）媒染染料。

（3）还原染料。

直接染料染的纺织品主要通过一次浸染方式得到。这些染料通常是水溶性的，并直接与纺织品纤维相结合。由于结合能力相对较弱，这些染料随着时间流逝会逐渐褪去。生物碱、类胡萝卜素染料，例如兰花和红花，就属于直接染料[17]。

另一方面，还原染料是非水溶性的，它们需要进行化学改性以增加其水溶性，并且改性时的中间产物往往是无色的。当这些染料以可溶的形式结合到织物上时，会产生十分稳定的颜色。这些染料需要加入特定的额外成分以加快显色，如碱和还原剂。古籍中记载了还原染料的使用可追溯到几千年前，那时人们使用了骨螺紫。这种染料来源于动物，从一种贝类中提取而来。靛蓝、菘蓝和骨螺紫是这个类别中最重要的天然着色材料[17]。

大部分的天然染料在染色时需要添加媒染剂，而不是显色剂，这些染料是媒染染料。媒染剂的基础成分是金属盐，如铝、铜、铁、锡等。不同色系的染料需要不同类型的媒染剂。例如，茜草与铝、铁和锡媒染剂组合可得到紫色[17]。

三、古代礼拜仪式的服饰

研究工作报道了利用等离子体电感耦合光谱（Inductively Coupled Plasma Optical Emission Spectrometry）分析古代礼拜仪式的服饰"十字褡"上的纱线[18]。"十字褡"圣服是牧师在庆祝弥撒时穿的最外面的礼拜服。

取 0.1~1mg 的纱线样品，在其中分析出了 Al、Ag、Au、Cd、Co、Cr、Cu、Ni、Pb 和 Zn 元素。除了其中一个样品，Ag 在所有样品中都显示出了最高的丰度。

在含 Ag 元素的样品中，其丰度分布在 69%~97%。只有两个样品含有铝。

"十字褡"圣服是 15 世纪的人工制品，然而其中的部分纱线来自更晚的时期。事实上，金属铝的使用在历史上是在更晚时期才出现的[18]。

四、哥伦布时代前的智利北部的纺织品和染料

正如在大多数古代和现代文化中一样，服装和纺织品对哥伦布时代前的南美人具有重要的社会心理意义[19]。为了了解颜色和染料在这些古代社会中的重要性，研究人员对 256 种纺织品的 765 个样品进行了分析。这些样品来自智利北部塔拉帕卡大学（Universidad de Tarapacá）的圣米格尔–德阿萨帕考古博物馆（MuseoArqueológico San Miguel de Azapa）。

样本来自钦乔罗（Chinchorro）到印加（Inca）文化（公元前 8000 年到公元 1500 年）。该地区使用的染料种类比预期的要多。红木、胭脂虫等红色染料是安第斯山脉周边的纺织品中很出名的染料，它们与三种不知名的红色染料一同在该地区使用。

尽管外界的影响似乎对染料的选择产生了一些影响，但在整个史前时期，甚至在区域互动增加的时期，当地居民仍继续使用传统染料。研究者观察到，在沿海地区和内陆地区对各种染料的使用存在显著差异，特别是在晚中间期和晚同一期（Late Intermediate and Late Horizon periods，1000 年至 1532 年）①，这表明这两个地区在社会地位和染料获取方面的差异越来越大[19]。

---

① 中间期和晚同一期为古秘鲁和安第斯地区文化时代分期。

五、安第斯彩绘纺织品

许多安第斯山脉的纺织品是绘制的，早在石器时代（公元前10000年至公元前4000年），安第斯山脉就有制作彩绘纺织的传统。洛杉矶的盖蒂保护研究所收集了来自不同博物馆的九幅安第斯山脉彩绘纺织品样本进行分析。这些样本具有一系列文化、地域和历史时期的代表性。所采用的分析技术有偏振光显微镜和X射线荧光光谱。

由于已发表的有关彩绘纺织品的资料较少，因此该研究也与壁画做了比较。结果显示，安第斯画家使用了包括赭石和朱砂等一系列颜料。至少从早同一期（Early Horizon period，公元前950年到公元200年）开始，人们对颜料的选择就是基于它们的化学和物理特性，尽管如此，也仍然存在对特定颜料选择的文化偏好。

尤其是高质量朱砂颜料，表明了安第斯画家有高超的技术知识和技巧，且超越了人们之前的认知。颜料选择和应用的图案表明，着色纺织品主要用于殡葬用途[20]。

六、丝绸之路上的纺织品

来自匈奴墓葬遗址的纺织品是由N.波洛斯马克（N. Polosmak）领导的俄罗斯-蒙古探险队近年来的研究成果[21]。

在漫长的历史中，匈奴控制着中亚地区。通过丝绸之路，许多产品包括纺织品和羊毛，从西方被带到中国。在蒙古高原的匈奴贵族墓葬遗址中发现了羊毛织物和高质量的纺织品。

研究者利用高效液相色谱法对这些纺织品的染料组成进行了分析，结果表明，这些羊毛纺织物既用植物染料染色，也用昆虫染料染色。每个被分析的样品拥有一套染料染色配方，这表明染色师不仅需要使用不同的染料，而且他们还具备高度发达的染色技艺[21]。

该研究结果还表明，在匈奴贵族墓葬中发现的染色毛织品，是在地中海地区的工坊中加工生产的，该地区以织物染色文化而闻名。此外，还有许多中国制造的丝绸织物都用传统的汉代植物染料染色，即靛蓝和印度茜草。

丝织品染料的组成与毛织品染料组成有着根本的不同，因为丝织品染料中不含昆虫染料[21]。

营盘是丝绸之路上一个重要的考古遗址。研究者在保存完好的营盘古纺织品中分析出了多种天然染料[22]。染料的分析主要采用带二极管阵列检测器的高效液相色谱。首先用温和的剥离法对纺织品纤维上的染料进行剥离，该工作使用吡啶、水和草酸对染料进行剥离和提取。

红色和棕色样品的染料分别来源于茜草属的两种植物染色茜草（*Rubia tinctorium*）和茜草（*Rubia cordifolia*）。

此外，在黄色和绿色羊毛纱线中可能发现了不寻常的类黄酮苷。然而，该化合物还无法准确地与可能用于生产这些染料的特定植物联系起来[22]。

研究者已经发现，黄色和绿色丝线可能是由原小檗碱类型的染料染制，这种染料可以从黄柏等黄檗属植物中获得。

营盘发现的纺织品反映了公元前206年到公元618年800多年间东方和西方实践和技术的融合，因此诠释了早期的丝绸之路[22]。

七、历史上的中国染料

研究者采用带二极管阵列检测器和电喷雾离子化质谱的超高效液相色谱[Ultra-high Performance Liquid Chromatography（UHPLC）coupled with both Photodiode Array Detection and Electrospray Ionization MS]对中国古代常用的纺织染料进行了化学表征。

实验中测试了三种不同的染料提取方法:二甲亚砜和草酸混合提取、二甲亚砜提取和盐酸提取。

其中，二甲亚砜特别适用于通过疏水作用与纺织纤维结合的染料，如还原染料和直接染料。另一方面，草酸和盐酸可用于破坏媒染染料中染料分子与金属离子的键合作用。

研究者认为，使用盐酸是一种较为粗暴的提取方法。因为，酸能非常有效地破坏织物–染料和金属–染料之间的键合作用。但是在这个过程中纤维中的糖键也会被破坏。此外，水解、脱羧和酯化反应也会改变染料的化学组分。

研究者对中国古代常用的几种染料进行了研究。大多数染料具有可靠的植物来源[23]。这些材料可用于制备参考染色样品，并建立数据库。所使用的染材如表2–2所示。

表2–2　用于染料数据库建立的染材[24]

染材	拉丁名
红花	*Carthamus tinctorius* L., root
苏木	*Caesalpinia sappan* L., heartwood
紫草	*Lithospermum* sp., *root*
黄柏	*Phellodendron chinense* Schneid., bark
姜黄	*Curcuma longa* L., rhizome
槐花	*Styphnolobium japonicum* L.
栀子	*Gardenia jasminoindes* f. *longicarpa*
靛蓝	*Strobilanthes cusia*（Nees）
木蓝	*Indigofera tinctoria*
菘蓝	*Isatis tinctoria* L., leaf
五倍子	*Produced by insect Melaphis chinensis*
麻栎	*Quercus acutissima*
茜草	*Rubia cordifolia* L.
黄栌	*Cotinus coggygria* var. chinerea

五倍子、栀子、红花染料成分的酯化、异构化现象，以及麻栎染色的蚕丝的染料成分可以被揭示。

研究人员利用带二极管阵列检测器和电喷雾离子化质谱的超高效液相色谱，分析得到了一些以前尚未报道过的染料特征组分，如五倍子、麻栎、栀子、茜草等。此外，该技术对化学结构相似的成分分离效果较好，且可有效识别。相关研究[24]详细列出了染料特征组分的色谱、紫外–可见光谱和质谱数据。

此外，6-羟基茜草素及其糖苷首次从来自中国的茜草染色样品中分离得到。6-羟基茜草素的分子结构如图 2-2 所示。

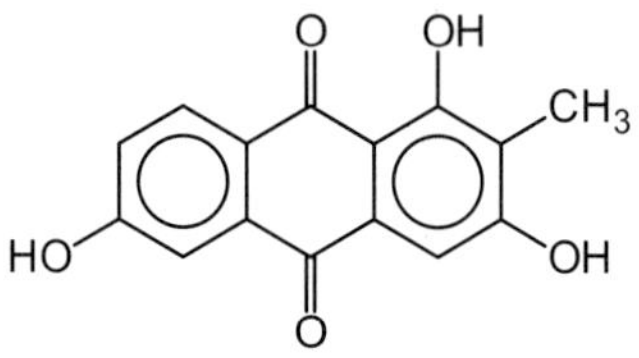

图 2-2　6-羟基茜草素的结构

上述研究成果为识别和解释中国历史和考古纺织品，以及其他使用类似染料的地区的纺织品提供了重要基础[24]。

八、印度尼西亚的纺织品

研究者研究了古代印度尼西亚纺织品的特征，特别是宗教服饰[25]。分析表明，万物有灵论从公元前 500 年到公元 1800 年在印度尼西亚以不同的方式发展。在这个地区，佛教、印度教和伊斯兰教都很活跃。印尼地区可分为六大纺织生产地区。它们是苏门答腊岛（Sumatra）、婆罗洲岛（Borneo）、爪哇岛（Java）、西里伯斯岛（Celebes）、努沙登加拉岛（Nusa Tenggara）和巴厘岛（Bali）。

从地域和时间来看，印度尼西亚纺织品的颜色代表了一种宗教的意识形态。当地生产的主要颜色为红、黄、蓝。这些颜色是从靛蓝叶、桑根壳、苏木枝、烛仁果、姜黄根和山竹皮中提取得到的[25]。

第三节　加工方法

一、古代有机染料和颜料的化学加工方法

古代的染匠是经验丰富的化学家。虽然无机颜料可以产生华丽的颜色，但是在古代，从动物、植物中提取有机染料所涉及的化学过程是复杂的。在这个过程中，染匠们将他们实用的化学知识应用到植物学、昆虫学和软体动物学上。

通过控制温度和染色槽的酸碱性、pH值，染匠们能够通过染色创造出色彩丰富的纺织品，这些染料甚至可以保存大约 6000 年。有研究工作讨论了古代染匠在染色过程中所应用的各种化学原理[26]。

二、古代天然染料的颜色保存

为什么古代的天然染料，如靛蓝，能保持它们的颜色，而为什么其他天然染料，如氧化巴西木素降解得非常快，相关研究[27]阐明了这些原因。

光化学的研究可以回答许多有关材料稳定性的重要问题。光化学解释了当光遇到分子时会发生什么。因此，光化学科学为艺术品的保护提供了新的研究工具[27]。

三、纺织品染色用的黄酮醇

黄酮醇类染料在过去得到了广泛的应用[28]。

这类天然染料有其特殊的问题，因为黄酮醇（3-羟基黄酮）很容易发生光氧化，导致褪色或变色。如果 3-羟基被取代，如被糖基取代后，其稳定性将提高。3-羟基黄酮的结构，如图 2-3 所示。

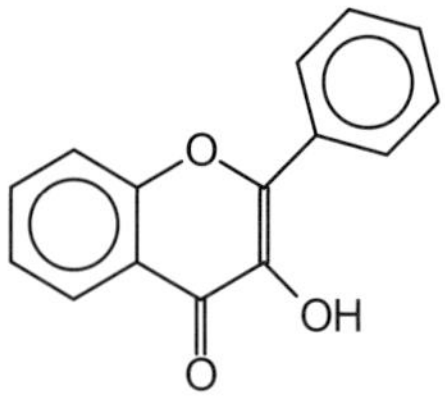

图 2-3   3-羟基黄酮的结构

高效液相色谱法被认为是鉴定古代纺织品染色植物的有效方法。研究人员对翠雀属（*Delphinium*）、黄顶菊属（*Flaveria*）、黄连木属（*Pistachia*）、栓翅芹属（*Prangos*）、鼠李属（*Rhamnus*）、苦参属（*Sophora*）、柽柳属（*Tamarix*）和葡萄属（*Vitis*）八个代表性植物属进行了分析，目的是鉴定这些植物属中存在的黄酮醇成分。

结果发现，在所有属中，主要着色剂均为黄酮醇–3–氧–糖苷，另有一个属中为 3–氧–硫酸盐。一些植物也含有不耐光的黄酮醇苷元。

此外，研究人员还讨论了一些过去可能用于降低黄酮醇苷元浓度的方法[28]。

第三章　考古发掘的木质文物

研究人员撰写了许多有关考古发掘木质文物保护的专著，内容包括木质文物的特性、化学性质、保护方法[1—4]。

研究木质文物的第一步是确定它的保存状态，以便于选择最适合的样品制备方法[5]。考古发掘的木质文物可能存在以下状态：饱水、脱水、碳化及矿化。切片和粉碎是两种最常用样品制备方式。

切片法主要用于饱水或是脱水的木质文物，粉碎主要用于碳化和矿化的木质品。这些样品制备技术对于普通木材和木炭都是快速有效的，并能够在相对较短的时间内对大量的碎片进行分析。

然而，它们的主要缺点是具有破坏性，对考古发掘品会产生进一步的破坏和材料的损失。因此，建议在准备木质样品时，谨慎进行，以免对珍贵和独特的材料造成无法弥补的损坏[5]。

第一节　分析方法

一、常用清洁方法的评估

技术、材料和保护：相关研究[6]综述了扫描电子显微镜（SEM）和微量分析技术用于诊断和评估常用清洗方法对埃及考古发掘木质文物样品解剖结构的影响[7]。山毛榉木样品来自马什拉比亚（Mashrabia），人们采用机械法和化学法对样品进行清洁。然后，在扫描电子显微镜下观察清洁导致的结构改变。

扫描电子显微镜数据显示，无论是机械清洗过程还是化学清洗过程，都会影响木材的解剖结构，且很难达到好的效果。主要的问题是清洁试剂难以从木材结构中去除。在该研究中，乙醇是对木材结构影响最小的清洁试剂[7]。

二、木质文物保存状态的预测

不同类型的饱水环境涉及各种自然过程，或有利于保存或有助于有机物的降解[8]。

此外，即使在相同的地理位置，对木材保存最重要的环境参数也可能不同。这些参数是相互关联的，但也独立地作用于木材和木材生物组织的降解。

其中界面的条件和机制由于其变化的多样性而尤其特殊，如沉积物–水界面[9]。

为了加深对木材保存的最重要因素的理解，特别是在生物地球化学机理方面，将沉船遗址环境中的关键参数与生物地球化学机理相关联，认识海底沉积物和沉船遗址的相互作用是十分重要的[8]。调查沉积物作用的一个重要方法是记录来自不同海底环境的饱水木质文物的劣化程度。

保存状态应根据微生物引起的木材腐烂和无机污染物的分布进行分类，而不应该仅根据硫和铁的含量进行分类。研究者对波罗的海发现的几艘沉船表面渗透的铁和硫元素进行了分析，并在木材的截面处做了铁、硫的元素面分布图。结果表明，饱水木材中无机元素的积累与微生物导致的木材持续降解密切相关。

然而，在不同海床环境浸泡的沉船中，木材的保存状态与积累的硫和铁的分布可能有很大的不同。有时，来自同一艘沉船的样本也会不同。

这些结果表明，木芯中的铁元素和其他无机元素可能是海底沉船遗址历史环境的生化指纹。

据报道，不同种类的硫细菌独立分布且存活于木材的不同深度[10,

[11]。这些细菌之间的相互作用尚未知，但对木材内部微生物群落的调查表明，有大量的细菌种类存在。

同步辐射X射线吸收光谱（Synchrotron-based X-ray absorption spectroscopy）显示，保存在海水中的海洋考古木材中积累了大量的有机硫、黄铁矿和铁（Ⅱ）硫化物。在博物馆里，这些含硫化合物在铁离子的存在下进一步发生氧化，并增加潮湿木材的酸性。相关研究[12]综述了在木质文物中除酸、铁的保护方法。

研究人员利用硫酸盐还原菌模拟松木中硫的富集过程，并使木材中硫的含量在2年内增加了10倍以上[13]。

木材在沉船遗址基质的沉积过程是饱水环境中有机质保存的一个关键的地球化学因素[14, 15]。

研究人员建立了海洋环境模型系统，该模型使用可预测和可测量的参数模拟沉船遗址形成的物理、生物和化学过程[16]。

除了泥沙的物理转移造成的机械侵蚀外，能够直接或间接控制微生物降解活性，以及微生物物种数量和多样性的关键环境参数有：氧化还原势、有机质组成、水输入量、埋藏深度、湿度、氧气、pH值、温度、盐度、电导率，以及黏土或沉积物类型的特征，如含量、粒度和表面情况。这些参数决定了离子交换容量。

然而，木材的降解最终取决于是否有可用的电子受体和某些特定的化学物质。氧化剂对有机碳的氧化顺序根据有机碳每摩尔氧化后产生的能量而递减，顺序为：氧气、锰氧化物、硝酸盐、铁氧化物和硫酸盐。这一事实表明，除了硫和铁之外，木材中无机氧化还原剂的含量和分布也与其整体的氧化还原水平有关。

对木材内部微生物群落的研究表明，木材内部存在大量的细菌[11, 17]。

了解沉积物与沉船遗址木材在不同条件下的相互作用及其涉及的生物地球化学过程，可以增加长期保存这些木制品的可能性[8]。

三、木材劣化研究所采用的仪器分析技术

为了保护劣化的木制品并开发和应用适当的保护处理方法，研究人员对考古发掘的木制品进行化学和物理表征。文献[18]回顾了现有和正在使用的仪器分析技术。此外，通过文献中的具体例子说明和讨论了每种分析技术的适用性。常用的分析仪器技术，如表3-1所示。

表3-1　仪器分析技术（18）

方法	缩写
扫描电子显微镜（Scanning electron microscopy）	SEM
傅里叶变换红外光谱（Fourier transform infrared spectroscopy）	FTIR
核磁共振（Nuclear magnetic resonance）	NMR
直接质谱（Direct exposure–mass spectrometry）	DE–MS
热裂解质谱（Pyrolysis mass spectrometry）	Py–MS
热裂解气相色谱质谱（Pyrolysis gas chromatography mas spectrometry）	Py–GC/MS

扫描电子显微镜是观察木材样品表面形貌的一种很好的方法。计算机断层扫描技术能够观察物体内部，并以成像的形式重建其三维微结构。拉曼光谱分析能够提供有机物质的成分信息，且无须对样品进行任何化学处理。

木材的傅里叶变换红外光谱在 $800\sim1700cm^{-1}$ 处出现指纹区，在 $2900\sim3400cm^{-1}$ 处出现较大的-OH吸收。纤维素、半纤维素、木质素及其他降解产物在红外光谱中显示出特定的吸收谱带。因此，FTIR常用于考古发掘木质品劣化程度的半定量评估。

傅里叶变换近红外光谱是一种较新的有机材料无损检测方法，具有很大应用潜力。C–O、O–H、C–H和N–H键的振动吸收带在红外波段，

同时在近红外波段产生倍频带和组合带，这取决于待测样品表面的分子结构、化学成分或物理性质[19]。

利用傅里叶变换近红外光谱技术可以对考古发掘木制品的老化过程进行评价。文献[19]详细介绍了应用案例。该研究表明，光谱数据的多元分析对于建立各种木材性能的预测模型是有效的[20]。这种模型是快速评估考古发掘木制品劣化程度或木质样品化学成分非常有用的工具[19]。

核磁共振波谱（NMR）是一种重要的有机材料表征分析技术。然而，由于它的敏感性和分辨率，它对考古学的影响还较小。近年来，仪器的发展极大地改变了这一现状，核磁共振在文化遗产领域的应用取得了良好的效果。单边核磁共振（Unilateral NMR）是一种便携式的无损技术，它允许在没有任何采样的情况下进行原位测量。最近，该技术在文化遗产领域得到了广泛的应用[21]。磁场作用于物体的一边，因此可以直接对大型物体进行测试，如壁画、纪念碑和建筑物，在测试过程中充分保留研究对象的原有尺寸和完整性。

热裂解分析是让研究对象在300℃~800℃下进行热裂解。热裂解产物提供了原始物质的分子信息。该分析方法最适合与气相色谱-质谱联用或与质谱联用。

总之，热裂解产物在分子碎片信息和分子碎片分布方面可为原物质提供其特定的指纹特征[18, 22]。

为了研究木材的化学降解，研究人员利用释放气体分析-质谱（Evolved gas analysis-mass spectrometry，EGA-MS）对考古发掘木材进行研究[23]。研究对象是来自一座高跷屋的橡木堆，该高跷屋位于新石器时代的马尔莫塔村（Marmotta），该村位于意大利罗马布拉恰诺湖（Lake Bracciano）。研究人员沿着木桩的年轮从外部到内部进行取样，每5个年轮为一组。此外，还对完好的橡木和分离的木材组分（全纤维素和纤维素）进行了分析。这些结果用于证明降解过程在不同材料之间的差异。

由于质谱的使用，EGA-MS提供了木材的热化学信息及深入的组分数据。木材的降解过程可以从碳水化合物和木质素含量之间的差异看出。研究还表明，在古木材中可能发生木质素的氧化解聚。在木材热裂解的产物中含羰基的苯系物含量增加，木质素二聚体的含量减少。这些分别与氧化和解聚反应有关[23]。

此外，纸浆和造纸行业发展的木材的湿化学分析方法可用于计算木材组分分离和纯化后的浓度。然而，这些经典的方法只能测定主要成分的含量:纤维素、半纤维素、木质素、提取物和灰分[18]。

四、近红外光谱在老化过程分析中的应用

相关研究[24]采用近红外光谱法和氘交换法研究了考古发掘的木材精细木质结构在干燥条件下的劣化行为。这些考古发掘的木材样本取自7世纪晚期日本的一座旧木庙。

通过与现代同类木材样品的分析结果比较，研究阐明了考古学发掘木材的劣化过程是一种大分子结构水平上的有序变化。

FTIR近红外光谱分析结果表明，老化降解使纤维素、半纤维素和木质素中的非晶态区和部分半晶态区减少，而纤维素中的晶态区不受老化的影响。

通过监测-OH相关的吸收带可检测D的扩散引起的H/D的交换。并且该吸收带反映了木材样品的老化过程。研究人员提出了一种形态学模型描述劣化的细胞壁中微原纤维精细结构的变化。随着时间的推移，微纤维的状态发生了松散的变化，以至于基本原纤维排列松散，间距大约5Å，而现代木材中的一些基本原纤维排列间距约为3Å[24]。

五、X射线计算机断层扫描技术用于解剖结构和树轮年代学分析

树木年代学是测定木材样品年代和种源的重要方法[25]。当以传统的方式使用该方法时，会对待测物产生很大的扰动。

X射线计算机断层扫描是一种分析年轮的无损技术。同时还能进行木材种类的鉴定，木材种类的鉴定对年代测定是必不可少的。

20世纪80年代，人们第一次尝试利用X射线计算机断层扫描技术进行无损的树木年轮测年[26]。然而，此时用于分析的医用扫描仪的分辨率是不够的。

即使在今天，医用计算机断层扫描仍无法为无损年代测定提供足够分辨率，木材的无损分析随着微X射线计算机断层扫描技术的发展才变得可行。

一种更好的方法是利用亚微米计算机断层扫描方法。相关文献[25]报道了这项技术在两个特别案例中的应用。一个是与周围泥土和其他物体粘结的木材；第二个是铁器上由于矿化作用而保存下来的木材。

实验过程中使用了微米和亚微米计算机断层扫描。结果表明，利用重建的计算机层析扫描图像进行木材识别是可行的。

在某些条件下，这个方法甚至在土块中也是可行的。结果的好坏取决于仪器所能达到的分辨率和对比度。除仪器的影响外，物体的大小和木材的种类也会对结果产生影响[25]。

六、水下文化遗产劣化与海洋环境因素的关系

研究人员对布森陶尔号（Bucentaure）和狂热号（Fogeux）沉船遗址的水下文化遗产劣化与海洋环境因素之间的关系进行了研究[27]。在1805年的特拉法尔加（Trafalgar）战役中，两艘军舰被击沉于该区域。

相关学者研究了击沉区域内的流体力学和波浪动力学，并用干筛法进行了沉积物的粒度分析。该地区的年气温变化从3月的14℃到9月的24℃。铜制的面板没有生物聚集现象，但是松木板和橡木板显示了明显的定殖现象[27]。

七、表征饱水考古发掘木材的保存状态

研究人员提出了用于测定饱水木材物理参数（如孔隙率、含水量、湿密度、干密度以及细胞壁密度）的无损和有损方法。[28]其中对取样的质量、体积、尺寸等参数的确定做了详细讨论。

研究人员建立了饱水木材成分模型，包括细胞壁的体积、质量，以及在细胞腔内的游离水和细胞壁上的结合水。利用该模型讨论，细胞壁大量吸水导致的密度增加。

在确定饱水木材物理参数时，研究人员在计算的方程中引入了密度增加作为校正因子。如果没有采用该校正因子，则该方法所测得的物理参数与其他普通的常用方法测得的结果相似。当考虑了由于吸水而引起的密度增加时，则能够更加准确地确定饱水考古发掘木材的物理参数[28]。

八、考古发掘木材在保藏过程中的氧气消耗量

有学者研究了在相对湿度50%和室温条件下保护处理过的考古发掘木材以及新鲜未保护的木材在一段较长时间内的氧气消耗量[29]。样品主要来自瑞典瓦萨号（Vasa）战舰和丹麦斯库勒莱乌号（Skuldelev）海盗船。

大多数样品在气候箱中先预先处理到50%的相对湿度，以获得稳定的重量。若未控制气候箱温度，则可能会出现相对湿度的波动。木材样品收集在充满氧气的气密袋中。装有样品的密封袋的体积通过测量它们在水中的排水量得到。

结果显示，大部分氧气消耗速率接近于 $1\mu mg^{-1}d^{-1}$。研究人员发现，耗氧过程至少持续了几年。氧气的消耗会影响木材化学成分的变化，这与木材的降解有关。由此可见，尽管文物保存完好，但饱水的考古发掘木材在博物馆保存的条件下也会继续发生劣化[29]。

第二节 保护材料

一、稳定尺寸

有三种主要的方法用于处理高饱水木材在水分蒸发后，外形和尺寸发生变化的问题[30]。

第一种方法是最常用的。它涉及用固体材料填充木材内部缝隙，这些材料能够替代木材中的水，并抵抗形变。

第二种方法是通过使用一种中间液体来消除木材中的水分，这种液体最好是非极性的，并且具有较低的表面张力。当溶剂置换完成时，水分蒸发的过程则只留下孔隙，而不会造成木制品的坍塌和尺寸的改变。

第三种方法即冷冻干燥法，是将木材中的水分冻结，然后在真空中升华。

在以上三种方法的框架下，研究人员已经发展了至少25种不同的具体方法来维持饱水木质文物的外形。这些方法的使用取决于木制品的材质、降解情况和尺寸，以及该木制品所使用的其他材料和制造工艺[30]。

如何选择最适当的处理方法，取决于许多因素和条件。例如：材料对湿度的敏感程度、木制品的结构和降解程度、木制品沉积或暴露的微气候条件、审美的需求，最后但不仅限于经济方面的考量。这些因素都对最后的方法决策起到重要作用[30]。

二、高分子在考古发掘木质文物保护中的应用

专著[31]记录了有关于聚合物在考古发掘品保护中的应用方法。此外，也详细记录了化学分析技术及其分析结果相关的考古学解释[32-37]。

研究人员曾经尝试使用过许多聚合物，然而大多数聚合物并不能充分稳定木材。它们无法渗透至木质文物的深处，或容易产生有毒的挥发性物质。一些常见的试剂有[38]：铝盐（$KA1(SO_4)_2 \cdot 12H_2O$），早期人

们使用该试剂，它无法渗透至木材中，同时还会产生大量的酸性物质，使木材呈酸性；聚乙二醇（Poly, ethylene glycol）（PEG）是目前广泛使用的固化剂，但这种固化剂会随着时间的推移而降解，因此不能长时间支撑物体；此外，三聚氰胺甲醛树脂（Kauramin®）也被人们使用，它是十分稳定的材料，可以填充木材，提供坚实的支撑。

因此，采用新的稳定剂可能是有利的。研究人员对这类稳定剂的要求进行了评估，并讨论了材料科学如何有助于人们对材料的认识。作为稳定剂的一个重要要求是在未来具有可再处理性。这可以通过发泡聚合物来实现，或者通过将纳米粒子与聚合物结合来保持其网络结构。这些颗粒可以中和处理过的木材内部产生的酸，从而帮助稳定木材内部的pH值。

此外，对仿生学领域人们也给予了特别的关注。这是来源于大自然启示的材料构建原则，即利用生物材料（可能是人工木质素及其他材料的混合物，以优化其强度和柔性）或通过生物矿化作用（无机骨架）来构建稳定框架。

人们已尝试使用仿生纤维素和壳聚糖。壳聚糖（见图3-1）是由改性甲壳素（主要来自虾和蟹）制成的，可以在酸性溶液中溶解。此外，结晶纤维素在文物保护方面是具有吸引力的。因为，结晶纤维素耐酸且不像无定型纤维素那样易吸湿。

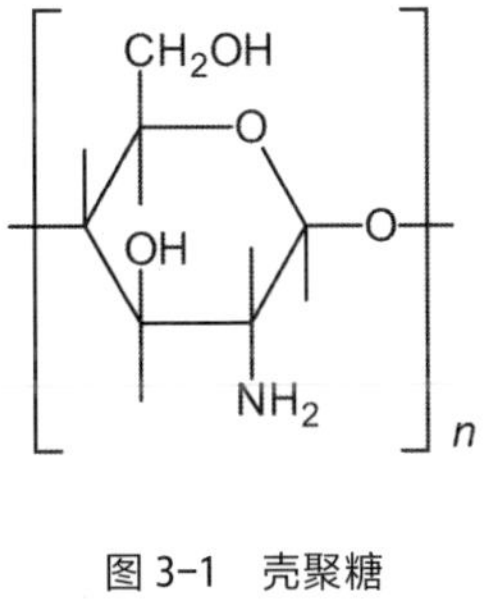

图3-1　壳聚糖

有研究表明，结晶纤维素颗粒在用于处理考古木材时通常会絮凝，但它们可以用表面活性剂处理，以提高对考古发掘品的渗透性[38]。

（一）酚醛树脂

酚醛树脂是可用于铝盐处理过后的木材的固化剂[39]。X射线断层扫描显示，通过再处理，可以在木材内部获得可接受的多孔结构。

为了了解固化机理，研究人员对室温下初始缩合反应的动力学进行了研究。研究发现，该反应最有可能是由苯酚及甲醛所控制的二级反应[39]。

（二）硅胶聚合物

研究人员评估了二甲基硅氧烷体系（如硅醇，作为交联剂和催化剂）用于保护饱水的新石器时代考古发掘木材的效果。

保护过程包含四个步骤[40]：

（1）饱水木材的丙酮脱水。

（2）丙酮与松节油的交换。

（3）硅醇浸渍。

（4）固化。

固化过程后的最终产物是一个三维聚合的硅氧烷网络，它实际上构成最终的保护材料。为了优化工艺，研究人员还探讨了尺寸、脱水剂、固化条件对抗收缩效果的影响。经过处理的松树和橡木饱水考古木材样本完好地保存了下来，且没有观察到塌陷或收缩。其颜色、重量和耐水性与天然木材保持一致[40]。

（三）超分子聚合网络

木材保存的三个主要问题是干燥时的结构不稳定、生物降解和因Fe^{3+}催化在饱水木材中产生的硫酸和草酸化学降解。有人指出，不存在能同时有效解决所有这三个问题的保护办法，直到相关研究工作的发表[41]。

研究人员已经提出了一种基于超分子聚合物网络的保护处理方法，

这种超分子聚合物网络由天然聚合物构成，由主客体络合作用和聚合物骨架上的铁载体结合形成动态交联。

通过对壳聚糖和瓜尔胶进行改性，以及加入大环添加大环受体分子，如葫芦[8]脲（cucurbit[8]uril），形成新型超分子聚合物网络，这种聚合网络用于饱水木质文物的保护，可同时解决文保人员所遇到的上述三个主要问题。

葫芦脲（Cucurbituril）是由甘脲$C_4H_2N_4O_2$单体及亚甲基–CH_2–桥接的大环分子[42]。氧原子位于环的边缘并向内倾斜，形成部分封闭的腔体。甘脲的分子结构，如图3-2所示。

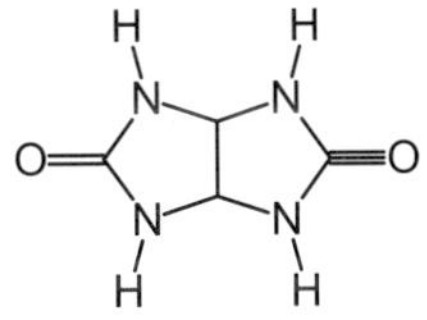

图 3-2　甘脲

研究人员也用萘酚和儿茶酚对壳聚糖进行改性。使用硼酸修饰紫罗碱衍生物，则可以利用硼酸中二醇的动态共价相互作用使其与瓜尔胶结合。紫罗碱是具有剧毒的联吡啶衍生物。再加上壳聚糖的天然抗菌特性，紫精碱衍生物显著增强了整个网络的生物杀灭活性。4,4'-联吡啶的结构，如图3-3所示。

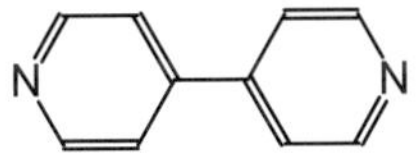

图 3-3　4,4'-联吡啶

超分子固化剂具有螯合和捕获铁离子的能力，同时增强了结构的稳定性。通过动态共价作用将抗菌组分结合进入超分子网络，提高了材料的抗菌性。

开发可逆的、环境友好型的天然材料是相比于当前保护策略的更安全、更绿色的替代方案，并可能延长世界各地饱水文物的寿命[41]。

三、纳米技术在木质文物修复中的应用

（一）明矾处理的考古发掘木材

在 20 世纪早期，明矾被广泛用于处理考古发掘木材以防止其收缩和增加强度。

在 20 世纪 90 年代，人们观察到了奥塞贝格（Oseberg）墓葬中令人担忧的木制品状况。

未加热的明矾溶液pH值为3.5~4。在用明矾溶液处理木制品时，明矾溶液加热到90℃，冷却后，pH值大约为2[43]。这将会导致木制品呈极高的酸性，并变得脆弱，以至于难以保持结构的完整性。

初步调查显示，之前的明矾处理引发了一个可能超过 100 年的腐蚀过程，并严重降低了其机械强度[44]。

人们将碱性纳米颗粒的非水溶性分散液用于纤维素基材料的保护，并取得了较好的结果。

人们利用高压釜系统下两步溶剂热法合成了氢氧化钙纳米粒子。在第一步合成中，金属钙被短链醇（如乙醇）氧化，从而生成相应的醇盐。醇盐进一步发生水解，形成氢氧化钙胶体，并分散于溶剂中使用。采用该合成方法，可获得稳定、高浓度的氢氧化钙纳米颗粒分散液[45]。

明矾处理的考古木材样品来自奥塞贝格，pH为2，人们用碱性纳米颗粒分散剂处理，并通过热分析、红外光谱和X射线显微断层扫描评价了处理的效果[44]。

经明矾处理的木材样品的FTIR光谱分析表明，明矾与木材在1700~1500cm^{-1}和1200~800cm^{-1}范围内存在重叠带。由于缺乏纤维素和半纤维素的特征峰，进一步证实了木材严重的降解程度。特别是在

898cm^{-1}、1158cm^{-1}、1361cm^{-1}、1738cm^{-1} 处的信号。

纳米粒子处理后的奥塞贝格样品在659cm^{-1}处有一个带，这是由 SO_4^{2-} 与碱性化合物中和反应引起的反对称弯曲振动。

将分散在乙醇中的碱性纳米颗粒应用于某些考古发掘的木材上，可使其pH值增加2~3[44]。

（二）碳酸锶纳米颗粒

在木材被发掘之前就掺入的硫化合物会加剧酸的形成，例如，当样品暴露在氧气和铁离子存在的情况下[46]。

人们已经证明碳酸锶纳米颗粒可以通过与无机含硫化合物的反应减少酸的生成。

特别地，在已经进行过加固处理的样品上，该方法证明是可行的。结果表明，加固使用的PEG~200不会阻止纳米颗粒与样品中存在的硫化合物的反应性。

表面涂刷的应用方法可保持木质品在外观上的完整性。此外，研究发现该技术可以使铁元素从表层析出，从而防止铁催化引起的酸的累积[46]。

四、清洗用酶

人们研究了水解酶对考古木材解剖结构和化学成分的影响。三种类型的真菌酶被用于清洗松树和山毛榉木材的样本，这些木材样本来自马什拉比亚（Mashrabia）地区。这些酶分别为[47]：

（1）米曲霉蛋白酶。一个单位酶含量每分钟可水解 1 µmol L-亮氨酸-对-硝基苯胺。

（2）皱纹假丝酵母脂肪酶。一个单位的酶含量可在pH 8.0 和40℃条件下，每分钟释放 1 µmol 油酸。

（3）米曲霉α淀粉酶。一个单位的酶含量可在pH 6.0 和25℃下，每分钟释放 1µmol麦芽糖。

扫描电子显微镜和傅里叶红外光谱用于对木材处理前后结构和化学

差异的表征。

傅里叶变换红外光谱显示酶清洗前后木材表面官能团没有明显变化。然而，扫描电镜的测量结果表明，蛋白酶和脂肪酶可以较好地清洁木材表面。

然而，残留在考古木材细胞壁上的酶仍然是一个问题[47]。

五、壳聚糖处理

由于大多数现有的保护处理方法存在问题，人们亟须开发用于稳定饱水考古木材的新材料[48]。理想的加固材料应该是环境友好型的，对于修复人员来说是安全的，同时在加固物体时不会破坏木材外观，或者影响未来的可再处理性。

人们尝试使用壳聚糖。作为一种多功能材料，它能够为材料提供加固支持，同时通过潜在螯合能力，能够降低金属离子的催化活性。人们选择了三种2%壳聚糖乙酸溶液（0.1ml/L）作为加固剂，加固来自斯拉根−普雷斯特高（Slagen Prestegård）的具有1150年历史的维京时代的木材。采用冷冻干燥法测定壳聚糖的渗透性能，并用高效液相色谱法测定壳聚糖。

解聚后的壳聚糖在木材中的渗透略有改善。壳聚糖在饱水的考古木材上留下了一个开放的结构。它对严重退化的饱水木材提供了一定的强度，但需要进一步的测试来评估其稳定性及收缩性和加固性[48]。

六、丙酮溶解的加固剂

人们评价了丙酮溶解的加固剂是否能够在饱水木材处理过程中节省时间和成本。测试中选用了两种酯化树脂（松香100®和松香459®）和一种混合物（PEG3400）及乙烯基醋酸乙烯酯共聚物（Vinavil 8020S®）。

在选择材料时研究人员考虑了以下几个问题[49]：

（1）设置接近室温的处理温度，以减少丙酮蒸发和能源消耗。

（2）与PEG3400混合以提高树脂的塑性。

（3）对具有优良的热降解和氧化降解稳定性的市售化学改性的树脂进行评估。

（4）评估不同类型的化学产品，如乙烯基共聚物。

分别在20℃和35℃的温度下对饱水的海松、榆树、橡树和山毛榉进行处理。这些材料是从比萨（意大利托斯卡纳）考古遗址的古代船只上收集而来的，可以追溯到公元前7世纪到公元2世纪。样品浸渍于上述选取的聚合物的丙酮溶液中。浸泡前，用去离子水洗涤去除木材中的盐分。

为了评估该过程，人们测定了不同相对湿度条件下木质样品的平衡含水率和尺寸稳定性，以及浸渍产物的保留率。此外，还进行了宏观和微观表征，并评估了木材经处理后的形状和外观以及加固剂的沉积方式[49]。

结果表明，天然松香和改性松香处理在保持样品的形状和尺寸，以及稳定性方面效果最好，即使在相对湿度有变化的情况下。此外，与其他加固剂和未处理的考古木材相比，经松香100和松香459处理的样品的平衡水分含量显著降低。这可能是由于这些固化剂具有高保留值，并堵塞了大部分的孔隙及细胞壁的微孔隙[49]。

七、天然聚合物作为替代加固剂

近年来，人们对研究可替代聚合物的保护材料越来越感兴趣，特别是对于保护木材，从而提出了更好的、可再生的、更环保的PEG替代品[50]。

人们研究了16世纪玛丽·罗斯号（Mary Rose）战舰木材中聚乙二醇加固剂的降解状况，并将其与单甲醚和二甲醚以及壳聚糖、瓜尔胶和2-羟乙基纤维素等几种多糖加固剂进行了比较，评估了它们的流变学和热性能以及多糖固化剂代替聚乙二醇保护饱水木质品的可能性。此外，人们还利用热重法和固态核磁共振谱对聚合物、考古木材的影响进行了表征。

研究结果表明，多糖加固剂是保护技术的未来方向，它与木制品的相容性强，且没有检测到副作用。此外，这些材料也很便宜，毒性极低，而且是可再生和可持续的资源[50]。

第三节　降解

一、木材保存与降解过程中的化学变化

人们利用拉曼光谱研究了丹麦南部尼丹沼泽（Nydam Bog）中被洪水淹没的考古木制品的保护。研究采用了两种不同的保护方法[51]：

（1）赛璐素溶液或石油。

（2）PEG冷冻干燥法。

在室温和高温下使用赛璐素/石油保存由松木和白蜡木制成的箭头。其中赛璐素也被称为2-乙氧基乙醇。

热处理对木质素中的双键有一定的影响。考古发掘的木箭中的全纤维素已经完全分解。全纤维素是纤维素和半纤维素的混合物。半纤维素，也称为聚糖，是几种碳水化合物的杂聚物，如木糖、甘露糖、葡萄糖和半乳糖。

在拉曼光谱约$180cm^{-1}$的低波数段的吸收带可用于检测PEG2000中残留的水分子。在PEG2000浸渍后的硬木中，木质素和PEG2000相对吸收带的相对强度可用于定量估计木材与PEG2000的比例。研究发现，在1200年左右制造的科灵齿轮（Kolding Cog）的橡木碎片上，从其表面到中间，全纤维素的降解程度在下降。在接近橡木表面的光谱中观察到宽泛的背景信号[51]。

类似地，在尼丹沼泽发掘的未经处理的白蜡木上，也观察到非常强烈的背景信号。该背景信号很可能是由荧光产生的，且掩盖了拉曼信号。

在这些情况下，ATR-FTIR光谱是一个有价值的补充表征工具，可用于表征饱水的考古发掘木材。已证实，用该方法的全纤维素比木质素降解更快[51]。

二、饱水考古木材的微生物降解

对降解过程的了解，是建立木质文化遗产保存和原位保护方法的基础[52, 53]。

与地上的木材相比，饱水的考古木材降解速度非常缓慢。地下特殊的环境条件导致其经历了一个漫长的降解过程，这是由于在极低的氧浓度条件下，仅仅发生细菌降解。人们已经研究了侵蚀细菌的类型。其中，软腐真菌是一种经常在含氧量较高的水生环境中活跃的微生物[53]。

三、真菌

由于其巨大的酶活性，真菌在文化遗产的腐败和降解中发挥了相当大的作用[54]。

人们从不同地区的考古木制品中鉴定出 112 株真菌。这些地方包括伊斯兰艺术博物馆（Islamic Art Museum）、基奥普斯王太阳船（Solar Boat of King Cheops）的储藏区、塞加拉（Saqqara）的发掘区和大埃及博物馆（The Grand Egyptian Museum）。

所有调查样品以曲霉素为主。研究人员对 37 株真菌进行了纤维素酶、果胶酶和木质素酶活性的筛选。巴西曲霉瓦尔加（Varga）、弗里斯瓦德和亚诺什（Frisvad & Janos）和青霉菌德拉克鲁瓦（Delacroix）具有较高的纤维素降解活性。灰绿曲霉汤姆、克鲁什（Thom & Crush）和寄生曲霉Aspergillus parasiticus 斯皮尔（Speare）具有较高的果胶分解活性。7种真菌由于其对染料的氧化能力显示出了木素降解的潜在活性[54]。

从海水中提取的含水有机考古材料，可能受到微生物的降解影响而发生损害。硫酸盐还原菌（Sulfate-reducing Bacteria, SRB）间接诱导是最常见的现象之一。由于其在缺氧条件下的代谢活性，SRB经海水中存在的硫酸盐离子生成硫化氢。在有硫化物存在的情况下，当钢制品与有机物接触时，金属的腐蚀导致Fe（II）硫化物沉淀产生。这些过程诱使发掘后损害的产生，例如，在博物馆储存或展览期间发生氧化，形成大量晶体，并进一步导致开裂和破碎，以及硫酸的生产。为了表征Fe（II）硫化物及其副产物，研究人员采用环境扫描电镜、显微拉曼光谱和X射线衍射对13个浸水样品进行测试。对未处理的木屑、绳索碎片和从木屑表面刮下的矿物结核进行了检测。结果在绳子碎片和纤维之间发现了四方硫铁矿，硫复铁矿则是在其他分散的位置检测到的。在木屑和矿物凝结物的表面发现了黄铁矿和硫酸盐相，如石膏和铁硫酸盐。

四、微生物降解

从海水中提取的含水有机考古材料可能受到微生物的降解影响而损害[55]。

硫酸盐还原菌（Sulfate-reducing Bacteria, SRB）间接诱导是最常见的现象之一。由于其在缺氧条件下的代谢活性，SRB从海水中存在的硫酸盐离子生成硫化氢。

在有硫化物存在的情况下，当钢制品与有机物接触时，金属的腐蚀导致Fe（II）硫化物产生沉淀。

这些过程诱使发掘后损害的产生[55]。在博物馆储存或展览期间发生氧化，形成大量晶体，并进一步导致开裂、破碎，并产生硫酸。为了表征Fe（II）硫化物及其副产物，研究人员采用环境扫描电镜、显微拉曼光谱和X射线衍射对13个浸水样品进行测试。

对未处理的木屑、绳索碎片和从木屑表面刮下的矿物结核进行了检测，这些都是从不同的沉船中提取的。

在绳子碎片和纤维之间发现了四方硫铁矿，硫复铁矿则是在其他分散的位置检测到的。在木屑和矿物凝结物的表面发现了黄铁矿和硫酸盐相，如石膏和铁硫酸盐[55]①。四方硫铁矿是铁、镍的硫化矿物，其组成为$(Fe，Ni)_{1+x}S$，其中$x=0-0.11$ [56]。由于铁和硫酸盐还原细菌的代谢，四方硫铁矿在还原环境中也会出现，如海洋沉积物。根据氧化还原条件的不同，四方硫铁矿可以形成更稳定的相，如硫复铁矿，最终形成黄铁矿[57]。

硫复铁矿是铁的硫化物，分子式为Fe_3S_4。其中硫等价于铁氧化物Fe_3O_4（也叫作磁铁矿）中的氧。1964年，加利福尼亚州圣伯纳迪诺县（San Bernardino County）首次发现了这种矿物，并以矿物学家兼物理化学家约瑟夫·W.格雷格（Joseph W. Greig）的名字命名[58]。

五、冻融条件下考古木材的降解

永久冻土可确保有机考古材料的良好保存[59]。然而，如今地球温度正在上升，永久冻土区正在消退[60]，这对北极地区是一个特别的威胁，在那里，有机物质的保存依赖于普遍较低或冰冻的温度。因此，了解永久冰冻的考古遗址对木材的影响是很重要的。

人们在西格陵兰的卡贾遗址（Qajaa site）研究了考古木材在冻结和融化温度下的降解情况[59]。对木材样品进行了环境监测、耗氧量测量和显微观察。

永久冻结的木材在2000-4000年之后仍然保存得很好。另一方面，每年夏季木材样品融化，表现出软腐病，平均密度损失$0.1gcm^{-3}$，对应过去27年干质量的25%。

研究人员已得出结论，未来温度的升高可能会显著增加降解速率。

---

① 此段落与前文有重复，原版书如此。

然而，对遗址的影响取决于当地的水文环境[59]。

六、非生物化学降解

研究人员从饱水的考古木材（栎属植物、白蜡属植物、野榆属植物、白杨和云杉）的表面以逐渐增加距离的方式提取其组织，并用这些样品描述了木材的非生物化学降解过程[61]。

对每个组织分别进行光学显微镜和扫描电子显微镜及化学分析，结果表明降解从木材表面向内推进。过度膨胀后，次生细胞壁由于碳水化合物的水解而开始松动。细胞壁失去了荧光和双折射特性。最后，残余木质素骨架坍塌，只剩下粒状碎片。

第三层壁，特别是复合中间层的系统，能够抵抗降解，并且只要组织充满水，就能保持组织的原始尺寸[61]。

七、考古饱水木材中木质素的降解

考古木质品在潮湿的环境中通常比在其他环境中保存得更好[62]。然而，厌氧侵蚀细菌会缓慢地降解饱水木材，导致纤维素和半纤维素的损失及充满水的空洞的形成。

在此过程中，木质素也会发生改变。这样就形成了一个多孔而又脆弱的结构，由于缺乏多糖（残余木质素组成），木质品在干燥过程中容易坍塌，需要特殊的加固处理。

木质素是一种复杂的三维大分子，由各种不同的单体单元组成，主要来源于针叶木中的针叶醇、阔叶木中的松柏醇和芥子醇[63,64]。这些醇的结构如图 3-4 所示。

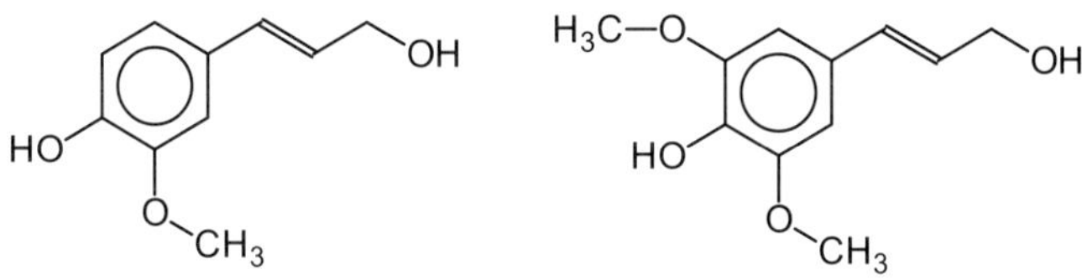

松柏醇   芥子醇

图 3-4　松柏醇和芥子醇

　　为了了解木质素的降解，考古材料中木质素的化学表征对木材样品
的诊断和保存具有重要意义[62]。

　　迄今为止，关于历史和考古木材中木质素降解过程的认识仍然是不
足的。

　　人们采用热裂解气相色谱–质谱联用（PY–GC–MS）、核磁共振
（NMR）和凝胶渗透色谱（Gel permeation chromatography, GPC）对考古
浸泡木材中提取的木质素进行了研究。

　　研究的沉船样本来自意大利比萨的圣罗索雷（San Rossore）古船遗
址。自 1998 年以来，这里共发现了 31 艘公元前 2 世纪至 5 世纪的沉船
残骸。

　　GPC分析的结果表明醚键裂解引起了木质素解聚。因此，来自考古
饱水木材的木质素与同一物种的参考木材的木质素相比，有更多的游离
酚单元[62]。

八、细菌培养物鉴定

　　在丹麦日德兰半岛（Jutland）南部的一处考古遗址中发掘出一处
1700 年的古老木矛井，其中分离出了厌氧菌[65]。

　　在 14℃和 20℃的添加葡萄糖和添加木糖的培养基中培养。从培养
物中提取并扩增 16S rDNA序列，利用 21 个菌株构建了一个基因库。其
中一个菌株属于螺旋体型，11 个菌株隶属α–变形菌的一个未知的成员，

3个菌株隶属于β变形菌，4个菌株归属于β–变形菌中的土杆菌科。1个菌株聚集了革兰氏阳性细菌。所有已鉴定的细菌家族通常在土壤或沼泽环境中发现。它们中的许多可以利用纤维素作为碳或能源来源[65]。所以，这些细菌可能会降解木材。

第四节　特殊性质

一、木质沉船

海洋环境中的木船残骸构成了水下文化遗产的很大一部分[15]。在过去的50年里，一些沉船被挖掘、打捞和保存。在过去的一段时间里，有一种趋势是原地保存这些遗址，例如在海床上，而不是打捞它们。

人们已经记录了木材在海洋环境中的劣化情况，并回顾了最常用的保存饱水考古木材的方法和原理。此外，还提出了木质残骸现场保存的一般方法[15]。

二、饱水考古木材的保存状况

人们根据在水和氦中测定的最大含水量（Maximum moisture content, MMC）、基本密度和木材密度（Wood substance density, WSD）来评价饱水考古木材样品的保存状况[66]。以木质损失（Loss of wood substance, LWS）和木材物质密度损失量为标准比较木材的降解程度。

MMC计算如下：

$$MMC = 100\,\frac{m_w - m_d}{m_d} \qquad\qquad (3.1)$$

m_w是饱水样品的质量，m_d是烘干样品的质量。

LWS的计算方法为：

$$LWS=100\ \frac{\rho_f\text{-}\rho_a}{\rho_f}\qquad\qquad（3.2）$$

ρ_f是新鲜木材的基本密度，ρ_a是考古木材的基本密度。

有学者对不同种类、劣化程度、年代和产地的几种木材样品进行了研究。测定了含矿物材料和不含矿物材料的木材的物理性能。后者中的矿物被水取代，其性质是由含矿物的木材的质量和体积，以及燃烧后的灰分含量和密度来计算的。

研究揭示了矿物对测试参数和木材降解指数的影响。结果表明，含矿物和不含矿物木材的基本密度与MMC之间均存在较强的相关性；相比之下，基本密度与木材物质密度的相关性则弱得多。

研究亦发现，以木材物质密度为基础进行的木材保存状况评估与木材物质密度损失评估结果不同。而且，似乎这两个木材降解指数可能都不可靠。基于LWS评估的主要缺点是新鲜木材的基本密度具有较广范围，因此，木材物质密度的损失可能主要反映了不同木材间碳水化合物和木质素含量的比例变化，而无法提供木材物质损失的信息。

这可能会妨碍来自不同地点和经受不同腐烂机制的木材的比较。然而，基于WSD的饱水考古木材保存状况评估可能是一种有价值的补充方法，与基于基本密度或基于MMC的评估方法相比，后者在许多保护中心被使用[66]。

三、水的吸附与脱附机理

人们采用近红外光谱法研究了现代和考古木材对水的吸附脱附机理[67]。采用水的混合模型将近红外光谱分解为三个组分[67]：

（1）自由水分子。

（2）带有一个–OH参与形成氢键的水分子。

（3）带有两个–OH参与形成氢键的水分子。

随着相对湿度的变化，各组分水的含量也在改变，研究人员提出了一个三阶段模型来描述水分子的吸附。同时得出结论，木材的老化过程，是由于半纤维素和无定性纤维素上水的吸附位点减少引起的[67]。

人们发掘和保护土、木遗迹的过程中获得了来自波兹南（Poznań）要塞的木材。该要塞建于10世纪，人们测试了这批木材的吸湿性能。

通过测定GAB和GDW模型的吸附和解吸等温线，对未经PEG处理和经PEG处理的考古木材进行了表征。GDW模型被称为广义达西和瓦特模型（Generalized D'Arcy and Watt Model）。GAB是古根海姆–安德森–德布尔模型（Guggenheim–Anderson–de Boer Model）[68]，这个模型可以用来关联渗透脱水过程中的水活度和水分含量[69]。

GAB的方程如下：

$$X = \frac{CkX_0\, a_w}{(1-ka_w)(1-ka_w+Cka_w)} \qquad (3.3)$$

式中，C和k是常数，X_0是水蒸气的单层吸附量。

$$X = \frac{CkX_0\, a_w[1-k(1-w)a_w]}{(1+ka_w)(1-ka_w)} \qquad (3.4)$$

当空气相对湿度值超过80%时，经PEG处理的木材的平衡含水率异常增加。有文献证明，木材展览的安全性很大程度上取决于对空气参数的适当维护。有研究详细阐述了PEG处理后的木材平衡含水率降低和吸附滞后的机理。并提出，不建议用海尔伍德–霍罗宾模型（Hail-wood–Horrobin Model）来预测平衡水分含量值。该模型是通过美国森林产品实验室收集的吸附数据而拟合出来的，但是该实验室并未考虑吸附滞后对考古发掘木材的降解和PEG处理的影响[70]。

四、PEG浸渍的饱水考古发掘木材

为了防止饱水考古木材的变形和开裂，聚乙二醇通常被用作体积浸渍剂[71]。PEG使木材在干燥过程中保持膨胀状态。然而，木材的膨胀会降低其力学性能。

人们利用扫描电镜（SEM）表征了橡木纤维的细胞结构和细胞壁膨胀的断面，用广角X射线散射法测定了橡木纤维的微纤丝角。

用分子量为$600Da$的聚乙二醇（PEG）浸渍欧洲栎（Quercus robur L.）样品，对其进行了轴向拉伸和径向压缩试验。试验表明，PEG对轴向拉伸模量和强度的影响很小，而对径向压缩模量和屈服强度的影响高达50%。

这种行为可用材料的微观结构和变形机制来解释[71]。拉伸试样的微纤丝角接近于零。这意味着在纤维细胞壁内的纤维素微纤维的拉伸载荷几乎对邻近的无定形基体不产生任何剪切力。

这些结果有助于将聚乙二醇对文物力学性能的影响与化学降解影响分离开来，后者仅表现出很小的生物降解[71]。

五、树轮的特征

有研究从古生态学的角度解析亚化石和考古木材遗存。人们试图提供一个一般的理论框架来解释距今较远的数据，这些数据通常缺少生态背景。在这里，最重要的方法是树木类型学在树轮特征分析的四个层级。这四个层级为[72]：

（1）树轮的解剖学特征。

（2）在单棵树级别上，对树轮宽度序列的影响因素。

（3）林分动态特征，如林分水平上的树轮级宽度序列特征。

（4）由其他三个特征级别相互印证或补充的复杂特征。对这些特征进行区分，可以理清对树木生长产生影响的不同原因，这也可能适用于考古木材遗存。人们对不同类型的影响因素做了相应的反应分析和定义。在林分水平上，可以通过识别事件的特征组合来重建林分发展阶段。因此，解释的范围可以缩小到仅有的一些可能性，有时仅有一种。

虽然一般概念被认为适用于范围更广的区域和生态环境，但人们研究的重点是过度阶段占主导地位的低地森林和由此产生的人造森林，这也是中欧树木考古学研究的重点[72]。

六、考古发掘木材的物理和机械性能

人们研究了老化和降解过程对干燥和饱水考古木材的密度、吸附特性、收缩和膨胀以及力学性能的影响[73]。

七、紫丁香基在考古发掘木材中的去甲基化

人们采用热裂解气相色谱质谱联用技术研究了距今6000年到16世纪的栎属考古橡木样品。通过这种方法，人们对被子植物木质素的降解有了深入的了解[74]。热裂解产物中包含了3-甲氧基-1,2-苯二醇衍生物、甲氧基儿茶酚，这些物质在丁香酚基部分与2,6-二甲氧基苯酚直接相关。这些是被子植物木质素的特征组成部分。2,6-二甲氧基苯酚的结构，如图3-5所示。

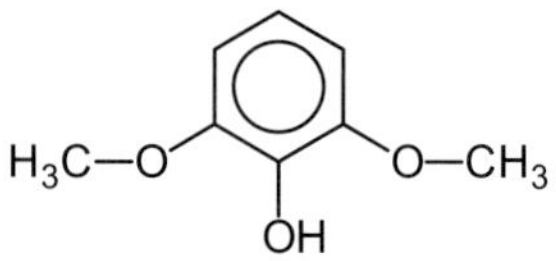

图3-5　2,6-二甲氧基苯酚

在保存完好的考古木材中发现的这些特征热解产物表明丁香酚基单元的脱甲基化发生在木材降解过程的早期。

在含有被子植物木质素降解的植物材料中，缺少丰富的3-甲氧基-1,2-苯二醇与这些新形成的不稳定组分有关。

八、伽马辐照预防劣化

人们曾评估了伽马辐照气体用于防止饱水考古木材腐烂的处理方法[75]。研究发现，15kGy的剂量足以在降解的各个阶段灭活大量的木材降解生物，包括真菌、细菌和无脊椎动物。在受污染的地方挖掘的木材，人们建议使用25kGy剂量灭活人类病原体。

对于厚度达150mm、密度不超过1590kgm^{-3}的木材，这类处理所需的剂量分别为1.33:1和1.2:1。在剂量高达100kGy的情况下，对轻度或重度降解的饱水考古木材的物理性质没有发现任何不利影响。对于不同木材，这是推荐的最大单剂量或累积剂量。人们已经发现伽马辐照在木材保护中有很大的作用[75]。

在另一项研究中，伽马射线被用于清洁韩国文化工艺品，该工艺品储存在当地博物馆的木质钱箱内[76]。人们采用18S rDNA测序方法鉴定了从木质钱箱中分离出的真菌。

分离出的真菌与黑曲霉（*Aspergillus niger*）、青霉菌（*Penicillium verruculosum*）和绿色木霉（*Trichoderma viride*）高度相似。对每株菌株进行了伽马辐照敏感性试验，5kGy剂量照射可使其失活。因此，人们应用了5kGy的剂量对木质钱箱进行伽马射线照射。

辐照后两个月，重新对木质钱箱进行生物污染检测，未发现真菌。因此，该结果表明，5kGy的低剂量伽马辐照可成功应用于木制品的除菌[76]。

第四章

化石

第一节　专著

已有几部专著论述动物化石的修理和保护[1-3]。

同时，对检查化石保存状况的方法，如显微法、化学法及分子法等，近来也有综述[4]。

第二节　古生物学技能及化石修理员作用

已有若干关于化石修理实践和理论的讨论[5]。尽管对古生物感兴趣者众多，但极少有人知道古生物学家如何认识过去的生物。化石需经过修理等一系列工作才能用于研究和展览，对此已有专门研究和阐释。有争论说，化石修理员是自然界和研究者的中介。

化石修理员了解化石的物理性质和重量分布，据此判断化石在何处需要内部支撑（如黏合剂）和外部支撑（如定制的刚性模具）。

给化石做护套涉及在箔覆的化石表面涂裹糊剂，糊剂会硬化并形成精确模具。糊剂传统上是用石膏混沾粗麻布，最近多用树脂。

2006年8月，克氏菱龙（*Rhomaleosaurus cramptoni*）①的头骨化石抵达伦敦自然历史博物馆，由斯科特·穆尔-费伊（Scott Moore-Fay）修理。这只1.78亿年前的海洋爬行动物在科学界、社会界以及地学界，都有悠久且卓越的历史。这件头骨的护套是穆尔-费伊用环氧树脂做的，其化学性质比类似的聚酯树脂更稳定[6]。

其一旦固化，可形成超硬的护套，预计可使用100多年。除应用现代材料外，护套技术相比过去没有太大变化[5]。

第三节　分析方法

一、骨骼样品

在良好保存状态下，骨骼中细胞外骨基质蛋白的所有蛋白质可以保存数千年。从古代骨骼中电泳分离出的基质蛋白谱，质量与现生骨骼者相当。产于胶原蛋白（如I型胶原蛋白）、非胶原蛋白（如骨粘连蛋白），以及免疫系统蛋白（如免疫球蛋白G）的分子，均可通过特异性抗体在蛋白质印迹中鉴定[7]。

I型胶原蛋白是骨骼中的主要蛋白[8]。矿物基质可保护胶原蛋白免于变性，因此可从数千年甚至数百万年前的骨化石中重获大胶原蛋白肽。骨化石中的胶原蛋白肽通常或多或少变性。这种变性主要由成岩蚀变引

---

① 译者注：属名*Rhomaleosaurus*为菱龙属，原意为强壮的蜥蜴；根据原始文献"Carte and Baily, 1863. Description of a new species of *Plesiosaurus*, from the Lias, near Whitby, Yorkshire. 160–170. *The Journal of the Royal Dublin Society*, 30: 160–170"，种名为纪念爱尔兰著名解剖学家菲利普·克兰普顿爵士（Sir Philip Crampton, 1777—1858）。克氏菱龙是最早发现的蛇颈龙类，体型大且保存完整。1848年7月27日产于约克郡惠特比附近的里阿斯统地层（欧洲下侏罗统的专名）。1853年春，克兰普顿一反惯例，先行将此化石在爱尔兰皇家动物学会花园向公众展示，引起极大轰动。克兰普顿生前未能发表此标本，将标本遗赠给爱尔兰皇家动物学会。该学会的两名研究人员于1863年发表了这件标本，将其建名为克氏菱龙，以兹纪念。所以说这件标本在"科学界、社会界及地学界都有悠久且卓越的历史"。

起。经典提取方法是通过大量增溶改变残留的大胶原蛋白肽。

一种加速胶原蛋白增溶的方法已被描述。由此获得的胶原蛋白产量与传统方法相比毫不逊色。尤其是大肽组分的大小显著改善。结合特定的浓缩步骤，这种加速增溶技术应可用于需要大肽段的胶原蛋白分析，例如古免疫学[8]。

二、稳定同位素分析

过去数十年间，骨骼中碳氮稳定同位素比值的重要性日益凸显。此类研究主要在北美开展，监测海洋性食物使用和玉米输入。在欧洲，稳定同位素比值记录了海岸带生业模式由海洋渔捕向农业的转变，以及东欧和南欧部分地区粟黍的引进。已有大量的研究被回顾[9]。

^{13}C和^{15}N稳定同位素分析有助于解决生态学的一些基本问题，如营养级相互作用重建、生境联系和气候模式转变[10]。

解决生态问题时，稳定同位素分析的适用时间尺度有所变化，具体取决于被分析组织的蛋白质更新时间。坚硬且惰性的组织，如牙齿、骨头和软体动物的壳等，定期（即每天或每年）生长。所以，对这些生长层进行序列采样就提供了同位素模式的时间序列。因此，对这些组织的稳定同位素分析有助于阐明动物在一段时间内的行为和生态，尤其是对那些具有隐秘生命史阶段的动物，例如，肱骨中保留生长层的海龟[10]。

对古代骨骼的稳定同位素分析表明，新鲜的骨骼样品用于稳定同位素分析之前必须用酸进行预处理[11]。

用元素分析仪–同位素比例质谱仪测试碳氮稳定同位素比值，测试前用0.25mol/L盐酸（HCl）对骨密质粉进行酸化处理。目的是分离出骨胶原以测定^{13}C和^{15}N值。

研究表明，酸化微粉加工的海龟骨密质样品，不影响其^{15}N值，对^{13}C值的影响很小，且可以通过数学方法校正。因此，骨密质无须提前酸化[11]。

目前还没有序列采集现代新鲜骨密质样品进行稳定同位素分析的标准方案[10]。

已对两种方法进行了测试：

（1）微粉加工未经处理的骨骼横截面。

（2）按骨龄学切片检取骨骼横截面，以从海龟肱骨中序列采集个体生长层。

序列采集连续骨骼生长层样品的标准方案已经制定，这有利于在今后的稳定同位素分析中进行直接比较。

对于未经处理的骨骼横截面，建议采用微粉加工取样技术。这种技术有利于对未受化学处理影响的生长层进行更精确的取样，并尽量减少样品处理，从而减少污染[10]。

已有一项研究比较了同位素实验室进行食性研究时常用的三种胶原蛋白提取方法[12]。

评估了^{13}C和^{15}N胶原蛋白质量和胶原蛋白产量的差异。使用德尼罗（Deniro）①和爱泼斯坦（Epstein）[13]的方法，用氢氧化钠（NaOH）作为清洗剂，得到的^{13}C值比使用超滤法[14, 15]平均高出 ± 0.32‰②。第三种方法是第二种方法的改进版本，排除了超滤步骤。此方法产生的^{13}C值介于其他方法之间。未发现^{13}C值有显著差异[12]。

稳定同位素方法也受到了批评：已经发现稳定同位素比值取决于保存得足够好的分子，还必须满足几个胶原蛋白的质量要求[16]。为了更好地了解骨胶原的化学降解，对现代骨骼进行了实验性降解，也对一些考古人类骨骼进行了对照分析。在现代骨骼降解实验过程中，同位素比值的变化与胶原蛋白质量的变化同步。而在考古标本中则发现了相反的情况。这意味着常用的胶原蛋白质量可能不够，不能保证明胶提取物的稳

---

① 译者注：根据本章参考文献[13]，应为DeNiro，加州理工学院教授。

② 译者注：原文记作 ± 0.032%，有误。按稳定同位素分析惯例及本章参考文献[12]原文，修改为 ± 0.32‰。

定同位素值仍能代表原始生物学信号[16]。

三、氨基酸分析

使用两种不同方法提取了骨骼中的有机成分，讨论了所采集的明胶的氨基酸分析结果。骨骼碎片弱酸（即1%盐酸）脱矿所得的明胶，始终显示出类似于胶原蛋白的氨基酸组成模式[17]。

相反，通过骨粉水解脱矿产生的明胶保留蛋白质是不可靠的。因此，使用前一种方法，而不是碳氮比或产率百分比，似乎是获得生物学特征的最佳材料分析方法。

尽管并非总能确定成岩过程，但仍可以分辨出适用于微量元素和稳定同位素分析的骨骼样品[17]。

有研究提出了一种根据氨基酸确定化石年龄的方法。该方法评估了异亮氨酸和其他蛋白质氨基酸的外消旋作用[18, 19]。

将通过氨基酸进行快速外消旋，并通过手性硅胶层离子交换柱色谱对其进行分离，可以确定5000年至5万年的骨骼年代，D-别异亮氨酸（D-allo-isoleucine）的误差为5%，其他氨基酸的误差约15%。数据表明，通过使用含硫氨基酸测量[18]，可对距今约1 000年的骨骼样品进行测年。

四、古DNA

从考古标本中提取DNA（脱氧核糖核酸）是一条令人兴奋的研究途径，可以为解决考古学问题提供独特的证据[20]。已有的研究案例同样值得注意：古代DNA与现代DNA不同。因此，通常只有少数特定的基因组是靶向标记。用于古DNA研究的方案已经明确制订。此外，详细描述了古DNA的恢复，以及古生物、考古学和博物馆标本的遗传物质的分析[21]。另外，对来自植物压缩化石的DNA研究也被综述[22]。

古DNA研究提供了跟踪基因逐时变化的可能性。但是，该领域受到分子生物学特有问题的困扰，即结果难以重复验证[23]。

造成这种情况的某些原因是技术性的，源于古DNA分子的低拷贝数和受损状态。另一原因是许多拟提取DNA标本自身的独特性质。已经发表了一些可以缓解这些问题的方法。这些方法应确保结果的科学性，即它们可以被他人重复[23]。

DNA专家建议，收集用于DNA分析的骨骼应遵循严格的规程，包括戴手套操作、不洗涤或冷冻样品[24, 25]。

事实证明，在许多情况下一些负面影响是可以克服的[26]。

此外，古病理学中的DNA分析议题也已发表[27]。详细介绍了古病理学学科，其如何发展、如何研究及其局限性[28]。

古疾病研究历史悠久。在过去的四五十年间，随着方法发展，特别是对古代致病性DNA的分析，古疾病研究得到了快速发展。例如，该分析可以探索引起结核病的细菌菌株是如何随时间变化的[28]。

然而，有关著作的质量仍存在不少问题[29]。一些检测考古遗址人类遗骸和木乃伊中病原体DNA的论文已发表，对这些论文进行了评议。这些评议讨论了与分子生物学研究标准有关的主要问题。对1993年至2006年发表的约65篇论文进行了调查评议。特别需要注意的是，大量论文甚至没有声明采用了基本的污染控制措施（占90%）或独立验证结果的程序（占85%）。因此，这表明需要注意污染控制和结果验证，以增加对古病理学DNA分析的信心[29]。

五、牙本质层

牙本质是作为生长层逐渐沉积的，并且一旦形成就既不被吸收也不被重构。因此它可以反映其合成时的同位素比值。连续的牙本质层中同位素比值的变化可以重建个体层面的个体发育性饮食变化，进而可以得出群体层面的数据以比较不同时期和地域的食性。

有几种技术被用于哺乳动物牙齿的牙本质年生层采样，以进行稳定同位素分析。但是，较小型动物的牙齿比较小，且牙本质层呈圆锥形排列，既限制了子采样的精度，也限制了每个年生层采样的充足度。

使用里氏海豚（Risso's dolphins①）的牙齿（$n = 15$）测试了一种替代的子采样技术。该技术从脱矿处理的牙齿的一半纵向切片（长300~500μm）中切出牙本质年生长层组，并将结果与在同一牙齿另一半纵切片上使用标准微粉加工工艺的结果进行了比较。

对子样品进行了碳氮元素含量以及稳定碳氮同位素分析。切割年生长层组获得的子样品显示出更高的一致性，碳和氮的百分比含量以及C–N的原子比值与通过微粉加工获得的明显不同。

因此，^{15}N 和 ^{13}C 值在两种方法之间存在显著差异，前一种方法的值更符合里氏海豚早年的预期变化。微粉加工子样本的 ^{13}C 值偏差很大，足以造成膳食来源解读错误[30]。

切出牙本质层可以减少90％的样品处理时间，并且比微粉加工工艺多产生约10％的胶原蛋白。这些结果表明，与微粉加工相比，切出牙本质年生长层可以产生更多具有更好胶原蛋白质量的样品，并且处理时间比微粉加工过程短得多，因此是一个对小型哺乳动物牙齿采样的有效方法[30]。

六、疾病演化

对五个史前儿童骨骼中免疫球蛋白G含量的比较研究显示，一个患有慢性坏血病的儿童的免疫球蛋白G含量最低。古骨蛋白也是用二维电

---

① 译者注：根据 "Kiszka and Braulik, 2018. *Grampus griseus*. The IUCN Red List of Threatened Species 2018: e.T9461A50356660" "张荣祖，等.1997.中国哺乳动物分布.中国林业出版社.p. 250" 等，里氏海豚学名为 *Grampus griseus*，一般将学名直译为灰海豚。里氏海豚这一俗名得名于尼斯（Niçard）自然学家朱赛佩·安东尼奥·里索（Giuseppe Antonio Risso），其对这一物种的记述，构成了法国著名科学家居维叶（Georges Cuvier）1812年建立这个物种的基础，参见 "Cuvier, 1812. Rapport fait à la classe des Sciences mathématiques et physiques, sur divers Cétacés pris sur les côtes de France, pricipalement sur ceux qui sont échoués près de Paimpol, le 7 janvier 1812. *Annales du Muséum d'Histoire naturelle*. 19: 1–16"。

泳法分离的。该技术使分馏细胞外骨基质的复杂蛋白混合物更具有可重复性。

骨骼在其胶原蛋白和非胶原蛋白结构中保留了早期代谢刺激的化学记忆。基于完整蛋白质分析，结合古骨的显微镜检查，应可以获得更可靠的疾病历史和演化信息[7]。

骨骼在埋藏环境中可能会经历多种因素引起的结构变化[31]。研究死亡后的变化是一个重要问题，以便将分解现象与正常的生理过程或病变区分开来，并评估骨组织的质量。

显微镜检查是评估骨骼微观结构完整性的重要工具，它提供了有关骨骼长期分解的重要数据。有一项特殊的研究，选择了8个考古学人骨和10个已鉴定的馆藏人骨架的骨骼切片，在平面光和偏振光下分析。这项研究的目的是分析成岩作用和埋藏学对骨骼微观结构的影响，以及鉴别诊断病理状况[31]。

结果显示，骨组织的显微镜检查法对详细描述观察到的主要成岩作用有实质性贡献。但是，该研究表明，粗略检查并不能真实评估骨组织保存状况，这可能会对确有病变的描述及随后的疾病诊断有影响。

因此，如果目的是了解组织完整性及其与骨骼分解或疾病的关系，建议使用组织学技术[31]。

七、古食谱研究

古食谱分析的生物地球化学方法已被综述[32]，包括骨化学、食物和历史，以及过去欧洲人群稳定同位素变化的文化影响，和其使用的分析技术细节。

另外，骨化学和微量元素分析已有专著发表[33]。

史前饮食可以通过人骨的化学和同位素组成重建[34]。

骨化学古食谱研究正在成为考古学、生物人类学和古生物学的重要研究领域[35]。通过适当的控制，骨骼和牙齿的无机和有机化学成分可以提供过去饮食和生境利用的信息。化学标记被用于解决早期人类化石、古生物学遗迹以及晚近的人类和动物种群的饮食差异。

几种评估骨骼中有机和无机成分保存状况的方法已被讨论[17]。骨骼成分的相同方面，如特定的微量元素浓度和稳定同位素比值，可以提供史前人类和化石人类的饮食及健康状况信息。这些信息对于理解人类适应演化很有价值。但在分析骨骼之前，有必要确保其生物特征在埋藏期间或发掘之后没有丢失。

为排除不适合的分析方法，已经讨论了扫描成套骨骼的较快方法[17]。介绍了粉末X射线衍射法的结果。此外，还讨论了对美国佐治亚州（Georgia）海滨遗址发现的人骨切片调查研究，以评估生物骨的矿物质和组织学结构的保存状况。缺乏组织学结构的骨骼样品，显示出与新鲜骨骼明显不同的X射线衍射图谱。结论是，对任何骨骼群的少量样本进行切片调查是一种快速可靠的方法，可以排除已根本性改变的骨骼[17]。

其他骨化学研究已用于重建古代人群的生存环境[36]。评估了骨骼结晶度和石化的问题。结果表明，骨骼时代越老，结晶度越高，其X射线衍射图越清晰。这种现象可以用作估计石化程度的方法，也可以发展为相对测年法。该技术使用起来相对较快且经济，使用的设备较普遍，且对样品几乎无损，因此可用于珍贵的骨骼，如人类化石[36]。

（一）锶元素分析

同位素方法在考古学中广泛用于调查古食谱问题[37]。

已经开发出一种方法来识别考古人群的营养水平并调查古食谱。锶同位素相对丰度 $^{88}Sr/^{86}Sr$ 已被证明随着营养级水平的提高而变化。这一事实可以阐明考古发现的古人群的古食谱。

从秘鲁南部的伊洛（Ilo）和莫克瓜（Moquegua）峡谷的上科里巴亚（Chiribaya Alta）、下科里巴亚（Chiribaya Baja）、圣赫罗尼莫（San Gerónimo）和埃尔亚拉尔（El Yaral）等大型墓地中间期晚段（Late Intermediate Period，1000—1300 年）个体的牙釉质和骨骼中获得了基于质量的锶同位素数据。

这些来自同一个体的放射性锶同位素数据 $^{87}Sr/^{86}Sr$ 和轻稳定同位素数据（^{15}N 和 ^{13}C）被用来研究科里巴亚人的锶来源的地理范围及其海洋性食物消费。结果表明，锶同位素分馏测定是考古学中古食谱研究的一个良好工具。重要的是，该技术可用于从同一标本生成古食谱 $^{88}Sr/^{86}Sr$ 和古迁移性 $^{87}Sr/^{86}Sr$ 数据，从而最大程度地减少了分析对宝贵考古材料的破坏；并且还提供了一种通过羟基磷灰石检查古食谱的方法，这在胶原蛋白保存状况不佳时尤为重要[37]。

已完成了 4 个考古遗址人骨材料的微量元素比较分析[38]。骨组织形态保存状况，既是其成岩作用程度的量度，也与种群内层面的 Sr/Ca 和 Ba/Ca 比值密切对应。因此，基于常用样品制备然后对锶和钡浓度评估开展的古食谱研究，其有效性遭到了这项研究的质疑[38]。

（二）古食谱重建

动物和人体组织的同位素组成可以通过其消耗的各种营养物质的比例确定[39]。这样可以确定其一生中各个阶段实际消费的每种可用食物的数量。

这种方法已经应用于古人类研究，可以分析其骨骼、牙齿以及稀少的干燥的软组织，如头发和皮肤。动植物中已知类别营养物的 ^{13}C 和 ^{15}N 差异已经被分析出来。

可以分析胶原蛋白、骨矿物质和脂质等化学物质的同位素组成[39]。有些 ^{15}N 含量的偏差也可能是由于海洋土壤颗粒物中的 ^{15}N 变化引起的。这对陆生动物的氮平衡造成干扰。

已有实例表明，史前狩猎采集者因食用玉米而产生 ^{13}C 变化，因营养效应而产生 ^{15}N 变化[39]。

（三）防腐处理的样品

考古遗存中收集的人骨，通常用树脂、胶水和清漆处理以加固和强化。用这种处理过的骨骼进行化学分析重建食谱，并对此进行了评估。一项研究博物馆藏品的成果已发表，该骨骼已用一种常见的固化剂Alvar处理过。Alvar可以从骨骼上成功去除。不过，对于胶原蛋白制备技术，其实不需要这种预处理[34]。

（四）庞贝（Pompeii）古城的食谱多样性

公元79年维苏威火山（Vesuvius）灾难性喷发导致火山灰封存了考古遗存，庞贝古城的人类遗骸以及相关食物保存极佳，这为利用人类和动物骨骼、面包和一系列密切相关的栽培植物食物进行稳定同位素食谱重建，提供了难得的机会。

庞贝古城发掘出来的人类和动物骨骼及食物遗存样品，其稳定碳氮同位素结果已发表[40]。这些保存完好的有机遗存是宝贵的资源，可用于研究公元79年维苏威火山爆发前后古罗马城市的生活方式。同位素结果表明，考古学和文献学记录的古罗马市民食谱一致，庞贝古城所有居民的饮食摄入是多样化的，包括一系列谷物、水果、蔬菜、海鲜以及家畜和野生动物的肉。

表4-1列出了庞贝考古遗址发现的一系列家畜骨胶原和其他食品的稳定碳氮同位素，作为人类古食谱推断的参考。

将稳定碳同位素值校正-2‰[①]，与木材和化石燃料燃烧引起的大气同位素组成变化有关。

栽培植物和当地草的碳同位素值在-28.1‰~-24.5‰[②]之间，表明是C3光合作用途径。另一方面，植物的氮同位素值变化较大，范围为0.6‰~8.1‰[③]。

男性的动物蛋白质摄入量与女性相似，但他们摄入的海产品数量明

---

① 译者注：原文为 0.06 to 0.81%，根据本章参考文献[40]，订正为 0.6‰ ~ 8.1‰；但根据表4-1，范围应为 0.8‰ ~ 8.1‰。参考文献[40]同样记作 0.6‰ ~ 8.1‰。

② 译者注：原文为-2%，根据本章参考文献[40]，订正为-2‰。

③ 译者注：原文为-2.81 to -2.45%，根据本章参考文献[40]，订正为-28.1 ~ -24.5‰。

显多于女性。同位素数据表明,男性和女性之间的饮食差异很大,这表明过去存在基于社会角色或社会阶层的饮食区别。

表4-1 家畜骨胶原蛋白和其他食品的稳定碳氮同位素结果[40]①

样品	数量	$\delta^{15}N$/ [‰]	$\delta^{13}C$ / [‰]	$\delta^{13}C$ / [‰] 校正
犬	1	8.5	−19.2	−21.2
猪	1	7.0	−20.2	−22.2
马	1	4.2	−20.4	−22.4
绵羊/山羊	1	3.5	−21.0	−23.0
牛	1	3.4	−20.3	−22.3
埃尔巴草	1	1.8	−26.6	−28.6
葡萄	1	8.1	−26.4	−28.4
豌豆	1	2.0	−26.1	−28.1
大麦	1	0.8	−23.7	−25.7
扁豆	1	5.0	−23.0	−25.0
面包	1	7.1	−21.7	−23.7
咸鱼酱	2	4.9	−12.2	−14.2

与该地区的其他同位素研究相比,庞贝古城的人类饮食与丹麦农民和意大利南部沿海希腊殖民地梅塔蓬托(Metaponto)的饮食相似,但包含更高的海洋蛋白。家畜的碳同位素值表明是以C3为基础的大陆性饮食,而氮同位素值则将草食动物与杂食动物和肉食动物区分开[40]。

(五)绝灭巨陆龟的摄食行为

骨骼埋藏学研究有助于洞察遗址的形成与发展、埋藏环境及后埋藏过程等。

对毛里求斯(Mauritius)梦池遗址(Mare aux Songes site)的30

---

① 译者注:原文有误,根据本章参考文献[40],应为$\delta^{15}N$和$\delta^{13}C$,单位为‰,译文表4-1中表头及相关数据均已根据文献[40]订正。

只陆龟（*Cylindraspis*）①的股骨样品进行了组织学研究，评估了以下参数[41]：

● 微生物改变的存在和类型

● 包含物

● 沁染

● 微裂纹程度

● 双折射

梦池遗址距今4200年，该遗址的陆龟骨骼没有发生微生物蚀变。这表明这些动物迅速被全身土埋，并处于封闭的缺氧环境。

然而有别于遗址的水文变化，它们遭受了生物和化学降解，即黄铁矿形成或氧化，矿物溶解和沁染。

此外，还对碳氮稳定同位素进行了分析，以获取动物摄食行为信息。结果显示 ^{13}C 比值分布较窄。这表明其饮食以陆生C3植物为主。发现 ^{15}N 比值范围很广。这很可能与陆龟适应干旱的能力有关，其会改变新陈代谢过程，而这或会影响 ^{15}N 比值。

质谱动物考古学（ZooMS）的胶原蛋白指纹分析成功地在骨骼遗存中鉴定出两个陆龟物种，即圆背毛里求斯巨龟（*C. triserrata*，俗名Domed Mauritius giant tortoise）和鞍背毛里求斯巨龟（*C. inepta*，俗名Saddle-backed Mauritius giant tortoise）。结合稳定同位素数据，发现这两种陆龟之间的 ^{15}N 比值明显不同[41]。

这一时期的气候变化导致马斯克林群岛（Mascarene Islands）更加干旱，这可以解释数据中 ^{15}N 比值极高的情况。

当地的陆龟种群可以承受4200年前的气候变化。但17世纪人类到

---

① 译者注：根据 "Austin and Arnold, 2001. Ancient mitochondrial DNA and morphology elucidate an extinct island radiation of Indian Ocean giant tortoises (*Cylindraspis*). Proceedings of the Royal Society B, Biological Sciences, 268: 2515-2523"，*Cylindraspis* 为新近灭绝的巨型陆龟的属，其所有的种均生活在印度洋的马斯克林群岛，由于狩猎和非本地捕食者的引入而绝灭。

来，改变了其原有栖息地，致使几种陆龟灭绝。

八、电子自旋共振测年

电子自旋共振（ESR）是重要的测年工具，可以测定考古学、古人类学和古生物学遗址中真兽亚纲牙齿的年代，测年范围为 1 万年到 500 万年[42]。

牙釉质是生物体中最坚硬的组织，因此牙齿是化石组合的常见组分。牙釉质中的ESR信号稳定性超过 1 亿年。真兽亚纲牙齿的ESR信号不取决于物种。

为检查ESR方法是否可以扩展到其他环境和时段，研究人员已对后兽类、爬行类和软骨鱼类进行了测试。

在古草食有袋类的牙齿中，ESR信号似乎与在真兽牙釉质中的相同。但是，测试的鳄类牙齿含有大量的铁，这会干扰ESR信号。它们在河流相沉积中石化时可能被铁污染。

尽管鲨鱼牙齿含类釉质而非釉质，但ESR信号形态仅稍有不同。不过，信号的稳定性降低了，计算出的年龄比预期的要年轻得多[42]。

第四节　保护方法

一、更新世骨骼干预性保护

更新世的骨骼记录可以从考古学和古生物学等不同学科领域同时研究[43]。每个学科寻求的信息略有不同，研究方法也有区别。这些差异可能会改变保护目的，影响干预程度，或者需要限制某些技术和材料的使用。

一些研究人员①更关注恢复骨骼最原始外观，而另一些研究人员②则要求保持埋藏学对骨骼的改变，对这种差异的动因已有讨论。进一步研究考古学和古生物学研究的需求，并调整保护目标和方法以满足这些需求，将有助于最大程度地恢复和保存化石所包含的信息[43]。

二、大型化石

大且沉重的化石，例如猛犸象遗骸，给工作增加了难度。因为这些化石通常从最初的搬运开始，就需要特殊的支撑物，如聚氨酯（Poly[urethane]）护套。而且在随后的保护、收藏及展览过程中也是如此[44]。

三、显微修理

许多脊椎动物和无脊椎动物化石非常小，需要借助显微镜修理[45]。当然，许多修理大型化石的技术也可以调整后在显微镜下使用。

如果化石非常脆弱，可能需要将其包埋在临时支撑物中，如碳蜡（Carbowax）或环十二烷（cyclododecane）之类的临时支架中。碳蜡是一种水溶性蜡，是一种分子量为1450~8000Da的乙二醇（ethylene glycol）。环十二烷是一种石蜡，室温下会升华。

环十二烷与碳蜡的主要区别在于，其在室温下会升华，因此无须润湿化石或围岩即可将其除去。这非常利于对水敏感的化石或围岩。它的固化速度快得多，只用一小段时间就可以达到可用黏度。环十二烷有轻微的难闻气味，而碳蜡无味。

两种保护材料的基本概念非常相似。修理员制作一个小支架，将化石固定在蜡床上，以使化石在修理过程中保持稳定。修理时，用蜡支撑薄且弱的骨骼。

---

① 译者注：通常为古生物学家，更关注骨骼的原始形态，其与下述考古学家相比，二者有相通之处，但研究对象、研究方法、时代跨度、学术问题等也有差别。

② 译者注：通常古为考古学家。

充分去除围岩后，将化石和支架放置于水或空气中以除去蜡质支撑。对水敏感的化石不应用碳蜡处理，因为将其除去会弄湿化石。碳蜡和环十二烷也可以涂在脆弱化石的一侧，以在修理另一侧时使其稳定[45]。

某些情况下，围岩可能对水敏感。这样的话，在围岩清理干净之前不能浸泡标本。通常情况下，可以将已经暴露的化石包埋在碳蜡中继续清理围岩，清理出化石后重新放入碳蜡。

许多小化石从野外运回时都覆有某种保护剂薄层，通常是一种聚合物，例如聚乙酸乙烯酯[poly (vinyl acetate)]。在显微层面上，这些涂层通常可以通过以下方式轻松去除：对它们施加轻微的压力，将其与下方的骨头或牙齿分开，或者使用针尖将塑料从样品上提起。

氰基丙烯酸酯（cyanoacrylate）聚合物可能很难去除，因此应避免用作野外保护剂。显微镜下出现的任何细小裂纹都应尽快稳定。氰基丙烯酸酯胶水最适合此用途，因为它们很容易沁吸进裂缝。氰基丙烯酸酯化合物的合成通过脑文格反应（Knoevenagel reaction）完成，如图4-1所示。

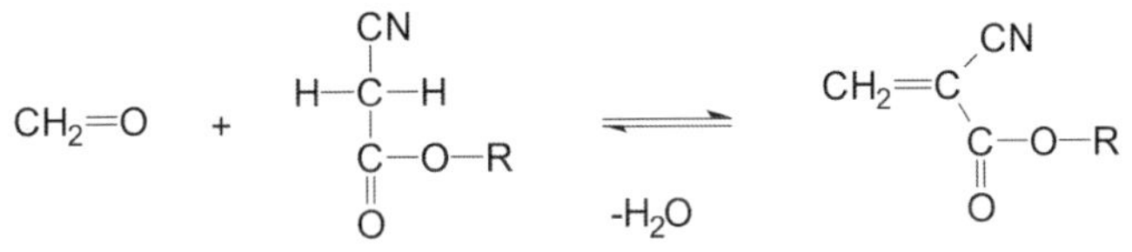

图 4-1　氰基丙烯酸酯的合成

其他胶水的沁吸性没那么好。

涂抹微量胶水可使用一种刮擦技术。先将一小滴胶水滴在一块碎纸板上。再用尖锐的探针划破这滴胶水，并带起一小团纸板纤维。再将蘸有胶水的纸团纤维轻轻接触裂缝。然后胶水就会被吸入裂缝。仅需要极其少量胶水的话，或许可以仅刮擦胶滴而不划破纸板，然后在纸板纤维的末端找到一小滴胶水。这比简单地刮擦纤维困难得多。不过只是简单刮擦纤维，胶水可能还是太多了[45]。

明胶胶囊可以用作小型化石的绝佳临时容器，尤其是对于以后还要黏合的碎块。小的标签可以和标本一起放在胶囊帽里。空的明胶胶囊可以在保健食品商店和药房购买。

在显微镜下工作时，应避免使用咖啡因和糖明胶胶囊。这两种产品都可能导致手不稳定，在显微镜下会加倍不稳，从而使细致的工作遭到不必要的挑战[45]。

四、修理化石的反应粘合剂

有广泛的粘合剂供化石修理员选择。为某项具体任务选择最合适的粘合剂往往非常困难。修理员使用的粘合剂可分为两个基本类别[46]：

（1）溶液粘合剂。

（2）反应粘合剂。

两种类型的粘合剂都有一些基本特征。然而，溶液型和反应型粘合剂在其凝固或固化方式上有根本性区别[46]。

与溶液粘合剂相比，反应粘合剂的配方通常比较复杂，其成分可能因制造商而异。表 4-2 总结了常用的粘合剂。图 4-2 显示了聚乙烯醇缩丁醛（Poly [vinyl butyral]）的分子结构。

表 4-2 溶液粘合剂和反应粘合剂[46]

溶液粘合剂	
品牌名	化学名
Paraloid B-72	甲基丙烯酸乙酯共聚物（Ethyl methacrylate copolymer）
Acryloid	甲基丙烯酸乙酯共聚物（Ethyl methacrylate copolymer）
Butvar B-76	聚乙烯醇缩丁醛（Poly [vinyl butyral]）
Butvar B-98	聚乙烯醇缩丁醛（Poly [vinyl butyral]）
McGean B-15	聚乙酸乙烯酯（Poly [vinyl acetate]）
Vinac	聚乙酸乙烯酯（Poly [vinyl acetate]）

反应粘合剂	
品牌名	化学名
Devcon	环氧树脂（Epoxy resin）
Epo-Tek	环氧树脂（Epoxy resin）
Aron Alpha	氰基丙烯酸酯树脂（Cyanoacrylate resin）
Paleobond	氰基丙烯酸酯树脂（Cyanoacrylate resin）

为所需任务选择最合适的粘合剂，对于成功修理化石至关重要。实际上，没有两个完全相同的化石。此外，经验丰富的修理员经常面临新的挑战，需要他们重新评估旧的方法或开发新的方法。

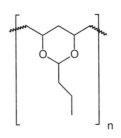

图 4-2　聚乙烯醇缩丁醛

没有一种粘合剂能在任何修理情况下都发挥最佳效果。表 4-2 中列出的粘合剂可根据其固化或干燥情况分为两组。溶液粘合剂是通过蒸发溶剂来固化的。反应粘合剂通过化学反应来固化[46]。

用于化石修理的有机溶剂通常可以很容易地重新溶解溶液粘合剂，因为它们与弱的二级键结合在一起。而反应粘合剂则通过牢固的主键结合在一起。但是，在某些情况下，当反应粘合剂用量很小时，可以用溶剂将其软化并成功去除。但是几乎在所有情况下，去除或减少反应粘合剂都需要更多的时间、精力，对化石的风险也更大[46]。

由于野外工作通常需要临时使用加固剂或封护剂，因此可溶性是有优势的。可溶性在长期、短期或临时应用中都很重要。

仅在少数情况下不希望有可溶解性。例如，在清洗或者准备制模具时，较小且精细的连接处暴露在溶剂中，可能会意外溶解[46]。

在使用环氧树脂之前，可以用溶液粘合剂做阻隔层，以便在将来做更多的可逆粘连。已有文章表明，这种技术如果执行得当，可以在不对连接强度产生负面影响的情况下使用[47]。

使用反应粘合剂，如环氧树脂腻子填补缝隙时，也可用可溶性阻隔层提高可逆性。

当粘合剂被用于长期保护时，应充分了解其老化性能，并确保其老化性能良好。粘合剂的老化性能差会导致各种不良结果，包括收缩、变形、脆化、溶解度降低，以及随着时间的推移变暗或泛黄。许多馆藏化石上，可以看到粘合剂老化不良造成的损坏，如粘连失败、变脆，以及损坏骨头表面的起皱起皮[46]。

氰基丙烯酸酯的老化性能尚未得到深入研究，这是因为它们尚未在艺术保护领域中得到广泛使用；而此前适用于化石修理的粘合剂，其稳定性正在接受艺术保护领域的评估。对氰基丙烯酸酯的研究表明，其稳定性仍然存在许多未解之谜，与某些化石接触可能会加速其降解[48]。

氰基丙烯酸酯优异的细裂纹渗透能力和快速凝固等的独特性能，在某些情况下可能会让人忽视其老化问题[46]。

在保护易碎的骨化石材料时，通常需要使用溶剂固化剂进行浸渍。了解加固剂渗透骨化石的方式至关重要。它受多种因素制约。中子成像是一个强有力的工具，可以无损监测和透视渗透情况。在荷兰佩滕（Petten）的高通量反应堆中，对荷兰东南部马斯特里赫特阶（Maastrichtian）①的脊椎动物化石加固情况进行了成像。分析表明，当前的保护实践产生

---

① 译者注：根据 2021 年 5 月国际地层委员会发布的最新版《国际年代地层表》，马斯特里赫特阶，为白垩系上白垩统顶部地层，顶、底界线已经明确，该阶时代为距今 72.1 百万 ± 0.2 百万年—66.0 百万年。

了足够深且各向同性的渗透[49]。

五、组织学钻孔取芯

古组织学研究化石脊椎动物组织的内部微观结构，例如骨骼、骨化肌腱、蛋壳、牙齿和鳞甲[50]。

以前的骨组织学研究实践，是对完整骨骼、牙齿、鳞甲或其他保存下来的硬组织进行破坏性切片。

因此，博物馆和馆藏策展人一直不愿损坏稀有或模式标本去尝试这一破坏性方法。除了少数例外，20世纪的古组织学研究仅局限于孤立或零散的标本。

现在已经开发出一种破坏性较小的方法。此处描述的组织学取芯方法的最大优点是，与整个骨骼的横截面相比，其破坏性较小。与活体组织的活检相比，只取了一小块组织碎片，而标本的形态得以保留。

组织学取芯方法即在拟研究骨骼上的标准化位置钻取一个小芯[50]。用安装在标准家用电钻上的镶钻钻头采集骨芯。

钻头稳定在一个钻床上，以控制垂直钻进速度。优选长骨取样，因为其数量很多，且生长模式和形态相对简单。但是脊椎动物的任意硬组织都可以取样。使用适当大小的钻头意味着可以对大小不等的样本取样。

骨芯经常折断，并且大多数情况下不能整块回收。当骨芯段在钻孔过程中折断时，必须停止钻孔将其取出，否则可能会损坏。不过，折断的芯段通常很容易重新粘起来，通常使用氰基丙烯酸酯胶水，如Paleo-bond@。氰基丙烯酸酯具有固化速度快和折射率接近1的优势。此外，它不会与用于固结入骨芯的环氧树脂发生反应。但是，也可以使用其他不会遮盖截面或不与树脂相互反应的胶水。

取芯后，用标准的组织学薄切片方法将其加工成组织学薄切片或抛光切片。

与经典的组织学技术相比，组织学取芯方法是一种破坏性更小的脊椎动物硬组织采样法。因此，这种新方法既能使珍稀标本得以持续保存，也可以获取独特的生物学信息[50]。

实际上，骨组织学已成为恐龙生活史的主要信息来源[51]。蜥脚类恐龙是生命史上最大的动物。

六、用于树脂浇铸的手动离心机

密歇根大学古生物博物馆制作各种尺寸的化石模型[52]。化石修理室经常使用硅胶模具和着色的环氧树脂浇铸小的化石，如哺乳动物的齿列。浇筑过程中经常遇到的问题是，将树脂倒入模具时小的气泡会困在模具中，导致铸造的模型末梢出现空隙。为缓解这个问题开发了一种离心机，迫使树脂进入模具，置换被困的气泡。

使用时，切割 0.25 in（1 in = 0.0254 m）厚的亚克力板（或使用聚碳酸酯）覆盖离心机，既便于观察离心机运行情况，也约束飞散的树脂，并防止有东西掉入离心机。用胶合板夹板将墙连接到胶合板底座上，胶合板夹板的弧度需要切割得与墙匹配。将一块类似的材料切割成墙的顶部，亚克力盖子接在上边[52]。

七、化石修护对后续研究的干扰

在研究人员进行考古或古生物研究之前，化石可能多先经过保护或修理[26]。事实上，这些处理通常是恢复和保存这些材料的唯一方法。

各种出版物都警告说，保护处理可能会对化石的未来研究产生负面影响[53, 54]。最好尽可能少地处理化石，并留下一些未经处理的样品。

清理和加固是两种常见的保护技术，针对这两种技术可能产生的影响已有研究综述。

脊椎动物化石的机械清理，可以使用刷子和小型金属工具，如手术刀或针来进行。更强大的工具是凿子或超声波刮刀、气动锋笔、旋转研磨工具和喷砂。当无法将液体安全引入标本时，机械清理是很有用的。机械清理的优点是无毒无残留。缺点是吹动或振动会导致碎片脱落，甚至导致标本严重断裂。

骨化石的化学清理基本上是通过将标品浸入酸性水溶液（如乙酸和甲酸）来除去钙质围岩。这些有机酸是最常见的选择，因为它们只对骨骼造成少许损害。这种清理方法可能是最安全的，因为它意味着不敲击围岩或不引入振动。化学清理有一个优点，就是能够从最狭窄的缝隙中清除侵入的围岩，而机械工具总是无法触及这些地方。酸可能损害骨骼中的磷酸钙，因此，建议骨骼不能过多地暴露于酸中，并使用有固结作用的初始涂层。酸处理之后，还需要进行深入的洗涤。通过这种方式，可以去除处理过程中产生的酸或盐的痕迹。丙酮或酒精可用于多种目的，包括去除标本上的加固剂或油脂。

其他清理技术还有超声波浴、超声洗牙机[25]、激光烧蚀[55-58]和光化学方法。

这些技术阐明了对骨表面形态的影响以及对骨组织的某些成分（如同位素和DNA）分析的影响，这意味着常用的胶原蛋白质量标准可能不够，不能保证明胶提取物的稳定同位素值仍能代表原始生物信号[16]。

第五章 石质文物

有专著[1, 2]详细介绍了调查历史建筑的一些方法和问题。调查一词可以包含不同的含义，调查的主要类型有[2]：

（1）对建筑物进行有关结构、布局和外观的实测调查。

（2）对建筑的结构和架构进行调查，评估其保存状况，以供未来的保护修复规则做参考。

（3）对当地地下遗留考古材料的调查。

此外，相关专著中描述了石质文物保护的原理和实践[3-5]。

在海水中，石质文物通常与沉船有关，石头被用作船上的压舱物。另外，有文章综述了关于石材和其他材质，比如陶瓷和玻璃等的劣化情况[6]。幸运的是，与海水接触的过程中，陶瓷、玻璃和石质并不会迅速劣化，大多数情况因为机械损坏而导致物理劣化。

岩石类型可分为三大类[6]：

（1）从热的硅酸盐熔体中结晶出的原生岩或磁性岩。

（2）由碎屑物质集中形成沉积岩或层状岩。

（3）原生岩和沉积岩经由高温和高压重新结晶而成的变质岩。

表 5-1 列出了一些岩石在水中的平均溶解度。可以看出，硫酸盐岩（如石膏）比碳酸盐岩更易溶解。

表 5-1　不同类型岩石的溶解度[6]

岩石类型	平均溶解度 / $\times 10^{-6}$	
	淡水	海水
方解石	40~85	66

岩石类型	平均溶解度 / × 10⁻⁶	
	淡水	海水
文石	40~85	66
白云石		50
菱铁矿	10~25	
石膏	2 000	6 000
雪花石膏		5 000~6 000

第一节　劣化过程

一、生物劣化

最近，人们对建筑材料的表面性能给予了极大的关注。采用建筑物围护结构来控制太阳能吸收而控制建筑物（包括城区）的过热现象。生物侵害对建筑材料的降解作用可导致反射太阳光的屋顶表面材料快速损坏，从而导致建筑物对太阳辐射吸收，不适感和空调成本的增加，以及建筑防水性能的下降。同样的劣化问题也对文化遗产产生有害影响，破坏了其重要的历史和艺术价值[7]。

需对影响大多数建筑材料的微生物进行总结研究，以设计和研究开发出耐久性更好的新型建筑材料，进而寻找保护文物的方法。

对一些常用的保护材料进行人工老化研究，以得到数月或数年后材料在自然界变化的实际情况。可以通过严格控制环境来促进微生物生长，在短期内实现材料的微生物老化。

有文章详述了自然老化和人工老化的方法，用于更全面地指导研究建筑材料中微生物的老化过程[7]。

表5-2~表5-4总结了影响建筑材料的微生物种类。

表5-2　影响建筑材料的藻类微生物[7]

混凝土、石头、砖石、砂浆、石灰石	
绿藻	*Apatococcus*阿帕托球菌，*Bracleacoccus*片球藻属，*Chlamydomonas*衣藻属，*Chlorella*小球藻属，*Chlorococuum*绿球藻属，*Chlorokybus*绿叠球藻，*Chlorosarcina*叠球藻，*Clorosarcinopsis*绿囊藻属，*Cosmarium*鼓藻属，*Desmocsoccus*球菌，*Ecdysichlamys*卵胞藻科，*Haematococcus*红球藻，*Fiedmannìa*①，*Geminella*双胞藻属，*Klebsormidium*克里藻属，*Leptosiroid*角毛藻，*Muriella*轮孢藻属，*Myrmecia*缺刻缘绿藻，*Neochloris*新绿藻属，*Oedogonium*鞘藻属，*Palmellosìcoccus*集球藻属，*Pleuratrum*，*Protococcus*原球藻属，*Pseudodendoclonium*伪绿匣藻属，*Scenedesmus*栅列藻属，*Stichoccus*杆状裂丝藻，*Stigeoclonium*毛枝藻属，*Tetracystis*四孢藻属，*Trebouxia*共球藻属，*Trentepohlia*橘色藻属，*Bacilliariophyceae*硅藻纲，*Chrysophyceae*金藻纲，*Eustigmatophyceae*真眼点藻纲，*Rhodophyceae*红藻纲，*Xanthophyceae*黄藻纲
蓝藻	*Aphanocapsa*隐球藻属，*Aphanoteche*，*Borzia*博氏藻属，*Calothrix*眉藻属，*Chamaesiphon*管孢藻属，*Chlorogloea*绿胶藻，*Chroococcus*色球藻属，*Gloeocapsa*粘球藻属，*Microcoleus*微鞘藻属，*Myxosarcina*粘囊藻属，*Nostoc*念珠藻属，*Oscillatoria*颤藻属，*Phormidium*席藻属，*Plectonema*织绒藻属，*Pleurocapsa*宽球藻属，*Stigonema*真枝藻属，*Symploca*束藻属，*Synechococcus*聚球藻，*Schizothrix*裂须藻属，*Scytonema*伪枝藻属，*Tolypothrix*单歧藻属

金属	
藻类	Hydrogenase-positive *chlorophyta*氢化酶阳性绿藻
蓝藻	*Nostoc*念珠藻属，*Anabaema*鱼腥藻属

绘画作品表面	
藻类	*Chlorella*小球藻属，*Chlorococcum*绿球藻属，*Eustigmatus*真眼点藻纲，*Pleurococcus*宽球藻属，*Stichoccus*杆状裂丝藻，*Trebouxia*共球藻属，*Trentepohlia*橘色藻属，*Ulothrix*丝藻属

石材的生物劣化与几乎所有环境因素诱导的劣化过程有关。石头的生物感受性由其结构和化学组成来决定，但微生物污染的强度则取决于

---

① Fiedmannìa，Pleuratrum，Aphanoteche三个微生物名词，经多方核实，未见到行业内有人对该词进行翻译，文献中出现的也均为英文形式。故建议保留英文形式不作翻译，避免造成错误。

气候环境和人为原因导致的富营养化[8]。通过形成表面覆盖的生物膜，微生物群改善了建筑石材上原来受养分和水分限制的生长条件。

表5-3　影响建筑材料的真菌[7]

混凝土和石头

*Alternaria*链格孢菌，*Aspergillus*曲霉属，*Aureobasidium*短柄霉属，*Botrytis* 葡萄孢属，*Candida*念珠菌属，*Cladosporium*芽枝霉属，*Coniosporium*梨孢霉属，*Coniothyrium* 盾壳霉属，*Cryptococcus*隐球菌，*Curvularia*弯孢(霉)属，*Epicoccum*附球(真)菌属，*Exophiala*外瓶霉属，*Fusarium*镰刀霉，*Geotrichum*地丝菌属，*Mucor*白霉，*Mycocalicum*粉菌属，*Paecilomyles*粉拟青霉，*Penicillum*青霉，*Phialophora*瓶霉菌属，*Phoma*茎点霉属，*Sarcinomyces*八叠菌属，*Sporobolomyces*掷孢酵母属，*Taeniolella* 小带菌属，*Trichoderma*木霉，*Udeniomyces*假丝酵母属，*Ulocldium* 单格孢属，*Verticillium*轮枝孢属，*Capnodiales*煤炱目，*Hypocreales*肉座菌目

绘画作品表面

*Alternaria*链格孢菌，*Aspergillus*曲霉属，*Aureobasidium*短柄霉属，*Cephalosporium* 头孢霉属，*Cladosporium*芽枝霉属，*Curvularia*弯孢(霉)属，*Epicoccum*附球(真)菌属，*Exophiala*外瓶霉属，*Fusarium*镰刀霉，*Helminthosporium*蠕孢属，*Monascus* 红曲霉，*Mucor*白霉，*Nigrospora*黑孢霉属，*Pestalotia*盘多毛孢属，*Penicillum*青霉，*Pestalotiopsis*拟盘多毛孢属，*Stachybotrys*葡萄穗霉属，*Stemphyllium*匍柄霉属，*Trametes*栓菌属，*Trichoderma*木霉属，*Tripospermum*多缩孢属，*Ulocladium*单格孢属，*Verticillum*轮枝菌属

表5-4　影响建筑材料的细菌[7]

混凝土	*Thibacillus*硫杆菌属，*Nitrosomonas*亚硝酸菌属，*Nitrosovibrio*亚硝化弧菌属，*Nitrobacter*硝酸菌属
金属	*Sulfate-reducing Bacteria Desulfovibrio and Clostridium*硝酸盐还原细菌中的脱硫弧菌属和梭菌

除了因有色的生物斑引起的外观损坏外，生物污垢由于改变了材料的结构和热湿特性而促进了其非生物降解过程。

此外，胶体状生物膜的收缩和溶胀产生的机械压力可能会导致矿物晶格进一步损伤。生物腐蚀的酸解和氧化还原过程完成了对石头的生物劣化，这也是石材产生有害结壳的初步前兆。

水的存在强烈影响生物感染和生物劣化的强度，这是由材料特性参

数（如孔隙率和渗透率）以及环境条件引起的[9]。

另外，由微生物的光合作用和来自工农业所产生的人为污染物导致的天然生物量增加仅能满足石材微生物定殖的营养需求[10, 11]。

因此，一些可能影响微生物污染的清洗处理、保护处理以及生物杀菌剂的应用必须考虑在内。有研究全面综述了保护处理对石材微生物降解的影响[8]。

二、陶瓷的生物定殖

暴露于室外环境下的建筑陶瓷材料通常会受到生物降解的影响，破坏了建筑的美学性和理化性能，这是一个世界性的难题。有研究从生物多样性、生物劣化和生物感受性几个方面详细综述了现有的不同基材的建筑陶瓷材料的生物劣化过程[12]。

主要从砖头、屋顶瓦和带釉面的墙砖三类建筑材料来讨论其生物多样性。

实际上，在这些陶瓷材料上已经发现了广泛的生物多样性，从细菌到更为复杂的生物，例如植物。

砖上发现的生物种类最为丰富。地衣对屋顶瓦具有入侵定殖作用已被证实。在釉面墙砖上发现了光自养微生物，证明这种材质表面的生物也较为丰富，这些微生物和砖及屋顶瓦上的生物俱同属。

建筑材料的孔隙率和表面粗糙度对生物的容受度起主要作用。同样，陶瓷的微观结构对抵抗生物降解能力也有很大的影响[12]。

三、生物膜的形成

生物膜的形成首先表现为石头表面因有机色素（如叶绿素、类胡萝卜素和黑色素）而变色[8]。随后，依据石头的类型不同，真菌和细菌富集生长产生的黏性石表生物膜对石材表面进一步腐蚀。

结壳的沉积盐与空气中微粒的化学成分一起成为石材表面微生物群

落的营养源[13]。

随后，在冻融变化、盐再结晶引起的物理应力以及生物腐蚀和生物氧化的作用下，岩石表层强度进一步削弱，矿物成分浸出流失[14]。

最后，石材胶结胶粘剂的分解导致矿物结构的弱化，表现为石材最上层沙化或颗粒状分解，这为进一步的微生物污染开辟了空间[15]。

该过程通过干湿循环反复交替进一步加重，导致石头孔隙中凝结水增多，从而更有利于微生物生长。

因此，应建立隔离层防止岩石结构内部湿度和气体的二次扩散[8]。

四、细菌形成的碳酸盐

有研究详细描述了生物和生物诱发的生物加固处理效果[16]。对常规石材加固剂硅酸乙酯加固和微生物加固处理效果进行了对比。

对于生物加固处理，准备M3 P无菌营养溶液（1%Bacto酪蛋白胨，1%Ca（$CH_3COO)_2 \times 4H_2O$，0.2%$K_2CO_3 \times \frac{1}{2}H_2O$），加入到10mM磷酸盐缓冲溶液中，调解pH值为8，然后喷涂在石材表面。每天两次，连续6天对石材进行生物加固处理。该操作在空气热对流的环境下操作，温度恒定的保持在17~25℃区间。为避免干燥和阳光直射对石材表面的影响，生物加固过程和加固后的三天之内，处理区域始终用绝缘箔覆盖，直到石材完全干燥为止。

据观察，细菌生成的碳酸盐加固效果可达到硅酸乙酯所加固水平。但是，在加固处理5个月后，有机硅加固的石头出现大量开裂，影响了加固剂的耐久性。

相反，生物加固处理的石材样品，既未观察到损坏现象，也未观察到加固强度降低的现象[16]。

五、建筑石材上的菌群

实际上，建筑石材上的微生物群落是一个复杂的生态系统，根据不同环境和基材的理化特性可发展为不同的形式[17]。

光合自养微生物群体（如藻类、蓝细菌、苔藓和高等植物）利用阳光作为能源，在光合作用过程中释放氧气。

化能无机自养细菌利用无机化合物，如氨、亚硝酸盐、硫化氢、硫代硫酸盐或硫元素，从它们的氧化物中获取能量，并固定大气中的二氧化碳，犹如亚硝基单胞菌属释放了亚硝酸盐，硝化杆菌属释放了硝酸，硫酸杆菌属释放了硫酸，等等。这一类型中的一部分细菌也能混合营养生长，因为它们能利用有机营养合成细胞的成分。这种类型被称为化能混合营养。

真菌能够利用有机基质作为氢、碳和能量来源。它们通常释放出络合生物有机酸，或通过金属阳离子（如Fe^{2+}或Mn^{2+}）的氧化来破坏矿物晶格。

地衣代表了真菌（也称为真菌生物素）与藻类或蓝细菌（也称为藻生物素）的共生现象，也就是一种（地衣）共生菌。真菌利用藻类的光合作用产生有机养分，作为回报，藻类通过地衣菌丝分泌真菌酸获取其从石头中浸出的矿物质。真菌还可以保护藻类免受干燥或有毒化学物质等有害环境条件的侵害。

有研究常常将化能营养微生物与受损的无机材料联系在一起描述[18, 19]。

但是，最近的研究则强调了化能有机营养细菌和真菌以及光合自养生物作为建筑石材的主要定殖微生物的重要性[20, 21]。

各种微生物通常存在于石头表面的生物膜中，这使得它们能够承受环境条件（如温度、湿度和渗透压）的突然变化以及营养的短缺。建筑表面初级定殖微生物的活动为化能无机营养生物的建立提供了先决条件，并进一步导致了生物演替[22]。

六、岩石上垢层的形成

在微生物感染过程中，矿物基质的物理化学性质会发生显著改变，从而提高了其生物感受性[8]。微生物的生物膜，在物理和化学风化后可能产生表面腐蚀，这被称为垢层，也可能形成结壳。

有研究将岩石表面垢层分为三种类型，即成膜型、表面腐蚀型和结壳型[8]。

七、蓝细菌（蓝藻）

微生物活性在石材和混凝土墙的蚀变和变质中的重要性常常被忽略[23]。但是，在有微生物存在和潮湿的任何地方都可以发现活性生物膜，其在建筑物的外墙上形成一个复杂的生物膜系统。建筑石材上的微生物群代表了一个复杂的生态系统，这个系统根据环境条件和其所依附材料的物理化学特性以各种方式发展。微生物对建筑物外表面的定殖作用通常会因产生污渍而影响建筑的外观。

石头上可能存在的生物包括藻类、蓝细菌、苔藓和高等植物。同样，也可能存在会释放亚硝酸、硝酸、硫酸的化能自养细菌[24, 25]。由此，石材表面局部的pH值可能会下降。

蓝细菌可以在各种各样的陆生环境中定殖。对蓝细菌在历史建筑表面劣化中的作用已多有研究[26,27]。

对蓝藻作为灭藻剂的作用已有报道[23]。并且也报道了已经用于检测这些微生物的传统的和更为现代的分子生物学研究技术。

无须培养和分离即可快速鉴定蓝细菌的分子技术的发展，在扩展认知历史建筑表面上生物膜中的生物群落至关重要[23]。

八、砂岩的微生物劣化

通过对俄赛里昂石棺室（Osirion's Sarcophagus Chamber）的砂岩的

研究发现，微生物劣化受地下水位上升的影响，真菌在这个过程起到最为关键的作用[28]。

运用扫描电子显微镜（SEM）、X射线衍射（XRD）和X射线能谱技术鉴定劣化的石头表面上真菌。

石头表面真菌有枝状枝孢菌、土曲霉、新月弯孢菌和镰刀菌。

已鉴定出的微型真菌的菌丝渗透导致建筑石材的机械剥落和颜色的变化[28]。

成膜：膜的形成也被称作结垢、沉积、覆盖、染色和色变。它可能发生在硅质砂岩、花岗岩、玄武岩、板岩、石灰石和变质岩（即片麻岩）、石英岩或大理石等致密或细颗粒的石材上。这种腐蚀类型的最大渗透深度只有1mm。

微生物菌落沿石材浅表层或其天然开裂和裂隙分布，多为单层生物膜，类型以光营养微生物区系和真菌为主。典型的生物劣化过程就是由生物色素和铁或锰矿的生物氧化引起的变色过程，生物膜的形成导致大气颗粒物的富集，随后导致石头薄皮层的生成，以及局部生物腐蚀，即由于微生物分泌有机酸而导致的生物点蚀[8]。

表面腐蚀：表面腐蚀也被称为颗粒状崩解、沙化、粉碎和侵蚀。它可能发生在凝灰岩、黏土胶结或硅质砂岩、人造石，即砖、砂浆或混凝土等粗粒或多孔石材上。这种类型的渗透深度高达10cm。

以细菌为主的微生物污染物沿石材表面5cm深度区域分布，类型以细菌为主。典型的生物劣化过程是：生物膜的形成使得岩石孔隙变小，可能导致毛细水增加，以及微生物分泌的无机酸、有机酸造成的生物腐蚀增加[8]。

结壳：结壳也被称为剥落，形成碎屑状、壳片、薄板和鳞片状剥离。易发生在中等颗粒度、分别含有胶结材料的黏土岩和钙质泥岩上。

这种类型在石头表面层0.5~2cm深度达到水分平衡。典型的生物劣化过程就是由生物色素和铁或锰矿的生物氧化引起的变色过程，生物膜的形成导致岩石孔隙堵塞，进而导致水汽扩散降低和大气颗粒物富集，随之生成结壳层，以及微生物分泌的无机酸、有机酸造成的生物腐蚀[8]。

第二节　分析方法

一、淀粉的分析

对潮湿的热带地区早期考古遗址发掘的研磨石具上淀粉颗粒的分析可为研究这些石具的作用提供重要的数据参考[29]。因此，淀粉颗粒分析有助于理解热带植物的驯化。

淮河中上游流域位于中国东部和中部的过渡地带。以往的研究表明，在新石器时代中期，淮河上游的人们是通过采集和种植水稻和谷子获得植物性食物的[30]。然而，对于当时淮河流域中部的人们获取植物性食物的方法并不十分清楚。

对在淮河中游地区最早的新石器时代顺山集遗址出土的石器和大锅陶片进行了淀粉颗粒分析。

此处，已经发现了来自薏苡、小麦族、水稻、瓜蒌的古老淀粉以及一种未能鉴定的物种。

首先，通过肉眼观察确定文物样品使用和未使用的表面，并分别用蒸馏水清洁每个表面。之后，应用超声波刷从使用过的和未使用过的表面刷洗收集液体样品，并分别保存在单独的试管中。在实验室里对样品进一步提取。选择陶罐碎片作为样品。

将碎片分别放在不同的玻璃烧杯中进行超声波清洗。从陶片的内侧和外侧分别收集液体样品，并保存在试管中，以便进一步提取。玻璃烧杯使用前均经高温消毒。收集的液体样品用10%HCl和5% $(NaPO_3)_6$ 处理，以获得有关碳酸盐和其他矿物的信息。

然后对重水进行离心处理。此外，也对实验室提取的对照样品进行分析。古代淀粉颗粒的鉴定是基于对现代淀粉颗粒的形态分析和一篇关于中国新石器时代中期食用植物的参考文献。

水稻的采集和种植都发生在新石器时代中期。薏苡似乎是顺山集的主要植物性食物。根据不同淀粉颗粒的发现概率可以看出水稻消耗量不如其他淀粉植物。

在磨石工具和杵的表面也发现了淀粉颗粒。这表明这些石器被用于食品加工[30]。

二、残留物分析

残留物分析可以提高研究石器的重复率，以获得有关古代石器使用功能的更多信息[31]。该方法通常与磨损分析结合使用，以提高样品功能解释的准确性[32]。

尽管残留物分析取得了很大进展，但在确定残留物类型方面仍存在一些方法学问题[33]。

关于经常出现在石器表面的残留物分析，有研究已经提出了一些方法上的改进[31]。例如，这些残留物是表皮薄片和成型黏土，可利用光学显微镜和扫描电镜对这些材料进行表征。

史前石具上残留物的显微分析可以用来推断文物的用途和使命。已在多种类型工具上鉴定出了残留物，这些残留物主要来源于动物[34]。

红外反射光谱法是一种研究石器上残留物的分析技术[35]。使用显微红外分析效果更好，分析光斑非常小，样品无损且无须制样。

这种方法已应用于测试一个中石器时代用来狩猎和屠宰一头蓝色角马（Connochaetes taurinus）的石头尖。

三、光释光测年法

发光二极管（LEDs）在科学研究上有多种应用。此外，考古学和地球科学也受益于热释光和光释光测年的年代学研究方法，这些方法需依托具有考古和地质考古意义的物质文化遗迹[36]。

与绿光LED和红光LED相比，蓝光LED更多地用于激发和漂白白光。由地质岩石制成的古代无机材料经雕刻、敲打、混合、烧制处理，要么在古代经450℃以上的烧制，要么短时间内暴露在太阳下（表面发光测年）。因此，电子陷阱因这些处理实现时钟归零。

所测量的矿物材料的辐射通常来自石英或长石砂粒或未分离的粉土颗粒。每种材质的发光测量方法各有优缺点。石英是岩石和石器制品中最常见的组成材料，对于石英，通常使用蓝光或绿光激发并测量石英的近紫外光辐射，尽管这些方法也可探测长石的光释光。

对于长石或粉土颗粒，通常使用近红外激发并测量材料的紫外光辐射。运用光释光测量自然考古和地质环境中的样品中的天然放射性元素（钾）和放射性衰变系（铀和钍），连同宇宙辐射，共同维持一个α、β和γ射线辐射剂量恒定的辐射场。

因此，沉积物或考古对象中的矿物以恒定的速率受辐照，并因此以恒定的速率获得潜在的激发光。然后，在受热或者光照条件下，矿物潜在的激发光信号清零或者几乎清零，之后重新开始光捕获过程[36]。

能使先前存在的地质或考古学样品光信号清零的条件是样品有意或无意地暴露于约400℃的热环境下或长时间暴晒于日光下，提供足够高能的光子以诱导释光信号归零。

原位形成的自生矿物（如沉积物）也可以用来测年[37]。这些矿物由于其晶体结构的建立而获得了发光性能。在实验室里，测年过程中可以模拟相同的过程[38]。

此外，已经提出了一个估算土壤形成时间的模型，该模型为母体材料层位的光释光年龄减去土壤最上层中低分子量或者热裂解挥发性 ^{14}C 的年龄。

四、石质文物保护中的核磁共振设备

有研究指出，现在将磁共振技术应用于文化遗产的科学家是一个相当庞大的国际社会团体，但这些应用在这个团体之外还不广为人所知[40]。

便携式核磁共振波谱（NMR）不仅可以在实验室使用，也可以进行实地测量。这些仪器可以对任何尺寸、具有很高艺术价值和历史价值的物品进行无创和无损研究，并对其保存状态进行评估。

20世纪90年代后半叶，博洛尼亚大学（University of Bologna）将NMR应用于多孔介质中的流体方面的研究与意大利国家研究理事会（Consiglio Nazionale delle Ricerche, CNR）、佛罗伦萨大学（University of Florence）和奥斯塔文化遗产保护部（Safeguarding Cultural Heritage Department of Aosta）的化学家的技术相结合。有研究将这一技术从最初的尝试性实验直到最新进展进行了总结[40]。

（一）便携式设备

目前，文化遗产领域应用便携式NMR设备测量多孔介质中的含水量、孔隙结构研究和保护处理效果进行原位无损评估[41]。

运用饱水样品的$T1$和$T2$弛豫时间数据，即纵向（$T1$）时间分布和横向（$T1$）①弛豫时间的分布，反演以获得孔径的分布已成为标准程序，但T2的使用需非常谨慎。

众所周知，由于水分子在磁场梯度中扩散而产生的相移效应会影响横向弛豫数据，即使GPMG(Carr-Purcell-Meiboom-Gill)实验中使用了最小的实验可用半回波时间t[41, 42]。这个过程即为自旋回波法[43, 44]。

当使用便携式单边NMR时，仪器在样品尺度上的大场梯度被认为是导致散相的主要原因。在该文中，分别采用标准的实验室仪器和便携式

---

① 译者注：根据上下文，将 "transverse ($T1$)" 更正为 "transverse ($T2$)" [横向（$T2$）]。

设备，在自然（莱切石）和人工[陶尔米纳的希腊–罗马式剧院（Greco-Roman Theater of Taormina）的砖样品]多孔介质中测量$T1$和$T2$（在不同的t值下）的分布。

在均匀场中，$T1$分布没有表现出明显的孔隙梯度效应，而$T2$分布则表现出强烈的孔隙梯度效应，本文提出了一种基于$1/T2$对t的依赖关系来区分孔隙尺度梯度效应和样品尺度梯度效应的方法。出乎意料的是，在某些情况下，孔隙尺度的梯度可以足够强，使得使用便携式单边NMR仪器测量时，样品尺度梯度的影响可以忽略不计[41]。

（二）便携式核磁共振表面探测仪

便携式单边NMR可用于石材保护处理的质量评估[45]。为了减少暴露在大气和污染物环境下的纪念碑和雕像中的石头进水，并加固劣化的石头，在石材表面涂覆有机聚合物或二氧化硅涂层。这改变了石材表面的润湿性，并减小了石材表面几毫米深度内的孔径。为了测量核磁共振信号，需要将石头润湿[46-49]。

便携式核磁共振表面探测仪可以很容易地检测到核磁共振信号，但与均匀场中测量的饱水岩石的信号相反，在强非均匀场中，来自部分润湿的岩石的NMR弛豫时间分布并不能很容易用孔径分布来解释。

需要考虑石头的润湿性、岩石保护处理方法，以及强磁场梯度对平移扩散信号衰减的影响。然而，在一项现场研究中，可以观察到窗框处处理过的和未处理过的湿砂岩水信号之间的显著差异[45]。

（三）应力松弛计

使用两个核磁共振装置评估用于保护生物钙质岩（莱切石）的丙烯酸树脂（Paraloid B-72）的三氯甲烷（氯仿）溶液的疏水性能[50]。这两个装置一个是标准成像装置，另一个是便携式单边松弛计（几何结构上允许对任意尺寸的样品进行无损原位弛豫测量）。

便携式单边松弛计的仪器构造可对任意尺寸的样品进行无损原位弛豫测量。

测量样品的NMR图像和弛豫时间分布函数，不同的样品处理方式可得到不同的吸水率和测量顺序。

分别对完全饱水和未饱和样品测量吸水率。对比研究了弛豫测量结果与相同吸收条件下同一样品内部截面的核磁共振图像。

运用单边NMR设备以检测样品局部微小敏感区域的NMR信号，该区域为样品浅表2mm深度之内。尽管两种装置的仪器构造和物理原理有很大的差异，但弛豫时间测量和成像的实验结果非常一致。

通过比较，可以断言单边核磁共振分析仪器是一种非常有效的设备，可用于现场评估加固或者保护后的石材的防水处理效果[50]。

（四）孔径分布

分别采用实验室仪器和便携式设备对古罗马遗迹中陶尔米纳希腊-罗马式剧院建筑材料的孔径分布进行测量[51]。为用核磁共振弛豫时间分布来表征材料的孔径分布，将实验室和原位核磁共振测量结果与压汞孔隙率测定法测定结果进行了比较。

尽管通过NMR的纵向（$T1$）或横向（$T2$）弛豫时间分布均可获得孔径分布结果，但$T2$测量时间持续较短使其理论上更可取，尽管$T2$分布的测定不一定是寻找$T1$分布的简单替代方法。

除此之外，$T1$分布几乎与磁场的不均匀性无关，而$T2$分布则受到磁场不均匀性的强烈影响。这项研究回答了两个问题：影响表征孔径分布的NMR数据有效限制是什么？便携式核磁共振设备可否有效地作为无损和非介入性设备应用于建筑材料的原位分析，尤其是在文物建筑上[51]？

第三节　保护方法

建筑材料通常暴露在一些能促进其变质的环境中，这均被视为不利因素。

然而，许多保护性干预可能会产生不必要的副作用。文章回顾和指出了这些问题。

文章详述了出于预防性保护策略的干预措施的标准及其实施过程中所引起的改变的时间和空间特征，以及对材料本体及其周边环境可能采取的干预措施，包括材料的置换。

这些保护措施的有效期与整体的环境控制，即与可能导致材料老化的环境条件有关。文章还考虑了与保护行为有关的一些可持续性问题，如有毒物质的使用和能源消耗。

一些保护措施的实施会导致有害物质排放，例如用于灭杀微生物的试剂释放了有毒物质[52]。

一、保护处理导致的岩石表面物理性能改变

岩石物理性能，如孔隙率、渗透率、密度或各向异性，可用于表征考古遗址中石头表面性能的改变[53]。因此，石材的保护依赖于这些物理性能。表面粗糙度和颜色的改变可以说明保护处理引起的腐蚀变化，包括自然老化和保护处理造成的改变。

由于石材的某些物理特性不同而采取不同的保护措施，这使得石材表面需重新适应新的环境，进而产生新的劣化过程。

对来自梅里达（Merida）（西班牙）考古遗址的古罗马剧院（大理石和花岗岩）和米特雷奥别墅（Mitreo's House）（壁画和马赛克）的石材进行加固和疏水处理后产生的变化进行了分析。使用便携式现场设备应用于现场和实验室分析研究，并对比处理和未处理的样品。加固处理采用合成树脂、加固材料（如正硅酸乙酯，见图 5-1）和疏水材料。实验结果表明，保护处理可能导致石材表面从外观到理化性能、机械损伤等方面均产生不可预估的改变[53]。

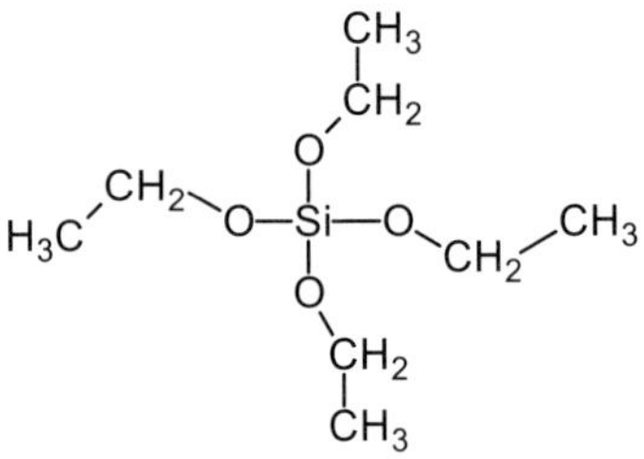

图 5-1　正硅酸乙酯

二、石灰基质石材保护

有研究对用于保护劣化的石灰石和石灰灰泥的加固材料和保护技术进行了总结[54]。该文章详细介绍碳酸盐的沉积技术，包含无机溶剂、生物矿化、氢氧化钡处理、草酸铵和酒石酸处理等技术。这些化合物结构示意如图 5-2 所示。

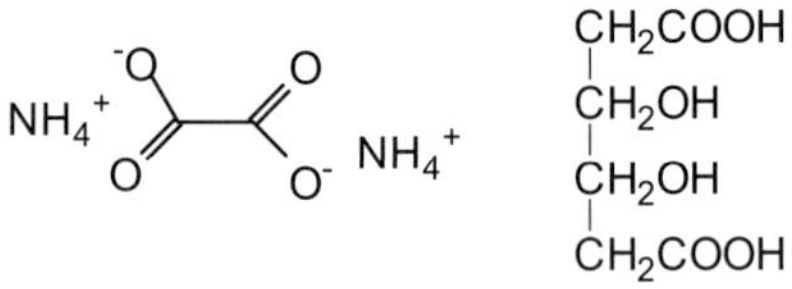

草酸铵　　　　　　　酒石酸

图 5-2　草酸铵、酒石酸

三、石膏基质石材保护

自公元前12000年左右热解技术出现以来，石膏基灰浆和灰泥就被用作建筑中的衔接灰浆，以覆盖砖石或用作绘画作品和装饰的基底层[55-57]。

在 120~160℃下对石膏进行初始热处理，以获得半水合物：

$$CaSO_4 \times 2H_2O \rightarrow CaSO_4 \times \frac{3}{2}H_2O + \frac{1}{2}H_2O \qquad (5.1)$$

当半水合物与水混合时，新生成的混合物迅速凝固，并生成一个针状或棱柱状相互连接的多孔结构的石膏晶体。这些石膏可提高灰泥的强度。因此，石膏适于建筑和装饰应用。

在潮湿的环境中，石膏灰泥制品和装饰品表面极易降解。因而它们往往需要再加固和保护处理[58]。

然而，传统的有机和无机加固材料对石膏基建筑装饰材料的保护效果十分有限。

有研究介绍了一种基于生成碳酸盐的细菌的生物加固技术来抑制石膏灰泥制品的降解[58]。该技术在石膏文物上进行验证，并与传统的加固方法进行了比较。传统的加固方法选择使用硅酸乙酯、丙烯酸甲酯-甲基丙烯酸乙酯共聚物或聚乙烯醇缩丁醛。

传统加固剂无法达到一定的渗透深度。受石材孔隙影响，它们通常在石材表面形成一层薄薄的不透水层。与之相比，微生物（细菌）加固方法会产生球霰石（$CaCO_3$）生物水泥，它不会堵塞石材孔隙，并在表面和一定的渗透深度具有良好的加固性能。加固后岩石的钻孔阻力测量佐证了这一结论。透射电镜（TEM）分析结果表明，细菌加固生成的球霰石水泥由粒径约20nm的$CaCO_3$纳米颗粒定向聚集而成。这一过程产生了结晶，其中包含细菌生物的聚合物[58]。

这种生物复合材料具有优异的机械性能。这阐释了以下事实：尽管细菌球霰石水泥仅占固体成分的0.02％，但微生物（细菌）加固的石膏泥的钻孔阻力效果与等效孔隙度的无机方解石材料范围相当。

由于这些原因，现有的微生物（细菌）加固材料被认可为有效的石材加固材料。

四、石制工具

石制工具在世界大多数地区的各个时期均占有重要地位，这些研究资料在一些专著里尽有详述[59, 60]。

关于史前石制工具及其生产遗迹和人类组织关系的分析研究已取得了重大进展[61]。

石制工具在其整个使用过程中的形态被认为是动态的。石制工具形态的变化与其使用者的需求密切相关。

近年来，有文献对石制工具研究成果进行了回顾，研究重点放在了原材料来源、制造技术和工具的维修过程，因为它们与石制工具生产者和使用者的社会化协作有关[61]。

奥尔德沃文化（Oldowan）因在坦桑尼亚（Tanzania）的奥杜瓦伊峡谷（Olduvai Gorge）底部发现了 180 万年前的石质工具文物而得名[62]。随后，在奥莫（Omo）（埃塞俄比亚，Ethiopia）和图尔卡纳（肯尼亚）进行的考古研究也发现了可追溯到 230 万年前的石质工具。

埃塞俄比亚阿瓦什河谷的黑达地区（Hadar region of the Awash Valley of Ethiopia）的古人类研究[63]揭示了邻近戈纳河流域（Gona River）的奥尔德沃文化群居特征[64]。

1992—1994 年，在埃塞俄比亚的戈纳（Gona）地区进行了考古现场研究工作，取得了重大的考古发现，以及大量的放射性同位素测年和磁性地层年代学信息[62]。现今，这些发现证实了该遗址产生在 250 万年前。

因此，这些石质工具堪称世界上最古老的文物。这些文物展示了人类对岩石断层力学惊人的熟练控制，相当于发现了早于奥尔德沃文化的早更新世时代（Early Pleistocene age）。这表明人类技术在奥尔德沃文化层的停滞期出人意料的长[62]。

美国怀俄明州（Wyoming）北部一处史前晚期（Late Prehistoric period）水牛屠宰场遗址发现了大量石质工具[65]。磨制石器工具现场遗留的残片证实了这一现场活动，此外还佐证了一些有关工具使用和磨制的思路。

五、釉面砖的生物容受性

有研究开发了一种基于实验室评估釉面砖生物容受性的方法。该方法包括多个步骤[66]：

（1）制备原始的和人工老化的釉面砖。

（2）光营养微生物的富集。

（3）在釉面砖上接种光和细菌。

（4）在最佳条件下进行培养及。

（5）定量分析生物类型。

此外，还评估了瓷砖的固有特性，以确定釉面砖生物容受性的材料特性。

通过数字图像分析、比色法和测定叶绿素A法分析，检测生物膜的生长速率和生物量，并通过扫描电镜、显微拉曼光谱和粒子激发X射线发射光谱分析，评估釉面砖上光营养微生物的生物老化潜力[66]。

这些研究表明，加速微生物定殖生长的环境可以区分釉面砖上不同类型生物的生物容受性，这与材料颗粒状特性有关。原始瓷砖由于具有较高的毛细性和渗透性，显示出比原始瓷砖更高的生物容受性。

在微生物定殖的釉面砖表面上，观察到由石材裂隙石生长引起的生物物理劣化[66]。

六、岩画保护

有研究介绍了加拿大安大略省省立石刻公园（Petroglyphs Provincial Park, Ontario, Canada）的一个岩画保护工程设计[67]。该遗址因受到霜冻和藻类风化的影响，易遭到破坏。

在现场搭建一座防护建筑，以控制游客的出入，并保护其免受雨雪侵袭，减轻建筑的生物劣化和物理风化。1954年被重新发现后，关于该遗址早期的研究成果业已总结。采用掠光摄影、常规摄影和立体摄影测量记录了该遗址的保存状况、结构解析、操作和设计标准信息。

防护设施于1985年5月启用。遗址现状已稳定，并遏制了其进一步的自然风化。该防护设施提供访客限流通道，包括残疾人通道、游客环状参观通道，游客可以无障碍地参观岩画，夜间使用斜射光照明观看岩画[67]。

七、聚合物

（一）丙烯酸共聚物

以丙烯酸树脂为基础的石材保护材料已被确认为是可逆的。这是由于它们能在某些溶剂中溶解[3, 68-70]。然而，即使保护材料极易溶解，反复使用溶剂也可能对文物造成伤害[71]。

丙烯酸共聚物在文物保护中的应用是众所周知的。基于相对稳定性和可逆性，Paraloid B-72作为涂层、加固剂和胶粘剂的用途尤为广泛[72]。Paraloid B-72越来越多地被用作大型石雕重组的胶粘剂。

它还被用作文物表面封护材料，从理论上讲，这个封护材料由可逆性较好的材料和可逆性不良的材料（如环氧树脂或聚酯）聚合而成，所得材料具有较好的可逆性，又可以限制封护材料在文物基体中的渗透。

从剪切强度、拉伸强度，以及可逆性的角度，初步对这些体系进行两项评估，并对Paraloid B-72和更常用的结构胶粘剂，即环氧树脂和聚酯进行了直接比较。

用修改后的ASTM标准试验用于测定由环氧树脂、聚酯和高浓度的Paraloid B-72共聚而成的大理石胶粘剂的强度。

还测试了环氧树脂或者聚酯胶粘剂和Paraloid B-72封护材料的强度，这两类材料分别被涂在两种不同的粘接基体上。测试结果表明，在某些溶液中，Paraloid B-72无论作为胶粘剂还是封护材料均具足够的强度。

此外，在使用聚酯或环氧树脂作为胶粘剂的情况下，加入Paraloid B-72后其可逆性增加。然而，无论作为胶粘剂还是封护剂，Paraloid B-72溶液中的溶剂需要足够的挥发量才能保证足够的粘合强度[72]。

（二）环氧－二氧化硅聚合物

利用环氧衍生物2-（3,4-环氧环己基）乙基三甲氧基硅烷、（3-缩水甘油基氧基丙基）甲基二乙氧基硅烷和伯胺（3-氨基丙基）三乙氧基硅烷的反应生成固体聚合物，并运用热重-差热分析法（TG-DTA）、傅里叶变换拉曼光谱仪（FT-Raman）和傅里叶变换红外光谱（FTIR）对其进行了研究[73]。^{13}C NMR和FT-Raman固态分析表明，2-（3,4-环氧环己基）乙基-三甲氧基硅烷的环氧乙烷环不参与环氧胺的加成反应。

所得材料结构由一个侧链带有环氧环己基的硅氧烷网络组成。相反，当（3-缩水甘油氧基丙基）甲基二乙氧基硅烷与（3-氨基丙基）三乙氧基硅烷反应时，乙烯聚合物网络或在有机或在无机侧链发展生成，因此所得材料可视作具有有机链的二氧化硅-环氧和无机物共价相连的化合物。上述化合物结构示意，如图5-3所示。

运用孔隙率、吸水率和动态接触角测量初步评估上述材料作为保护材料的效果[73]。

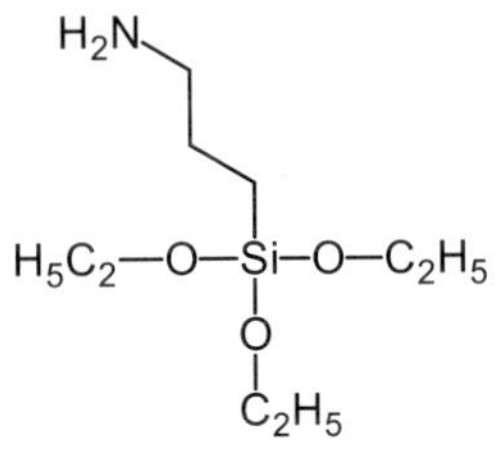

伯胺（3-氨基丙基）三乙氧基硅烷 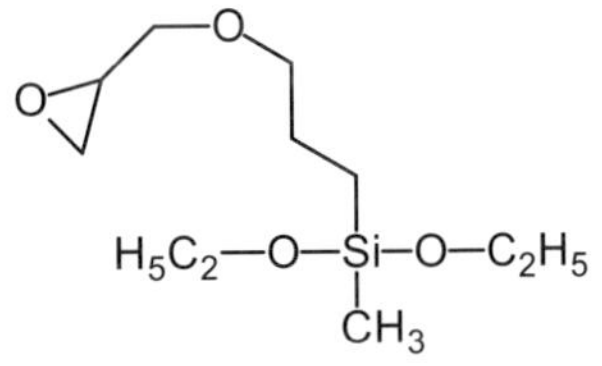　　（3-缩水甘油基氧基丙基）甲基二乙氧基硅烷

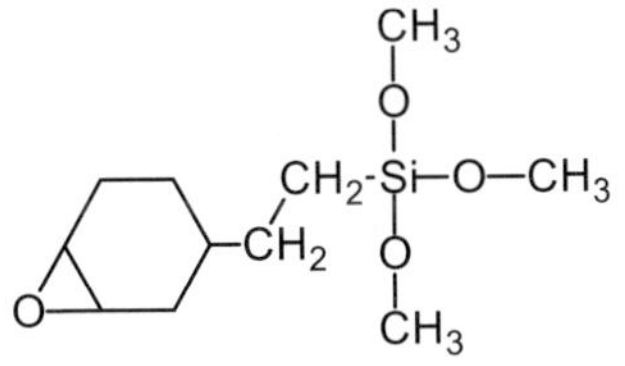

2-（3,4-环氧环己基）乙基三甲氧基硅烷

图5-3　硅烷化合物

八、生物钙化处理

细菌的钙化特性被研究用于阻碍或者限制水在石头中的渗透作用，且已经被用于建筑文物的保护处理[74]。

这种处理技术的效果在文物的现场保护已有应用研究。通过大量的干湿循环实验，测定生物处理对石灰岩（石灰华）的影响。

渗吸曲线不符合常规Washburn定律。因此，提出了一种基于空间相关渗透系数的模型。创建了一个非线性扩散模型，纠正了与标准Washburn模型的偏差。

Washburn方程[75]描述了多孔介质中的毛细流动性。定义为[76]：

$$L^2 = \frac{\gamma D t}{4\varepsilon} \tag{5.2}$$

式中，ε为液体黏度，γ为多孔材料表面张力，D为材料平均孔径，L为渗透深度，t为多孔材料渗的渗透时间。顺便说一下，Washburn方程在喷墨打印等一系列物理领域中也很重要。

九、防水处理

用于评估多孔材质石材表面的防水处理效果的技术通常不考虑经处理后的材料中活性产物的渗透深度和分布均匀性。

磁共振成像技术是一种无损检测方法。这项技术使人们能够直观地观察石材中不同疏水聚合物的存在和分布情况。

已有研究表明，通过使用该技术，可明确何种因素影响石材中防水材料的渗透深度和分布。同样，在某种程度上，这种技术也用于指导疏水材料的使用方法。两种商业化的疏水性聚合物——Paraloid B-72 和 Silirain®50，经常用于石质文物保护和修复，且已在一种生物钙质岩（Pietra di Leece）上做了测试[77]。

十、氢氧化钙纳米粒子

将消石灰（$Ca(OH)_2$）纳米颗粒置于相对湿度为RH33%和RH75%的环境下，用于加固一块历史文物建筑上的白云岩样品[78]。

采用无损检测技术，对加固处理20天前后的岩石样品进行化学、形貌、物理和氢化物性质测定。并对纳米颗粒进行了形貌和矿物学表征。

研究结果表明，相对湿度为RH75%的环境更有利于纳米材料的固结过程。利用环境扫描电子显微镜、分光光度法、毛细作用测量、真空吸水率、超声声速测量、核磁共振（包含核磁成像和弛豫时间）及表面粗糙度分析等方法对其进行了研究。

在RH75%的相对湿度下，纳米颗粒填充物在孔隙中，并且与晶间的白云石颗粒相结合，但并不能和方解石的再结晶物有效结合，同在RH33%相对湿度下的状态一样。在75%相对湿度条件下，经环境扫描电子显微镜、X射线衍射和透射电子显微镜分析结果表明，氢氧化钙（$Ca(OH)_2$）快速转变为球霰石（$CaCO_3$）、单水方解石（$CaCO_3 \times H_2O$）和方解石（$CaCO_3$）。最终大大改善了石头的物理性能和疏水性。

分别测定石材加固处理20天前后的超声波速度，以评估耐久性和加固材料的分布，超声波的P波与材料的孔隙度相关。P波是一种地震学中的纵波，这种波穿过一个连续体，并是地震中传播最快的波。P波代表压力或初至波。

测定样品真空吸水率，以评估材料的容积密度、气孔率，并测量试样达到饱和后的吸水量。

测定样品加固处理20天前后的核磁共振波谱（NMR），以观察岩石样品内水和加固材料的位置和分布。

因此，本研究应用多种无损分析技术，在合适的湿度条件下，为评估氢氧化钙纳米颗粒为多孔碳酸钙的加固效果提供一个全新的探索视角[78]。

十一、非离子表面活性剂（曲拉通）纳米氢氧化钙石灰

因为与待修复材料的特性相似，碳酸钙与许多以碳酸盐为基材的建筑表面兼容性较好。为了改进对氢氧化钙的处理，应用化学沉淀法合成了亚微米尺寸的$Ca(OH)_2$颗粒[79]：将沉淀剂氢氧化钠溶液逐滴滴加到氯化钙溶液中。

通过在初始溶液中加入表面活性剂（Triton X-100），制备了一种用于石材保护的纳米氢氧化钙。然后将这些溶液同时混合在一起，以降低制备所需的时间。调整表面活性剂的含量，分析其对颗粒尺寸和碳酸化过程的影响。

运用X射线衍射分析、扫描电镜和电子衍射对制备好的$Ca(OH)_2$纳米粒子进行表征。制备好的$Ca(OH)_2$纳米颗粒形状为边长小于200nm规则的六边形。随着表面活性剂含量的增加，粒子边长可达20nm。

对比未添加和添加表面活性剂的纳米石灰悬浮液，即使没有更好，后者在平均粒径、形貌、结晶度和反应活性方面均具有相对优势。

添加Triton X-100的酒精纳米石灰悬浮液已应用于一些天然石材保护[79]。Triton X-100是一种具有9~10个环氧乙烷侧基的聚乙二醇辛基苯基醚。它是一种应用广泛的非离子表面活性剂，具有温和不改性的特点。

十二、用于保护花岗石方尖碑的纳米复合材料

在埃及，花岗岩被广泛应用于建筑和雕塑领域，尤其是方尖碑石刻[80]。在埃及尼罗河三角洲的古城塔尼斯（San El Hagar）发现了许多拉美西斯二世时期的花岗岩方尖碑。这座城市被认为是古埃及最重要的城市之一。

不幸的是，这些花岗岩方尖碑正在不断劣化，并产生了各种老化问题，例如[80]：

（1）颗粒崩解。

（2）剥落或脱落。

（3）开裂。

（4）风化。

（5）污染。

（6）微生物定殖。

因此，用于此类花岗岩方尖碑保护使用的材料必须具有疏水性，以保护文物免受水的有害影响。

近年来，纳米粒子复合材料以其具有高比表面积和化学活性活性的功能特性在文物保护领域引起了人们的极大兴趣。

三种类型的纳米复合材料，即PF 4、氟化钽和氟化锌，被用于从塔尼斯（Tanis，旧称San EI Hagar）采集的花岗岩样品的保护研究[80]。

PF 4是一种以二氧化钛纳米粒子和烷氧基硅烷为原料聚合而成的商业成品材料[81]。

另外两种纳米复合材料可以通过将二氧化钛和氧化锌纳米颗粒添加到催化剂中来制备得到商用的氟碳树脂，如PK50AE。

花岗岩的岩石学、矿物学和化学特征研究结果表明，方尖碑遭受了非常严重的风化，导致黑云母和钾长石部分蚀变为绢云母。这是由于铁从黑云母晶体结构中析出，亚铁离子氧化成铁离子，从而在石头的微裂隙解理上形成氧化铁污渍。

研究中使用的所有纳米复合材料均增强了花岗岩样品的拒水性。尤其是经PK 50 AE处理后样品具有很大的接触角。此外，纳米复合材料还减少了样品的吸水率（88%~93%）。

而且，这些保护处理略微改善了石材的耐磨性，这是因为花岗岩样品吸收了少量聚合物而降低了孔隙率。经保护处理的花岗岩样品中的聚合物吸收率为 0.04% ~ 0.05%[80]。

十三、超疏水膜

有研究介绍了使用低成本材料改善纪念碑石材表面疏水性的简易方法[82]。

将硅氧烷纳米颗粒分散体系喷涂在石头上，如果分散体系中纳米粒子的浓度高于一个临界值，则此过程可生成一个具有抗水性的粗糙的双尺度层级结构。

亦可通过该简易方法得到石材表面的超疏水性（静态接触角大于150°，接触角滞后小于7°）[82]：

（1）用于修复布拉格（Pragu）城堡的石材表面，即来自奥普卡河（Opuka）、博扎诺夫斯基（Bozanovsky）和霍里基（Horicky）的三类石材。

（2）应用了两种常用于文物保护的聚烷基硅氧烷成品：法国罗地亚®224（Rhodorsil® 224）和意大利的Porosil® VV。

（3）使用了常见的纳米微粒，如二氧化硅（SiO_2）、氧化铝（Al_2O_3）、二氧化锡（SnO_2）和二氧化钛（TiO_2）。

用任何一种硅氧烷复合材料保护处理三种石材的接触角均相当，表明石材基材和纳米微粒的尺寸（5~50nm）或类型对生成的超疏水表面的润湿性几乎没有影响。

用纯疏水性硅氧烷和超疏水性硅氧烷–二氧化硅复合材料保护处理的石材，可降低水蒸气的渗透性和毛细吸水量。

因此，在保护涂层中使用纳米颗粒对上述处理过程的结果没有任何明显影响。然而，在这项研究中，三种石材的外观均受到纳米颗粒很大的影响[82]。

第六章

玻璃

有专著研究了玻璃保护和修复的相关问题[1-5]。相关研究阐述了玻璃腐蚀机理研究的重要性，以及科技考古的相关问题和方法[6]。

第一节　分析方法

一、风化过程的光谱学研究

当今环境下，大气污染是历史建筑和玻璃窗风化的重要因素[7]。实验中收集了在西班牙莱昂大教堂（León Cathedral）彩色玻璃花窗修复过程中获取的大量白色粉末状风化产物。这些白色粉末有的在玻璃的铅制框架附近点状分布，有的直接沉积在铅上，还有的分布于玻璃表面不同区域。

利用扫描电子显微镜（SEM）、能量色散X射线光谱（EDX）、傅里叶变换红外光谱（FTIR）和拉曼光谱仪对样品进行测试，分析其特征。测试结果显示，白色粉末含有硫酸盐和少量碳酸盐，这表明风化是由大气酸化气体（特别是硫的氧化物）引起的。

以下化学反应式显示了碳酸盐和含碳化合物在潮湿环境下的转化[7]：

$$CaC_2O_4 + \frac{1}{2}O_2 \rightarrow CaCO_3 + CO_2 \qquad (6.1)$$

$$CaCO_3 + SO_2 + \frac{1}{2}O_2 + 2H_2O \rightarrow CaSO_4 \cdot H_2O + H_2CO_3 \qquad (6.2)^{①}$$

---

① 译者注：原文公式错误。根据本章参考文献[4]进行修正，译文中已修改。

$$CaO + SO_3 \rightarrow CaSO_4 \qquad\qquad (6.3)$$

同样，SO_2 与碱金属元素的反应可能会导致玻璃表面劣化[7, 8]：

$$3SO_2 + 2Na_2O \rightarrow 2Na_2SO_4 + S \qquad\qquad (6.4)$$

然而，实验中并未显示有氮氧化物气体参与反应。另一方面，有证据表明，用于密封或粘结玻璃的腻子和砂浆是产生风化的主要来源。

因此，为避免加剧玻璃风化，建议使用硅酮基材料和氧化锆基材料等抗氧化力更强的密封胶来修复历史建筑的玻璃窗[7]。

二、古代玻璃分析

在科技考古研究中，通常利用X射线荧光光谱或扫描电子显微镜及能谱仪（SEM-EDX）研究玻璃材料[9]。光谱法已经证实可直接用于确定着色剂的谱带位置。钴是鉴别玻璃制品中使用助熔剂的一种有效标识。因此，这种分析有助于将中世纪和后中世纪的玻璃本体与近年修复活动中添加的材料区分开。

相关研究运用光谱法分析了古罗马玻璃、后中世纪玻璃和工业玻璃。根据成分可将样品主要分为两类：钾钙玻璃和钠玻璃。结果表明，与钠玻璃相比，钾钙玻璃中的钴吸收谱带向短波长方向移动[9]。

三、光谱法

在对古罗马绿色玻璃制品的研究中，主要运用光谱法进行分析。实验证明，通过测得的透射光谱计算出的色度坐标可获得研究样品的有效信息。有研究指出[10]：

（1）根据计算出的色值在色图上的位置，可确定是仅使用铁还是同时使用了氧化铜作为着色剂。若仅使用铁元素着色，则根据测得的色值与色图中白点之间的距离可大致得出样品中的铁含量。

（2）色图上能识别相似烧造条件下制造的玻璃。

（3）成分和制作条件相同但厚度不同的样品，色度坐标会产生变化，因此光谱法可用于鉴别若干碎片是否属于同一物体。

四、便携式拉曼光谱法

相关研究讨论了使用拉曼光谱和X射线荧光光谱分析雕刻宝石（glyptics）的优点[11]。

雕刻宝石是指雕刻的天然宝石或玻璃制品，有时由数层不同材料组成。"glyptic"一词源自希腊语γλίπτω，是表示雕刻硬石的动词。雕刻宝石最初同信件和酒具上的印记一样，是所有者身份的象征。

实验中使用便携式拉曼光谱仪和手持式X射线荧光光谱仪分析了64件雕刻宝石（42件古罗马玻璃样品和22种现代玻璃样品）。这些样品收藏于葡萄牙马德拉群岛丰沙的十字架庄园别墅博物馆（Museum Quinta das Cruzesâ）。利用这些技术对以上珍贵藏品进行宝石学鉴定，并且分析其玻璃成分。

拉曼光谱法可以确定分子组成以及材料中存在的结晶相。此外，手持式X射线荧光分析表明，古罗马玻璃样品的Pb和Sn含量较低。现代样品可以分为两类：铅基玻璃和非铅基玻璃[11]。

五、3D激光剥蚀电感耦合等离子体质谱法①

有研究阐述了多元素3D激光剥蚀电感耦合等离子体质谱（LA–ICP–MS）面扫描程序获得高分辨率纵向信息，以研究表层情况[12]。

该技术在样品表面按虚拟网络进行激光剥蚀，然后沿z轴提取每个

---

① 译者注：原文为3D Laser Ablation Mass Spectrometry，参考原书参考文献[12]修正为3D Laser Ablation-ICP-Mass Spectrometry，译文中已修改。

检测元素的纵向分布图。每个格子使用一束 50 个 1Hz 的激光脉冲，格子宽度约为激光束直径，每个脉冲束的烧蚀深度约为 150nm。

使用超快速检测技术，对激光剥蚀器发出的每个剥蚀脉冲进行信号快速检测（一次 19 个元素，每次 58 毫秒），快速冲刷时间不超过 0.5 秒；积分后获得相应的峰面积，从而得到与每个脉冲相关的元素在三维空间的分布。

该方法可以避免常见激光取样的局限，如脉冲混合和信号拖尾等。在对空间中元素分布进行处理并量化之后，每个检测元素生成 50 张纵向 2D 图，这些图进行可视化处理，可生成立体图像或延时视频。

该方法可在立体图的任意平面中选择横截面二维元素图像进行共定位分析，已成功应用于中世纪风化玻璃制品的老化机理研究。

研究表明，脱碱反应引起玻璃表层中的碱金属和碱土金属元素损失以及成网离子 Si 和 Al 的富集，从而导致玻璃老化[12]。

第二节　清洁方式

一、中世纪彩色玻璃腐蚀

有研究对彩色玻璃的风化和腐蚀的化学过程进行了分析，对保护方法进行比较，并讨论了修复方法[13]。

二、土壤pH值对玻璃降解的影响

有研究阐释了酸性、中性和碱性三种天然土壤类型对石英玻璃的降解作用，并使用加速老化试验评估了作用于玻璃的腐蚀机理[14]。

文中对四种不同类型玻璃的特征进行了研究。这些硅酸盐玻璃的化学成分如表 6-1 所示。

表 6-1 不同玻璃的化学成分[14]

玻璃类型	Na$_2$O	MgO	Al$_2$O$_3$	SiO$_2$	P$_2$O$_5$	K$_2$O	CaO
古罗马时期	18.1	1.3	3.4	67.1	—	1.3	7.3
现代	15.7	1.1	2.3	71.6	—	0.8	8.5
中世纪	1.1	2.5	3.2	47.8	3.4	19.2	22.6
晶质	5.0	—	0.1	53.8	—	8.2	0.1

玻璃类型	TiO$_2$	MnO	Fe$_2$O$_3$	ZrO$_2$	Sb$_2$O$_3$	BaO	PbO
古罗马时期	0.1	0.5	0.9	—	—	—	—
现代	0.1	—	0.1	—	—	—	—
中世纪	—	—	0.1	—	—	0.1	—
晶质	—	—	—	0.1	0.6	2.6	29.6

古罗马玻璃是一种钠钙硅酸盐玻璃，其中Fe$_2$O$_3$的含量相对较低，这与天然石英砂中的杂质类似，同时，少量的MnO可在呈色效果上与铁离子形成补充。和古罗马玻璃一样，现代传统窗玻璃也是钠钙硅酸盐玻璃，但SiO$_2$、CaO等网络形成剂的含量更高。由于Fe$_2$O$_3$含量极低，所以这种玻璃是无色的。中世纪玻璃是一种钾钙硅酸盐玻璃。与上述两种钠钙玻璃相比，中世纪玻璃的K$_2$O和CaO含量明显高出许多。铅晶玻璃是一种无色硅酸盐玻璃，PbO含量较高。

为了研究硅酸盐玻璃在不同埋藏环境下的变化，实验选取从不同地方采集的酸性、中性和碱性天然土壤，同时进行了三种不同的加速老化埋藏试验，并根据西班牙土壤科学学会（Spanish Society of Soil Science）的推荐标准总结其特征。实验对质地组成、pH值、碳酸钙和有机物含量以及电导率等土壤参数进行了阐述。为了加速老化过程，埋藏试验是在60℃的恒温炉内进行的。

结果表明，每种类型的玻璃都发生了明显的、可识别的反应，pH值是玻璃腐蚀的关键变量。

中世纪玻璃在埋藏实验中表现出了与其他硅酸盐玻璃不同的老化机制。它形成了多层结构，其中最外层出现了裂纹。在钠钙硅酸盐玻璃和铅晶玻璃中出现了裂纹和凹坑，而钾钙硅酸盐玻璃的降解层较厚，通常形成多层结构。这一结果已在其他研究详述[14]。

以上结果对于古代玻璃研究，特别是为考古发现的玻璃选择适当保护方案，可能具有重大意义[14]。

三、胶粘剂和加固剂

相关研究回顾了古代玻璃制品使用的胶粘剂和加固剂[15]。

四、生物腐蚀和生物劣化

测试了各种古典时期和中世纪玻璃的一般生物性损伤、生物点蚀即坑洼腐蚀、生物结皮以及乳白色和白色的生物膜。

实验所用样品如表 6-2 所示。

表 6-2　用于评估生物腐蚀和生物劣化的的玻璃样品[16]

样品	产地
古罗马玻璃瓶	西奈半岛阿布托尔（Abu Tor, Sinai）
绿色和蓝色玻璃	科隆大教堂
玻璃片	埃夫勒（Évreux）的教堂
样品	奥尔登堡附近的前德尔门霍斯特（Delmenhorst）公爵领地的堡垒
新石器时代燧石工具	以色列内盖夫沙漠（Negev Desert）
现代玻璃制品	19 世纪的一个猪圈

实验中使用的一些细菌是从古代的玻璃碎片中分离而得。几乎所有标本上都发现了与大理石和石灰石结构非常相似的生物点蚀。

相关研究虽未直接识别到地衣，但在蚀斑和古罗马玻璃瓶剥落的薄层下能观察到真菌和藻类。实验显示了侵蚀的初始过程和分离细菌导致重金属富集的趋势，并提出了有限扩散分解的分形维数作为微生物诱导和成型的生物点蚀模式的特征形式和结构的可能解释。此外，还提出了一种生物点蚀分类[16]。

（一）用于测试生物劣化的玻璃复制品

有研究利用玻璃复制品，分析古代彩色玻璃花窗的生物劣化。利用微能量色散 X 射线荧光测定了古代彩色玻璃花窗的化学组成。选择以下三种不同颜色的特殊含钾硅酸盐玻璃进行复制[17]：

①混合碱无色玻璃。

②锰为着色剂的紫色钾玻璃。

③铁离子致色的棕色钾玻璃。

复制的玻璃样品有被腐蚀和未被腐蚀两种最初的表面形态。这些样品植入了此前从原始彩色玻璃花窗上分离出来的真菌，这些真菌被鉴定为青霉属（Penicillium）和枝孢霉属（Cladosporium）。

运用光学显微镜、显微拉曼、显微红外光谱、扫描电子显微镜和能量色散光谱分析，对玻璃表面的物理和化学变化进行了分析。

结果表明，真菌在所有玻璃表面都造成了明显损伤。这些损伤的具体表现为斑点和污点、指纹、生物点蚀、浸析和元素沉积，以及生物晶体的形成。

因此可以得知，接种的真菌能够使成分各异的玻璃发生生物降解。最初的非腐蚀和腐蚀两种玻璃表面，未观察到生物劣化的程度差异[17]。

（二）地衣

地衣是一种复合生物体，由藻类或蓝细菌与真菌菌丝共生而形成[18]。

从其对自然界物理方面和生物方面的影响而言，地衣主要作用之一是可以促进土壤发展变化。有研究探讨了地衣造成的生物劣化作用[19]。许多物种的破坏作用造成了基体的化学改变，特别是那些能够在叶状体−基体界面产生草酸的物种。草酸在叶状体本身的体积和组成中占有重要地位，并在地衣死亡后沉积结壳而持续存在。

五、钾钙硅酸盐玻璃

在中世纪的中欧和北欧，钾钙硅酸盐（$K_2O-CaO-SiO_2$）玻璃通常是为大教堂的窗户而生产的[20]。

众所周知，这种类型的玻璃对大气污染物的侵蚀非常敏感。为了分别模拟离子交换和溶解这两种蚀变过程，实验复制了含15%~25%K_2O的钾钙硅酸盐玻璃，并在沸腾的浓缩硫酸和高温高压水中进行老化。

通过显微拉曼光谱、X射线衍射和SEM-EDX技术对老化的样品进行研究，以确定新形成的结晶相的特征。由此可以对它们的老化和稳定性有更深入的了解[20]。

通过拉曼光谱法观察到的这些玻璃的变化取决于K_2O含量。在K_2O含量较高的样品浸出的蚀变层上发现了石膏（$CaSO_4·2H_2O$）、烧石膏（$CaSO_4·0.5H_2O$）和硬石膏（$CaSO_4$）。在K_2O较低（含量分别为15%和20%）的样品中，发现了层状白钙沸石（$Ca_{16}Si_{24}O_{60}(OH)_8·14H_2O$）、铝白钙沸石（$KCa_{14}Si_{24}O_{60}(OH)·5H_2O$）和羟磷灰石（$Ca_5(PO_4)_3OH$）的拉曼特征谱。拉曼光谱表明，在$K_2O$含量25%的玻璃的蚀变层中，存在紫硅碱钙石（$K_5Ca_8(Si_6O_{15})2Si_2O_9(OH)·3(H_2O)$）[①]和羟磷灰石的混合物[20]。

六、玻璃的化学清洗

相关研究提出了一种化学方法以清洁考古玻璃上的脏污沉积物和硬结物[21]。

实验中测试了约旦北部不同地点出土的一系列古罗马玻璃样品，其中既有碎片也有完整器。利用X射线荧光测定了玻璃样品的化学成分，并利用EDX方法研究了玻璃表面脏污沉积物和硬结物的矿物和元素组成。此

---

① 译者注：原文有误。根据本章参考文献[20]，符号"×"应为标号"·"。译文中已修改。

外，在清洗玻璃前后还进行了扫描电镜分析和光学观察。

利用不同化学洗剂清洗这些玻璃样品，如卡尔贡（Calgon）即六偏磷酸钠、不同pH值的乙二胺四乙酸(EDTA)、柠檬酸和酒石酸以及食人鱼溶液。食人鱼溶液是硫酸和过氧化氢的混合溶液。

化学试剂泡发的海泡石是应用于玻璃表面最适合的化学溶液。同时，EDTA 是清洁耐用玻璃上硬结物最有效的螯合剂。这种清洗非常有效且安全，尤其是在 5%~7% 低浓度的中性pH值下。使用食人鱼溶液可以安全地去除钙质硬壳。在清洁风化的和稳定的玻璃时，柠檬酸和酒石酸的效果一般。卡尔贡有可能损坏玻璃腐蚀和彩虹斑纹的表面，应避免在清洁风化玻璃时使用[21]。

七、不稳定的历史玻璃

无论保管或陈列条件如何，许多收藏于博物馆中的玻璃品的状况都在迅速恶化。描述这些变化的术语有很多，包括病化玻璃（sick glass）、玻璃疾病（glass disease）、玻璃病患（glass illness）、裂陷（crizzling）和渗液（weeping）等。

这些变化反映了某些类型的玻璃因其制造技术而导致的化学不稳定性，如原材料过纯化或批次原料配比不佳。有研究广泛探讨了能减轻以上问题的办法，并进行了详细分析[22]。研究发现，当前和以前文献中推荐的解决方法存在着显著的差异，有待以后进一步研究。

八、用于修复的环氧胺树脂

相关研究利用 FTIR 光谱研究了两种环氧树脂/胺树脂（Araldite®2020 和 AY103-HY956）的固化动力学[23]。二者作为胶粘剂广泛运用于玻璃或陶瓷艺术品的修复中。

这些树脂都是由两部分组成的。一部分是双酚A二缩水甘油醚单体形成的树脂（见图6.1），另一部分是固化剂，Araldite® 2020 的固化剂是环脂肪胺（异氟尔酮二胺），而HY956的固化剂是三种脂肪族胺的混合物（见图6.2）。该研究以收集的红外光谱为基础。红外光谱范围是4 000~600cm^{-1}，是树脂和固化剂的混合物在不同比例和22~70℃等温温度下产生的，温度为固化时间的函数。

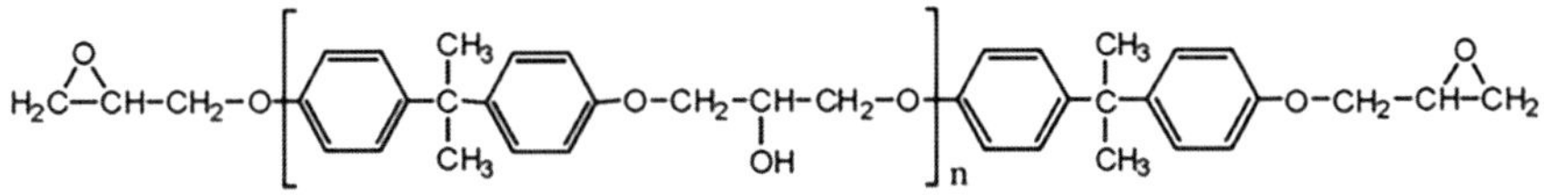

图6-1　双酚A二缩水甘油醚单体形成的树脂[①]

$$H_2N—CH_2—CH_2—NH—CH_2—CH_2\text{-}NH_2$$

二乙烯三胺[②]

$$H_2N—(CH_2—CH_2—NH)_2—CH_2—CH_2\text{-}NH_2$$

三乙烯四胺

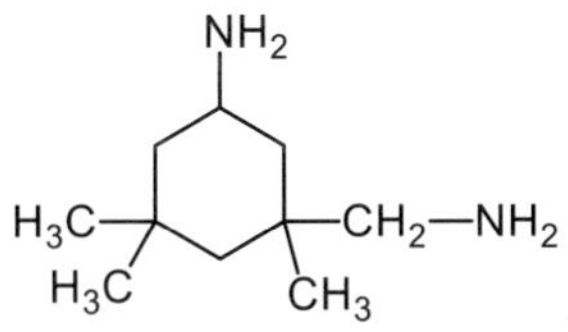

异氟尔酮二胺

图6-2　脂肪族胺

① 译者注：原文结构式有误。已按照原书参考文献[23]进行修正。

② 译者注：原文为Diethylene diamine二乙烯二胺，经查原书参考文献[23]，应为Diethylene triamine。已在译文中修正。

有研究利用具有两个动力学速率常数的动力学模型来模拟实验数据。采用扩散控制来描述高转化率下的固化行为。

环氧胺固化系列方程式涉及以下反应[23]：

（1）一级胺的添加。

（2）二级胺的添加。

（3）醚化反应。

通过这些反应可以得到以下动力学方程[24, 25]：

$$\frac{d\alpha}{dt}=(k_1+k_2\alpha)(1-\alpha)^2 \tag{6.5}$$

式中，α是环氧基团的转化率，速率常数k_1和k_2反映了最初存在于树脂中的基团的催化作用和反应过程中新形成的羟基的催化作用。

通过与实验数据的拟合，估测了动力学参数和扩散参数，以及动力学活化能和自催化速率常数。结果发现，在更高的温度和更多的硬化剂用量下，可以获得更高的固化度。用作固化剂的胺类型不同，造成了两种胶粘剂性能的差异[23]。

九、钾玻璃的腐蚀

硅酸盐玻璃，特别是中世纪的高钾彩色玻璃劣化的主要原因之一是其环境湿度。

实验中制作了玻璃模型以进行腐蚀测试，其成分类似于15世纪巴塔拉修道院（Batalha Monastery）的中世纪彩色玻璃，含有56mol% SiO_2、24mol% CaO和20mol% K_2O。

使用离子束光谱技术/光学显微镜和傅里叶变换红外光谱，研究了与水溶液接触的钾玻璃表面的腐蚀过程[26]。

为了阐明腐蚀的进展，研究同时分析了腐蚀在玻璃表面和水溶液中发生的变化。将玻璃受损的表面区域获得的氢气曲线与水溶液pH值的变化进行比较,以获得关于离子交换过程的信息。

如图6-3所示,当玻璃样品被浸泡时,测得的pH值随着时间推移而增加。

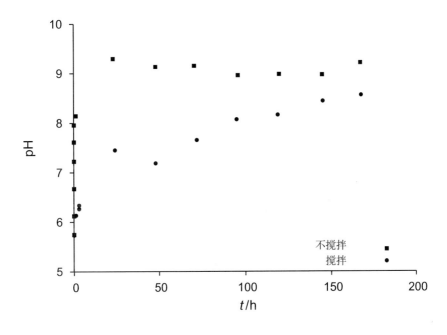

图6-3 搅拌和不搅拌情况下pH值随时间的变化

pH值也可以作为研究高湿度条件下动态腐蚀的一个良好参数。对水溶液进行搅拌和不搅拌,分别产生的表面形态也不相同,这可能与不同的腐蚀速率有关。经搅拌后,腐蚀产物的颗粒更细,形态更均匀,腐蚀速率更高[26]。

观察到的pH值的变化可以通过下面的过程进行解释:第一步,发生了K+和Ca2+离子的选择性浸出。在此过程中,形成了结构更加开放的一层,由此离子在网络中的移动变得更快。第二步,在浸出层内形成了水分子。这一步对应的pH值变化率更高,因为在之前形成的开放结构中浸出反应的速度更快。第三步，碱金属离子和碱土金属离子的浸出达到平衡，溶液中形成硅酸。在此过程中，pH值仅有轻微变化[26]。

十、浮法玻璃的锌处理

浮法玻璃易受水的侵蚀和染色[27]。60多年前，人们就知道用锌对玻璃进行处理，可以成功地抑制这一过程。

采用比重法评估了锌处理对进入浮法玻璃的水腐蚀通量的影响，并与未处理的样品进行了对比。未经处理的样品在300min后的腐蚀通量比在15℃下经过锌处理的样品高11.8倍，比20℃下的高9.25倍，比30℃下的高2.85倍。同时，利用表面分析技术来识别处理过的样品上的锌[27]。

十一、溶胶-凝胶二氧化硅涂层

相关研究探讨了溶胶-凝胶二氧化硅涂层在低耐久性的钾钙硅玻璃上的适用性和保护作用[28]。在古罗马时期和哥特时期，这种类型的玻璃被用来制造历史建筑中保存至今的彩色玻璃物品，如阿尔卑斯山以北的大教堂或较小教堂中的玻璃[29]。

这些类型玻璃的高钾低硅的化学组成导致其化学稳定性较差，并导致玻璃表面发生劣化。

研究中使用了两种成分接近于历史彩色玻璃的合成玻璃[28]。

溶胶-凝胶法是一种由小分子生产固体材料的方法[30]。使用基于溶胶-凝胶技术的二氧化硅醇悬浊液（SIOX-5），以获得高纯度的二氧化硅保护膜[31]。

由于溶胶-凝胶涂层的成分和化学物理性质与基体玻璃类似，因此它不会改变玻璃表面的光学特性，并且与玻璃相容[28]。此外，该涂层涂覆容易并且在涂覆之后不需要任何热处理。

为检查溶胶-凝胶涂层的效果，对涂覆和未涂覆的部位均进行了不同时间和pH值的浸出试验。光学显微镜观察到涂层发挥了明显的保护作用。使用飞行时间二次离子质谱（ToF-SIMS）分析研究了离子迁移（如K^+、Na^+、Ca^{2+}和Mg^{2+}）。

该涂层还可保护玻璃，避免其碰撞后形成裂纹；对于无涂层的玻璃而言，碰撞可能会造成严重损坏[28]。

有研究阐述了玻璃上的有机-无机杂化二氧化硅保护涂层[32]，并提出了具有强耐候性的高级有机-无机杂化涂层。通过将基于二氧化硅的无机基体原硅酸四乙酯①与各种数量的被某些有机基团官能化的二氧化硅醇盐混合，可以制备出各种溶胶。原硅酸四乙酯结构如图6-4所示。

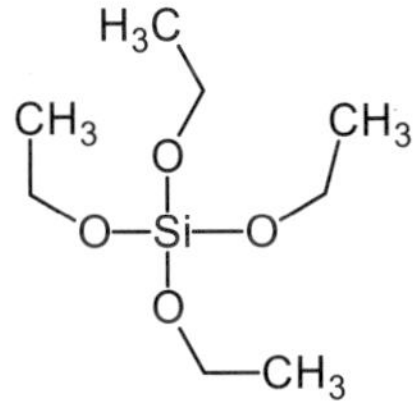

图6-4 原硅酸四乙酯

与商用杂化二氧化硅产品相比，烷基官能化和甲基丙烯酰氧基官能化的二氧化硅涂料尤其表现出更佳的均质性、弹性和阻隔性[32]。

十二、混合溶胶凝胶基涂料

中世纪玻璃通常受到水和大气污染物的侵蚀，从而引发腐蚀过程[33, 34]。当前的保护策略拟将玻璃保存在其原始环境中。因此，需保护玻璃防止其进一步劣化。溶胶-凝胶技术使用化学组成上与基体玻璃相似的硅醇盐前体，对于保护膜的制备非常有效。

相关研究阐述了由硅酸四乙酯与不同量的被各种烷基官能化的硅醇

① 译者注：此处原文Tetraethyl orthosilicate，与第五章中的Tetraethoxysilan（正硅酸乙酯）为同一物质。下同。

盐制成的疏水性混合溶胶–凝胶涂料。其中烷基包括正辛基三乙氧基硅烷、十六烷基三甲氧基硅烷、3–（三甲氧基甲硅基）–甲基丙烯酸丙酯、三甲基乙氧基硅烷和甲基三乙氧基硅烷。

使用浸涂技术沉积涂层。通过UV–VIS和FTIR光谱分析涂覆材料的特征。

接触角的测定显示涂层具有总体均匀性，同时表明当硅氧烷被长烷基链官能化时其疏水性得到提高。

电子显微镜图像显示涂层较为均匀，且无裂纹，尤其当有机物含量较高时更加明显。对于用高浓度SO_2处理过的样品，能观察到接触角显著减小[33]。

十三、环十二烷增白喷雾

有研究讨论了使用基于三角测量的3D激光扫描仪来获取考古发掘品反射或折射表面信息的问题[35]。

这些发掘品大多由玻璃或抛光金属制成。考古发掘品的独特性和脆弱性为信息采集过程带来了难度。应避免使用工业增白喷雾剂，因为扫描后需对表面进行清洁，会发生一定物理化学反应，并且这些喷雾剂的化学性质可能会损坏文物。建议用环十二烷作为增白喷雾剂，以替代常规增白喷雾剂。环十二烷的构造，如图6-5所示。

该物质具有化学稳定性、在室温下升华的性质以及良好的成膜能力。测试证明由器物表面不透明薄层产生的误差，比3D扫描仪的精度更小，因此并不会引入额外误差[35]。

图6-5　环十二烷

第三节　生产制作

一、中世纪彩色玻璃工坊的生产制作

相关研究详细描述了中世纪彩色玻璃工坊的生产制作[36]，分析了中世纪彩色玻璃工坊生产技术上和物理上的两个例证。

实验中测试了 13 块来自 13 世纪 50 年代至 70 年代不同建筑的法国浮雕灰色装饰画（grisaille），以及来自 14 世纪 10 年代埃夫龙（Evron）诺曼式修道院教堂的带形窗上构成三位主教立像的玻璃窗板。它们现在都收藏于宾夕法尼亚州布林阿辛（Bryn Athyn）的格伦凯恩博物馆（Glencairn Museum）。

第一组样品中有明显的暗影（ghost image）。这是当它们在窑中烧制时，汽化的沉淀物从一块玻璃转移到另一块玻璃上而产生的腐蚀印记，表明这些玻璃板在窑中是堆放的。

第二组样品带有许多涂画标记，这些标记有助于对相同设计的结构件进行分类和组装，以便制作出整面窗板。上述暗影和分类标记表明，人们希望能更便捷地整理和组装重复的、模块化的烧制装饰玻璃片，以节省制作彩色玻璃窗的时间和金钱[36]。

二、老玻璃的着色方法

罗马巴尔布斯地下室遗址博物馆（Crypta Balbi）发掘了七八世纪的玻璃碎片[37]，相关研究分析了其中的各种着色剂和乳浊剂[37]。

粉末样品的反射光谱显示 $Fe(II)$、$Fe(III)$、$Mn(III)$、$Cu(II)$ 和 $Co(II)$ 离子与色调的相关性。同时也探讨了锰–铁原子的比例对玻璃颜色的影响。

可以得知，意大利的中世纪玻璃制造商可以通过利用添加铁和锰来调整石英砂和助熔剂的比例，并控制导入炉中的氧气量来形成玻璃中的各种颜色。

白色、蓝色和蓝绿色碎片中检测到锑酸钙。红色玻璃的样品中检出了铜元素[37]。

三、玻璃画

玻璃画，即玻璃反向画作，是将冷却颜料涂绘在玻璃背面[38]。这种艺术品的主要问题是绘图层的粘附性不佳，一个轻微的动作就可能使背面图案发生改变。表6-3总结了该研究中发现的颜料。

表6-3　颜料[38]

颜料名称	化学名称	厚度/μm
普鲁士蓝	亚铁（III）氰化铁（III）	32
孔雀石	碱式碳酸铜（II）	27
绿土	碱式碳酸铜（II）	47
靛蓝	天然植物色素	40
朱砂	硫化汞（II）	17
龙血	植物树脂：朱砂油	104
红赭石	氧化铁（III）（黏土、二氧化硅）	34
黄赭石	针铁矿、黏土、二氧化硅	79
铅白	碳酸铅（II）	27

有研究分析了颜料在玻璃上的附着力参数及不同颜料之间的对比。此外，还研究了含颜料的亚麻籽油胶粘剂与使用或不使用胶粘剂的玻璃之间的关系[38]。

使用座滴装置、光学显微镜、SEM、3D表面轮廓仪和铅笔硬度划痕测试仪可以获得画作层的粘附性比较数据。

对牛胆汁和阿拉伯胶两种胶粘剂的效果进行比较。结果表明，粘附力不仅取决于物理参数，可能产生的化学反应也会影响其效果。

另外，基于极端潮湿存放的处理方法也显示出某些彩绘层的脆弱性。研究还发现对仅覆有胶粘剂的玻璃片进行湿度处理具有很大的破坏性[38]。

第四节　玻璃材料的特殊用途

一、中世纪玻璃窗

中世纪的彩色玻璃花窗的结构极其易碎[39]。每扇玻璃窗都由许多不同化学成分的彩色玻璃组成，它们被牢固而有弹性的网状卡梅斯（cames）即带有凹槽的薄铅条固定在一起。

有槽铅条作为构图线条，创造出统一的镶嵌画般的图像。

在大多数情况下，玻璃由金属氧化物着色，这些金属氧化物在制造过程中被添加到熔融原料中。

然而套色玻璃并非如此。它通常是将红色薄膜熔合在透明基体玻璃材料上，因此可以通过磨掉有色薄膜的某些部分来获得具体的效果。

中世纪玻璃是用当地原材料制成的，即由山毛榉木或蕨类植物制成的植物灰和石英砂的混合物。这种混合物具有易熔的优点。但是制成的玻璃是软的，使其容易遭受风化[39]。

二、教堂花窗

现存的坎特伯雷大教堂（Canterbury Cathedral）的彩色玻璃的历史可追溯到1600年以前，其中还包括其收藏的玻璃。有论著讨论了建筑物的历史和文献资料，以及玻璃花窗的年代、图像、样式和使用的技术[1]。

12世纪晚期建筑的玻璃构成了著名的类型学系列，它进行了全面重建，所载铭文也进行了翻译和改写。

该文献还介绍了天窗玻璃上描绘的基督先祖和圣三一礼拜堂（Trinity Chapel）中大主教托马斯·贝克特（Thomas Becket）的圣迹。在后期的玻璃中，所谓的殉道耳堂皇家花窗（Royal Window of the Matyrdom Transept）经纹章学研究，年代被修正为15世纪80年代中期。它被视为对爱德华四世（Edward IV）及其家族的纪念，而不是他的捐赠。西窗或许是理查二世（Richard II）的捐赠，具有非凡的意义。

三、考古出土玻璃

成功复原和保存的玻璃制品能以多种形式促进考古学知识的发展[4]。然而，保护和保存古代玻璃可能是一项艰巨的任务。有些玻璃本身稳定性就较差，而某些埋葬环境更具危害性。此外，考古出土玻璃样品的表面风化是常见的现象。

一个成功的玻璃保护计划必须同时包括主动性保护和预防性保护，并且在发掘之前就应该启动。

当然，由于玻璃是一种易碎材料，所以发掘时及之后的谨慎处理对其保存非常重要。玻璃文物一旦出土，必须评估玻璃的劣化程度、物理受损情况和玻璃本身的稳定性，并在必要时采取措施以改善文物的保存状况[4]。

第
七
章　考古出土／出水金属器物

第一节　分析方法

一、考古出土铅器测年

测年在科技考古中意义重大，但在测年过程中，尤其是对于金属样品而言，存在一些关键问题。

碳十四测年法有时会用于测定铁器中所含微量碳的年代，但在科技考古中主要使用的绝对测年法，如放射性碳年代测定法和铀系测年法，则无法用于金属测年[1]。

对于考古出土铅器，可利用其在超导状态下的迈斯纳比值（Meissner Fraction）来评估样品中未腐蚀金属的质量。通过样品的总质量可确定所有腐蚀产物的质量。研究发现，在 2 500 年左右的时间范围内，腐蚀产物质量与铅器的考古年代具有相关性。这种化学测年方法适用于pH > 6.5 的土壤中埋藏的铅器，在该类土壤环境中，腐蚀过程进行得非常缓慢，经过几百年累积形成腐蚀产物，主要为PbO和$PbCO_3$[1]。

另外一种针对考古出土铅器的测年方法主要基于固体微粒伏安法，该方法已有相关文献作过介绍[2, 3]。20 世纪 80 年代，肖尔茨（Scholz）首次开发了该方法[4]。有研究批判性地综述了该方法在科技考古中存在的基本问题[5]。

该方法主要通过对比PbO_2和PbO的伏安特征高度来进行检测，这两种腐蚀产物是在长期蚀变条件下形成的。在伏安法测量过程中，可观察到两个主要的电化学过程，过程 1 是PbO作为非多孔的初始锈层被还原的过程，过程 2 是由于动力学钝化作用而导致多孔锈层被还原的过程。在伏安扫描过程中，所测得电流的峰面积A_1和A_2就是在以上两个过程中形成的。

腐蚀过程基于以下假设：腐蚀发生于局部区域存在的电化学原电池处，原电池包括两组电极：一组由金属氧化物与金属表面组成；另外一组由氧气和水组成。腐蚀速率遵守电势定律[1]，因此峰面积应该满足以下关系：

$$\frac{A_2}{A_1}=G_1+\left[G_2\left(1+\alpha\right)t\right]^{\left(\frac{1}{1+\alpha}\right)} \qquad (7.1)^{①}$$

式中，G_1 和 G_2 是常数，取决于表面初始锈层的质量，该参数对于所有被研究样品基本上一致，因此，当选定一个合适的α值，利用式（7.1）可以预测 $\frac{A_2}{A_1}$ 与 $t^{\frac{1}{1+\alpha}}$ 之间呈线性关系。

所以，可通过极化曲线和电化学阻抗谱（EIS）预估氧化物的相对含量，利用方波伏安法获得的数据可作为附加数据来补充前种方法。

通过一系列年代信息明确的铅块对该方法进行了校准，这些铅块来自西班牙巴伦西亚自治区（Comunitat Valenciana）的不同博物馆，年代从公元前5世纪至今。

当α=0.07时，时间与峰面积比值之间的关系如图7-1所示。

---

① 译者注：原文中该公式错误。根据本章参考文献[3]，（1/1+α）应为指数（上标），译文中已修改。

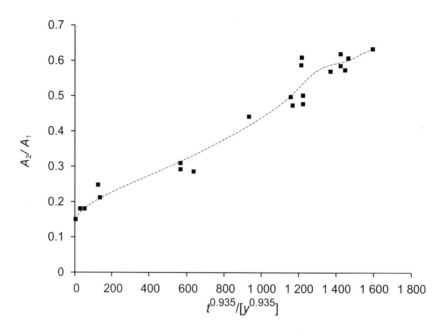

图 7-1　当 $\alpha=0.07$ 时，峰面积比值与时间的关系[3]

　　固体微粒伏安法还用于鉴别考古出土铅器的真伪[6]。利用此法对西班牙利里亚（Llíria）圣米格尔山（Tossal de Sant Miquel）遗址出土的伊比利亚（Iberian）铅板进行了调查。通过机械方法将考古出土器物上纳米尺寸的样品转移至一个石墨铅笔电极上，该电极与缓冲水溶液接触。是否出现以下三个现象可作为鉴定真伪的判断标准[6]：

　　（1）出现微量金属的氧化溶解信号，如铜、砷、锑，经常还有锡和银等，同时，还有铅的溶出峰。

　　（2）锈蚀产物的还原峰发生了峰电位偏移。

　　（3）出现 PbO_2 的还原峰。

二、铅同位素检测

对金属器物进行铅同位素分析有助于追溯器物的来源。首先需要保证分析方法的精度和准确度，从而获得有用且可靠的数据。

由于自然矿物的铅同位素组成经常重叠，因此会存在数据解读不明确这一问题。然而，多数情况下，矿物来源的范围是可以缩小的。例如，研究者发现阿尔卑斯山区域拥有小型的、高度区域化的矿物开采地，同时还通过一些长距离的贸易活动进行矿料补给。

有研究详细介绍了铅同位素检测方法、释读及一些案例[7]。例如，Pb的四个同位素可以组合为24种不同的铅同位素比值①，至多三个比值是真正独立的。例如，这三组（$^{207}Pb/^{206}Pb, ^{207}Pb/^{204}Pb, ^{204}Pb/^{208}Pb$）包含三个独立的比值，而$^{207}Pb/^{206}Pb$、$^{207}Pb/^{204}Pb$、$^{204}Pb/^{206}Pb$只包含两个独立的比值。

可将每个样品绘制在一张三维图中，三条坐标轴分别代表三个独立的比值。在所有可能的三组独立铅同位素比值中，最适合三条坐标轴的是具有共同分母的三组比值，只有这样混合物样品的数据点才会落在同一条直线上[8]。

铅同位素结合微量元素数据是进行非铁质金属溯源研究的有效方法。然而，地质因素、考古背景及分析过程均可能对矿料产源的铅同位素和微量元素特征释读造成显著影响[9]。

三、冶金考古分析

（一）拜占庭沉船

拜占庭时期的多尔（Dor）2006沉船发现于以色列的多尔潟湖[10]。该沉船可追溯至6世纪中叶到625年之间。研究中介绍了金属器物残留

---

① 译者注：Pb的四个同位素两两比值，共可组合为12种铅同位素比值。

样品中的两枚硬币、一个铅片及一些钉子和镰刀形成的凝结物。

通过对金属残余样品的无损和有损冶金分析表明，硬币由铅青铜合金制成，具有较高含量的铅，通过铸造制成，后期使用了硬币模进行翻模铸造。铅片经铸造后，再加工成最后的形状。扫描电镜及能谱分析（SEM-EDX）、X射线衍射分析（XRD）及其他方法表明钉子基本上是完全锈蚀的铁。镰刀已完全锈蚀，通过对其分析可知，镰刀主要由熟铁制成。这说明硬币中使用铅及铅片中使用锡是由于经济缩紧的原因。铁钉广泛存在，相比铜合金，这个时期更倾向于使用便宜一些的金属。铅片的铅同位素特征表明其矿物来源为希腊或托罗斯山脉，这可能暗示了沉船的来源[10]。

（二）钱币

19世纪初期，M. H. 克拉普罗特（M. H. Klaproth）首次研究了考古出土金属器物，他发表了关于一枚罗马钱币的研究，首次定量分析了合金。作者利用能谱分析、X射线衍射分析及其他相关技术分析了几枚硬币[12]。

四、考古出土铜器样品的测年

有研究介绍了利用电化学阻抗谱（EIS）对暴露于大气环境中的考古出土铜与青铜器物进行测年的方法[13]。该方法通过记录浸没于矿泉水中的铜残片的EIS结果来测量样品的电阻，电阻主要与锈层的生长有关，同时，利用偏置电压对溶解氧进行还原。

研究还指出电阻与时间的变化关系可通过理论公式表达。该表达式遵循电势率定律。利用微粒伏安法（通过特征伏安信号获得微粒伏安数据）评估了黑铜矿与赤铜矿的比值变化，通过该方法可得出类似的表达式。此外，通过一系列具有明确信息记录的铜币建立了校准曲线。

在常见腐蚀环境下，铜和青铜样品会首先形成一层赤铜矿（Cu_2O）初始锈层，随后不断生长，部分Cu_2O会被氧化形成黑铜矿（CuO），从而形成第二层锈层。

该氧化反应是一个热力学自发过程，主要是由于器物长期埋藏于富含二氧化碳的环境中并与含钙物质接触而导致[14-16]。其动力学模型主要基于以下假设[17]：

（1）在金属与初始锈层的界面，及初始锈层与次级锈层的界面上，同时或连续不断地发生着界面反应。

（2）用动力学电势定律可有效解释这些化学反应。有研究开展了金属的长期腐蚀实验[18-21]，研究结果证实了该假设。

一般而言，每种锈层的形成可以通过以下动力学公式表达：

$$\frac{dy}{dt} = ky^{-\alpha} \qquad (7.2)$$

其中，y是锈层厚度。可将这些方程组合起来获得更加复杂的公式，如文献[13]案例中即将反应公式组合在一起。研究中详细介绍了锈层形成的动力学公式[13]。

五、激光诱导击穿光谱

利用激光诱导击穿光谱（LIBS）对海洋出水各种材料的特征进行了检测[22]。由调Q 1064nm Nd:YAG激光器在双脉冲模式下产生等离子体发射。通过优化数据采集和处理流程，可更好地控制信号及提高检测限。

此外，对出水青铜样品进行了定量化学分析，并利用相似基质组成的标准样品建立了校准曲线。表7-1列出了针对不同材料进行LIBS分析的最优实验条件。

表 7-1 不同材料LIBS分析的最优实验条件[22]

材料	触发延迟 / ns	脉冲能量 /mJ	激光发射	信号采集门 / ns
不锈钢			20	
无锈铁			20	
青铜	t_1=150 t_2=55	E_1=120 E_2=160	20	400
锈蚀铁器			100	
珍贵合金			1	
大理石、岩石	t_1=145 t_2=55	E_1=82 E_1=180	50	600

六、伏安分析法

（一）罗马青铜币

利用微粒伏安法和EIS方法，结合扫描电镜能谱（SEM-EDX）和拉曼光谱法对来自意大利罗马大神母（Magna Mater）神庙的一套罗马青铜币和一件特塞拉（Tessera）进行了分析[23]。该考古遗址可追溯至4世纪下半叶至末期。

将铜币锈层中亚微米级的样品放置于石墨电极上，石墨电极与0.10mol/L的$HClO_4$水溶液接触，根据赤铜矿与黑铜矿的特征伏安图，可将铜币归为三大类。

利用EIS方法可以确定和改善这种分类方法，实验中将铜币浸没于饱和空气矿泉水中，溶解氧的还原反应可作为氧化还原探针。基于电化学方法的铜币分类证实了考古遗址复杂的地层学关系，此外，也表明在罗马晚期阶段存在铜币的重复利用现象，这可能与罗马帝国衰落而导致的经济问题有关[23]。

（二）波兰铜币

利用固体微粒伏安法对20枚便士进行了研究，这些便士均来自波兰建国之初的博莱斯瓦夫一世（Boleslaw the Brave）时期（992—1025年）和梅什科二世（Mieszko II Lambert）时期（1025—1034年）[24]。在实验中，将硬币锈层中纳米尺寸的样品放置于醋酸盐缓冲水溶液中。

实验结果发现，铜和铅的锈蚀产物存在非常清晰的伏安响应。通过将该批铜币的伏安响应和X射线荧光光谱分析结果，与19世纪银币的聚焦离子束场发射扫描电镜分析结果进行对比，可得到以下假说，即在上述历史时期内使用了两种不同的金属矿料来源，并指示这些硬币在三个不同的铸币厂生产[24]。

七、能量色散X射线荧光分析

由于文物的脆弱特性，需使用无损方法进行分析，如能量色散X射线荧光（EDXRF），因此，EDXRF在研究考古出土金属器物、文化遗产及艺术史方面有广泛的应用[25]。该方法检测快速且价格合理。

（一）青铜时代晚期葡萄牙中部的金属藏品

利用EDXRF对来自葡萄牙中部青铜时代晚期的11件铜基器物进行了详细分析[25]。在进行EDXRF检测时，使用阳极为钼的X射线光管和商业Si-PIN探测器。

采集数据时，样品与X射线窗口及样品与探测器之间的距离均较小。对样品锈层区域和经抛光的金属区域均进行了分析，通过荧光光谱图获得了器物的相对成分含量。以铜为参考元素，将铁和锡的峰强与铜的峰强进行对比，通过引入一个校准系数对其进行校正。

样品抛光区域的分析结果表明，11个器物的组成成分都非常相似，均由高纯的锡青铜合金制成，这是独立于溯源和类型学方法之外的分析结果。事实上，其主量元素或杂质元素均未观察到有明显不同。锡含量的范围为6.33%~12.55%，平均含锡量为10.18%[25]。从性能方面而言，相对含量为10%的锡使青铜合金具备了优异的热机械性能[26]。

在伊比利亚西部史前时期，铁在铜冶金中的出现为揭示金属冶炼工艺特征提供了重要信息：铁含量较低表明金属制品的冶炼工艺较为原始，如使用了反应容器或坩埚、冶炼温度低及还原条件差；而铁含量升高表明采用了一种更加复杂和高效的冶炼工艺。

事实上，在铁器时代伊始，随着腓尼基人（Phoenician）在伊比利亚半岛南部的殖民，熔炉技术变革的引入使得铜合金中的铁含量有了大幅度增加[27]。

（二）阿尔巴尼亚古代铜与青铜器物

利用X射线荧光对阿尔巴尼亚不同考古遗址出土的古代铜与青铜器物进行了分析，确定了合金的种类及元素组成。此外，还利用光学显微镜对腐蚀产物和金属样块的显微结构进行了观察。

在都拉斯（Dyrrahu）遗址出土的三枚硬币由铜、锡和铅组成。此外，两枚钉子的主要成分为铜，其中一枚出土于都拉斯遗址，另一枚发现于从萨兰达（Saranda）海岸附近一艘古代沉船出水的双耳瓶中。利用便携式X射线荧光系统对这些器物的元素组成进行了无损分析。

通过显微观察获得样品的层状形貌图和显微结构图，从而确定不同种类的锈蚀产物，判断器物在生产过程中的不同冶炼和机械加工阶段。分析结果可总结如下[28]：

（1）两枚钉子均由纯铜组成。

（2）由古代铜钉的层状结构图可知其具有三明治结构。就都拉斯的铜钉而言，初始锈层包含黑铜矿和赤铜矿，生长于器物表面或在金属晶粒内部形成，而第二层锈蚀主要包含孔雀石层。对于萨兰达的铜钉而言，仅发现含有黑铜矿和赤铜矿的初始锈蚀。

（3）通过两枚铜钉的显微结构可清晰观察到，孪晶线穿过部分或所有的单个金属晶粒。一些孪晶线呈完美的直线，少部分呈弯曲状。都拉斯铜钉基体的维氏硬度值的范围为44.4~57.1 HV。这说明铜钉先大致铸造成型，然后经过高温退火处理加工而完成。

（4）都拉斯的硬币合金为铅青铜，其中Cu含量为78.2%，Sn含量为10.1%，Pb及As含量分别为11.29%，0.27%。

（5）腐蚀的硬币表面及内部存在黑铜矿和赤铜矿，是鉴定都拉斯硬币真伪的证据。

（6）都拉斯硬币显微结构显示存在再结晶结构，许多孪晶线看起来相当平直，而另一些似乎是弯曲的。此外，可观察到许多平行的滑移线或应变线，并有大量的变形迹象，这种现象是在硬币铸造过程中产生的。弯曲孪晶和一系列滑移线表明，在铸币过程中，在重结晶的最后阶段之后使用了热加工或某种冷加工工艺。

（7）铅青铜硬币合金样品的维氏硬度值的范围为90.5~117 HV，误差为2 HV。

八、考古出土金属器物的表面粗糙度测量

利用时域光谱仪可进行物体表面粗糙度测量，即通过物体表面反射的太赫兹脉冲来表示不同程度的粗糙度[29]。

在汽车制造业方面，利用太赫兹光谱可精确测量多层油漆的厚度，从而评估是否能将相邻的油漆层准确分开[30]。

关于考古出土金属表面的太赫兹研究，主要集中于表面粗糙度对层状样品反射的脉冲信号振幅和形状的影响，并探索该技术定量测量（太赫兹光束可到达的）材料界面的粗糙度的潜力。

通过在一系列适当的样品上进行角度测量来评估反射太赫兹脉冲的特性。在一枚真实的考古出土罗马硬币上进行了太赫兹检测，该硬币呈现出不同的腐蚀状况。利用电磁场模型对金属内外表面的粗糙度进行了测量，通过对比该方法与其他方法，如传统的接触微观轮廓分析和三维

数码显微镜[29]，实现了用参数表示表面纹理特征①。

第二节　清洗方法

一、晦暗的银器

银与环境污染物中的气态还原性硫化物反应后会生成Ag_2S晶体，从而导致银器表面呈暗色[31]。

为了评估各种清洗方法处理晦暗银器的效果，利用纯银和不纯的银（sterling silver）（含Ag 92%、Cu 8%）样品开展了六次循环实验，实验首先人为致使样品发生晦暗，再对其进行清洗。

用机械清洗方法时，会用到软性磨料和镶在旋转工具上的橡胶头，化学②清洗方法涉及螯合剂和酸溶液的使用，而电化学清洗方法主要指恒电位还原方法的应用[31]。

利用显微观察及光谱检测方法对银器表面形貌、成分、重量、颜色和光泽进行评估。实验结果表明，晦暗银器的清洗效果取决于清洗步骤和银的成分。机械方法保留了银器的原始形貌，但会导致大量的重量损失，且会快速发生再次晦暗现象。另一方面，化学清洗方法非常快速，但银器表面会遭到完全破坏。最后，电化学方法对于不纯的银样品的清洗效果不佳，但对纯银样品而言，该方法被证明是有效的[31]。

二、激光清洗

20世纪70年代晚期，约翰·阿斯穆斯（John Asmus）[32]首次报道了利用激光清洗金属器物的案例，他在表面覆盖钙质沉积物的铅器样品和

---

　　① 译者注：原文中7.0.13与7.0.11内容重复，均为能量色散X射线荧光分析，故在译文中删除7.0.13。

　　② 译者注：根据上下文，原文中"mechanical"应为"chemical"。

已经锈蚀的青铜器上进行了清洗试验[33]。

自此后，只有少量关于激光清洗金属器物的应用报道。1991 年，有研究介绍了将调Q红宝石激光器用于生锈青铜器的实验[34]。实验结果表明，长激光脉冲在照射金属器物时更有可能导致其表面发生熔化，因此，会优先考虑纳秒范围内的短激光脉冲。

随后，拉夫堡大学（Loughborough University）利用横向激励大气压（Transerse Exated Atnospheve, TEA）CO_2激光器对金属的激光清洗过程展开了系统研究。该研究对各类金属如铜、青铜、不锈钢、铅和黄铜样品的激光清洗效果进行了调查，研究表明，激光清洗对去除油漆及具有有机特性的污渍尤其有效，且不会对其金属基底造成损伤[35, 36]。

有研究在出土金属器物上开展了激光清洗方法应用实验[33]，调查了不同激光光源的效果，对器物进行了彻底处理，并从可操作性和美学角度进行了评估。例如，利用调Q（QS）和SFR Nd:YAG激光对青铜器进行清洗时，会针对锈蚀变化层产生选择性的剥蚀，使得氧化层得以保留，而不暴露金属基体。

调Q是一种产生脉冲输出激光束的技术，该技术能够产生在瓦特（GW）范围内的光脉冲能量[37]。SFR模式代表短时脉冲自由振荡。该术语意为只要泵浦系统足以维持激光发射条件，激光就会持续发射。脉冲持续时间主要取决于泵源，一般在微秒（μs）至毫秒（ms）的范围内。

在对表面覆盖钙质凝结物的铜和青铜样品进行清洗时，发现激光辐照会影响颜色的变化。绿色的表面生成产物局部变为灰色到红色不等，颜色变化主要取决于样品本身。结果表明，激光清洗方法具有选择性且非常精确，能够将表面细节信息保留下来[33]。

（一）人工老化的铜样品

在人工老化的铜样品上开展了激光清洗实验[38]，并对比了使用不同激光辐射值和不同的激光扫描次数的实验结果。首先利用光学显微镜、扫描电子显微镜、X射线衍射及X射线光电子能谱对清洗过的表面进行了分析。分析结果表明，利用近红外激光清洗方法成功地去除了金属器物表面的锈蚀产物。使用较高的辐射量进行清洗或重复进行激光清洗时，器物表面会观察到轻微的变化。还使用光纤反射光谱对样品进行了分析，利用反射光谱特征可将金属、腐蚀产物层及清洗过的表面区分开[38]。

（二）晦暗的银器

银器发生晦暗的机理涉及以下相关化学反应：

$$2Ag + H_2S + \frac{1}{2}O_2 \rightarrow Ag_2S + H_2O \qquad （7.3）$$

$$2Ag + OCS \rightarrow Ag_2S + CO \qquad （7.4）$$

Ag_2S是一种黑色的化合物，其形成使得银器表面光泽尽失，且颜色变暗。这对于历史文物而言是不可接受的。

利用波长为1 064nm、532nm和266nm的纳秒调Q Nd:YAG激光器，对纯银和不纯的银的基体进行了激光清洗试验[39]。为了评估周期性激光清洗处理方法的效果，在银试样上开展了几轮晦暗处理——激光清洗循环试验，并对样品进行了重量与色度测定及扫描电镜、X射线光电子能谱与显微拉曼光谱分析。结果表明，这三个波长的激光均不适用于纯银器物的清洗，而对于不纯的银器而言，最适用的可见激光波长为532nm[39]。

三、等离子体溅射

公元50年至700年间，在现代秘鲁的北部海岸，莫切（Moche）文明十分兴盛。精巧的金属工匠被认为是这个区域首饰品和艺术品的最好生产者[40]。

莫切金属工匠开发了几种铜与银或铜与金、银的合金[41]。这些合金
的成分变化幅度较大，工匠们将这些合金作为原材料打制成金属片，通
过耗减鎏金法（depletion gilding）和电化学镀层法制造出银色或金色的
金属器物。

特别而言，铜金合金（tumbaga）是由一种铜和金的合金，采用元
素耗减和富集着色工艺制成。在铜含量较高的区域，该合金会遭受腐
蚀。此外，工匠们发明了一种将银或金的薄层沉积到铜表面的电化学方
法，即将金和银溶解于腐蚀性水溶液中，通过电化学置换方法将这些贵
金属从溶液中电镀到铜器上。大多数器物是通过将金属薄片置于实心金
属或木制模子上进行仔细捶打而制成的，因此，制成尺寸和形状几乎一
样的复制品是有可能的[41]。

利用电子回旋共振仪等离子体溅射法对西潘（Sipán）皇家陵墓出土
的莫切器物进行了清洗[42]。莫切文明，又称莫切文化，在公元100年至
750年的秘鲁北部十分兴盛[43]。在成功清洗器物之后，利用多种互补性
的分析方法对该件器物进行了检测，如质子激发X射线发射光谱、卢瑟
福背散射光谱、X射线衍射、电子显微镜及电感耦合等离子体质谱。通
过这些方法可以测定金和银的表面层状结构和元素组成，这有利于研究
莫切文化金属工匠使用的鎏金工艺[42]。

此外，有研究利用便携式X射线能谱仪对50件金属器物进行了分
析[40]，该仪器主要包含一个小型的X射线光管和一个热电致冷的小型X
射线探测器。利用金银合金标准样品对仪器进行了校准，用于样品的定
量检测。

这些器物主要包括金、银、铜合金、铜鎏金和铜金合金，最后一种
合金是一种贫金合金，通过耗减鎏金工艺去除表面的铜和银，同时，在
表面富集金。

对于金、银和铜合金，可通过EDX测定其组分[40, 44]，对于铜鎏金

或铜金合金，可通过X射线谱图准确测定Cu（K_α/K_β）比值和Au-L_α与Cu-K_α的比值。因此，较易将铜鎏金和铜金合金区分开来。此外，还可测得铜金合金的鎏金层厚度或等效鎏金厚度。当电子从更高能的轨道（L或M轨道）跃迁到内部K层时即出现K_α和K_β[45]。

结合这两个比值可明确合金组成特征，如金、鎏金或铜金合金，还可准确测量鎏金青铜器表面鎏金层的厚度。例如测得铜金合金的等效金层厚度约为2.8um。表7-2总结了三个墓葬中合金的平均成分。

表 7-2　不同墓葬金器的组成成分[40]

墓葬	金 /%	铜 /%	银 /%
西潘王墓葬（Del Señor de Sipán）	68.6	8	23
祭司墓葬（Del Sacerdote）	69	8	23
其他墓葬	75	10.5	14.5

四、铁与铜合金的热化学处理

考古出土金属器物由于其物理和化学因素而导致腐蚀，需要对其进行保护[46]。在过去的几十年内，金属保护和修复技术已经发展起来，但也存在一些缺点，造成表面保护涂层难以去除等问题。

有研究在185~200℃的温度下，对几种化学试剂开展了对比实验。针对考古出土铁器，开发了一种去除其封护层中含有的聚乙烯醇缩丁醛胶粘剂的方法。但在清洗封护层过程中发现如下问题[46]：

（1）异丙醇被证明是一种较差的聚乙烯醇缩丁醛的溶剂。为了破坏聚乙烯醇缩丁醛的化学键，有必要将器物浸泡于酒精中放置几天，但无法保证聚乙烯醇缩丁醛均匀地玻璃化和脆化。因此，需要对同一器物反复处理至少2~3次。在酒精中煮沸也无法使聚乙烯醇缩丁醛均匀溶解。

（2）将器物浸泡于丙酮中放置3天，同时在185℃、200℃和210℃

的温度下进行热处理，聚乙烯醇缩丁醛的聚合层会变脆，用抛光仪上的金属刷可以将器物上的聚合层去除掉，但发现聚合层溶解不均匀。在丙酮中煮沸的效果令人满意，煮沸2~3h后，器物整个表面的聚乙烯醇缩丁醛粘接层溶解均匀。

（3）醋酸乙酯（见图7-2）与聚合层反应快速，能够将聚乙烯醇缩丁醛胶粘剂清除掉。但是，该反应只在表面层发生，因此需结合化学和机械方法，重复处理几次。聚乙烯醇缩丁醛在醋酸乙酯中浸泡处理效果较好，在5~10h内会溶解，浸泡时间取决于粘接层厚度。但是醋酸乙酯是一种易爆品，且具有毒性，还会对眼睛和呼吸道的黏膜产生刺激，该溶剂对皮肤会造成皮炎和湿疹。在工作区域该物质在空气中所允许的最大浓度应为 200 mgm^{-3}，闪点为 2℃，引燃温度为 400℃。

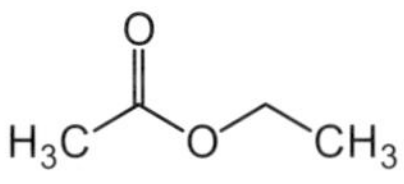

图 7-2　醋酸乙酯

第三节　金属的特殊用途

一、水下遗址考古材料

有研究详细介绍了关于水下遗址考古材料的保护方法等内容，主要集中于以下几个方面[47, 48]：

（1）胶粘剂和加固剂。

（2）骨头、象牙、牙齿和鹿角的保护。

（3）陶器保护。

（4）玻璃保护。

（5）木材保护。

（6）皮革保护。

（7）纺织品保护。

（8）铁器保护。

（9）铜、青铜和黄铜的保护。

（10）银器保护。

（11）铅器、锡器和铅合金器的保护。

（12）金器和金基合金器物的保护。

二、青铜盾牌

有研究描述了在局部矿化的金属芯和锈层结构中出现的非典型形成物[49]。利用光学显微镜和SEM-EDX对样品进行了分析。青铜盾牌锈蚀中这种非典型形成物是在其埋藏阶段生成的，该器物可追溯至公元前1世纪至1世纪。在盾牌边缘选取一个具有代表性的残片，然后利用光学显微镜和扫描电镜能谱进行分析[49]。

通过以上方法观察了样品形貌，研究了样品表面及基体内部在埋藏阶段形成的化合物的组成成分和位置分布。该产物的形成是在遗址环境污染因素影响下的物理和化学变化过程，如整体化（monolithization）、矿化，在该过程中形成了成分和物相复杂的一系列结构。

这些形成产物被认为是由外因和基体内部因素造成的表面现象，在古代青铜器物中经常被发现，如外部的扁平痣状（flat mole）生成物和基体层状结构中的李泽冈（Liesegang）效应[50]。

一些形成产物在结构、组成和形成机理方面具有非典型特征，可以利用这些特征进行考古断代[49]。

实际上，通过对盾牌进行分析可得出以下结论[49]：

（1）在埋藏阶段，固定皮质盾牌木板的青铜边缘发生了化学变化，其化学特性（如腐蚀）和物理结构（如侵蚀、变平及开裂）受到了影响。

（2）在锈层中发现了基本的合金成分（Cu、Sn和Fe），三种锈蚀的组成成分经历了整体化和再结晶的过程。

（3）含有C、S和P元素可归因于盾牌的橡木和皮革封面。

（4）锈层包含一系列的表面现象，如李泽冈效应。扁平痣状生成物包含圆形连续的锈层结构，尺寸由外向里不断减小，底部固定在锈壳上。

（5）在有限的区域内发现李泽冈现象，在该区域，锡由于偏析作用发生了富集，因此形成了薄层的水胶体。

（6）由组成成分和元素分布表明该器物为一面盾牌，由木头制成，表面覆盖皮革，盾牌边缘由青铜框固定，并用铆钉牢固。

三、铜与青铜斧

有研究利用显微X射线荧光分析和中子成像技术，如2D射线照相和3D断层扫描，研究了四件西伊比利亚青铜时代早中期的金属斧[51]。这一阶段的特征是从使用铜转变为使用青铜。

X射线荧光分析结果表明其中一件斧头由铜和少量砷制成，而其他三件斧头由铜锡合金制成，如青铜由锡和少量砷和铅制成，锡的含量变化较大。

利用中子探伤和断层扫描方法对斧头内部非均质材料进行无损研究。与传统的X射线照相相比，中子同物质相互作用，能够在相对较厚的铜基器物上产生适当的穿透力。中子成像能够将内部裂缝和孔洞显现出来，并能评估其分布位置、尺寸和形状，从而可获取古代制作技术复原等相关信息。经观察发现，制造其中一件斧头时，将模具放置成25°角，可能是为了便于在倾倒金属液时使内部气体跑出。此外，还可以获取关于斧头的物理缺陷等信息，为保护这些器物提供相关数据[51]。

综上可得，显微XRF分析非常适用于没有锈层的器物的表面小区域研究。结果表明其中一把斧头由铜和砷制成，与铜器时代至青铜时代早中期的冶金传统一致，而其他三件由青铜制成，这是西伊比利亚青铜时代中期开始引入的新合金[51]。

四、硬币

考古出土的硬币能为考古学家提供有价值的信息，因此非常重要。

（一）古青铜币的鉴定

有研究介绍了古代青铜硬币锈层结构中的主要化合物，对比了其化学成分和矿物分布[52]。使用显微化学法、比色法及光谱法对硬币进行了测定。结果表明，锈层结构中的化学元素层状分布特征由考古遗址中土壤环境造成，可用于鉴定古代青铜器的真伪。在锈层结构中可以分辨出三种类型的生成产物：第一种类型是由于腐蚀作用而形成；第二种类型是由于酸碱反应导致，主要是通过水解反应和离子交换作用而形成；第三种类型由于混合作用导致，如扩散、偏析、沉积及其他原因。

这些锈蚀产物在不同的区域生成，具有不同的特征。在器物使用阶段生成了氧化物和硫化物，形成了初始锈层；在器物使用的最后阶段和土壤埋藏的初始阶段生成了卤化物、氢氧化物、碳酸盐、硫酸盐、磷酸盐等，即为次生锈层。最后，经过扩散、偏析、沉积和再结晶等物理过程，形成了混合锈层。该研究解释了锈层形成的内在机制，而且评估了年代因素对锈层的影响。这些研究为鉴定器物真伪提供了一系列要素，如合金特征、矿物种类、硬币来源（如制成时间和地点）[52]。

有研究介绍了古代拜占庭六件青铜硬币的锈蚀产物及合金的分析鉴定方法，这些青铜币均发现于同一个Nufărul考古遗址（罗马尼亚图尔恰县）[53]。利用反射比色法、红外光谱、X射线衍射及扫描电镜能谱法对显微层状结构，如锈层进行了检测。该检测清晰表明了三种类型锈蚀的层状形貌，锈层结构中化学成分的层状分布是由于考古遗址中土壤作用而形成，该特征可作为鉴定古代青铜器真伪的重要因素[53]。

（二）锈蚀与土壤组成之间的关系

关于影响金属器物发生腐蚀的最重要因素，目前只有少量报道[54]。在罗马瓦伦蒂尼宫（Palazzo Valentini）考古遗址出土了一系列古代硬币，同时采集了硬币周围的土壤，距离有远也有近。为了建立硬币表面锈蚀产物与土壤特征之间的关系，采用了不同的分析方法，如XRD、电导率，此外还测定了考古遗址含水地层和表面的可溶盐含量。分析结果充分表明了碱性土壤对锈层形成所造成的影响。经鉴定发现，白铅矿是最主要的锈蚀产物，这可能是由于水在富含大理石和灰泥碎片的土壤层中发生循环而导致。通过对硬币和土壤清洗液的电导率、pH和可溶盐含量的测定，可确定来自不同遗址地层单元的硬币的来源。通过聚类分析和多元分析结果，确立了硬币和附近土壤样品之间的关系[54]。

（三）保护过程

碱性罗谢尔盐清洗：有研究介绍了海洋出水银币的清洗与保护过程[55]。硬币为舒艾拜窖藏硬币（Shoiba Hoard Coin），来自沙特阿拉伯吉达（Jeddah）附近的红海区域。

对以下5种保护方法进行了实验[55]：

（1）碱性罗谢尔盐。

（2）碱性连二亚硫酸盐还原法。

（3）电解还原法。

（4）碱性罗谢尔盐与碱性连二亚硫酸盐还原法联用。

（5）碱性罗谢尔盐法结合电解还原法。

在硬币上对所有清洗方法均开展实验（硬币未经过机械清洗）。表7-3总结了这些清洗方法的有效性。以下将对清洗结果进行详细说明。[55]

表 7-3　清洗方法的有效性[55]

方法	有效性
碱性罗谢尔盐	部分有效
碱性连二亚硫酸盐还原法	效果不佳
电解还原法	效果不佳
碱性罗谢尔盐与碱性连二亚硫酸盐还原法联用	有效
碱性罗谢尔盐法结合电解还原法	有效

　　虽然碱性罗谢尔盐无法将海洋出水考古银币的锈蚀产物完全去除，但因为碱性罗谢尔盐法对此类硬币不造成损伤，故认为应该在使用其他清洗方法之前先采用该方法，这是一个重要的过程。

　　电解还原法是去除锈层的有效方法，且未使用碱性罗谢尔盐进行预处理，但对于含铜的合金银币，不推荐使用该方法，因为可能会有在银币表面镀一层铜的危险。

　　另外，将碱性罗谢尔盐法和碱性连二亚硫酸盐还原法或电解还原法结合，对海洋出水考古银币的清洗均有效。

　　经过清洗后的硬币表面光亮均一，硬币表面的铭文字迹清晰可见，效果较好[55]。

　　激光清洗：有研究者对奈季兰（Najran）藏品中已锈蚀的考古硬币进行了研究[56]。这些藏品发现于沙特阿拉伯奈季兰市乌赫杜德（Al-Okhdood）考古遗址，可追溯至伊斯兰时代以前。

　　由于长期埋藏导致硬币腐蚀劣化，发现其表面覆盖厚层锈蚀产物。硬币发生了严重变形，以至于无法观察到原始表面的任何细节。锈层包含一个近似的复合结构，包括金属残留、矿化产物、金属相及不溶物相，这些物相和产物是土壤和金属锈蚀物相互作用而形成的。

利用波长为 1 064nm 的调Q Nd:YAG 激光器对硬币进行清洗，发现该法是一种非常适用的清洗方法。在清洗一枚表面覆盖厚层锈蚀的银币时发现，30 脉冲是清洗该银币的最佳条件，在该条件下银币的表面被揭示了出来。相比之下，对于表面具有薄层锈蚀的银币（如之前经过机械清洗的硬币），10 脉冲是揭示出银币表面的最佳清洗条件。结果表明，经过激光清洗后，试验硬币表面的所有锈蚀产物均被去除了。另外，清洗硬币方法还可防止腐蚀过程的再次发生[56]。

（四）一件青铜钟的激光清洗

有研究报道了对一件室外青铜钟的UV激光清洗处理的实验结果。此件青铜钟可追溯至 7 世纪下半叶[57]。

二氧化硫和二氧化氮中在空气中易生成硫酸和亚硝酸，青铜器暴露于空气中会发生腐蚀，反应如下：

$$SO_2 + 2NO_2 + 2H_2O \rightleftharpoons 2H_2SO_4 + 2HNO_2 \qquad （7.5）^{①}$$

通过溶解钝化膜和形成吸湿性金属硫酸盐，青铜材料的腐蚀速率会加快。

在清洗处理之前、中、后，利用能量色散X射线荧光对青铜钟进行无损分析，目的是评估激光烧蚀阈值，判断激光清洗过程的效率，避免激光对钟造成损坏，并确定锈蚀和合金的成分含量。

利用便携EDXRF对激光清洗过程中硫、氯、钙、铜、铅和锡的含量变化进行了评估，如表 7-4 所示。数据表明，在激光清洗处理过程中，硫和钙的含量逐渐减少且可控；代表合金特征的元素，如铜、锡和铅的含量增加了[57]。

---

① 译者注：原文化学式（7.5）有误，根据本章参考文献［57］，将反应产物修改为 HNO_2。

表 7-4　激光清洗过程中的元素变化[①]

	未处理	磨蚀			
		1	2	3	4
总计数	0	20	40	100	190
激光剂量Jcm^{-2}	0	13.6 ± 1.9	28 ± 4	70 ± 10	133 ± 18
S%/(w/w)	3.3 ± 0.3	2.8 ± 0.3	2.8 ± 0.3	1.6 ± 0.2	1.0 ± 0.2
Ca%/(w/w)	15.7 ± 0.8	14.8 ± 0.8	14.7 ± 0.7	12.6 ± 0.7	13.1 ± 0.6
Cu%/(w/w)	40 ± 2	49 ± 2	49 ± 2	54 ± 3	55 ± 3
Pb%/(w/w)	1.8 ± 0.2	2.3 ± 0.2	2.3 ± 0.2	2.6 ± 0.2	2.9 ± 0.2
Sn%/(w/w)	14.1 ± 0.2	16.2 ± 0.2	17.5 ± 0.2	17.9 ± 0.2	17.6 ± 0.2

[①]　译者注：根据本章参考文献 [57]，原文表 7-4 中所有数据未注明误差范围，译文中已修改。

参考文献

第一章 绘画

[1] S. Hackney, The art and science of cleaning paintings, in M.R Mecklenburg, A.E. Charola, and R.J. Koestler, eds., *New Insights into the Cleaning of Paintings,* Vol. 3 of *Smithsonian Contributions to Museum Conservation,* p. 11, Washington, D.C., 2013. Universidad Politécnica de Valencia and Museum Conservation Institute, Smithsonian Institution Scholarly Press.

[2] M. Doerner, *Malmaterial und seine Verwendung im Bilde,* Verlag für Praktische Kunstwissenschaft, München, 6th edition, 1921, Reprint 1938.

[3] C. Sitwell, *Studies in the History of Painting Restoration,* Archetype Publications in association with the National Trust, London, 1998.

[4] R. Wolbers, *Cleaning Painted Surfaces: Aqueous Methods,* Archetype Publications, London, 2000.

[5] W. Percival-Prescott, *Studies in Conservation,* Vol. 35, p. 73, September

1990.

[6] T. Caley, *Studies in Conservation,* Vol. 35, p. 70, September 1990.

[7] R. Wolbers, A. Norbutus, and A. Lagalante, Cleaning of acrylic emulsion paints: Preliminary extractive studies with two commercial paint systems, in M.F. Mecklenburg, A.E. Charola, and R.J. Koestler, eds., *New Insights into the Cleaning of Paintings,* Vol. 3 of *Smithsonian Contributions to Museum Conservation,* pp. 147-158, Washington, D.C., 2013. Universidad Politécnica de Valencia and Museum Conservation Institute, Smithsonian Institution Scholarly Press.

[8] K. Laudenbacher, Considerations of the cleaning of paintings, in M.F. ecklenburg, A.E. Charola, and R.J. Koestler, eds., *New Insights into the Cleaning of Paintings,* Vol. 3 of *Smithsonian Contributions to Museum Conservation,* p. 7, Washington, D.C., 2013. Universidad Politécnica de Valencia and Museum Conservation Institute, Smithsonian Institution Scholarly Press.

[9] J. Clifton, *The Conservation and Restoration of Paintings: An Introduction,* McFarland & Co., 1988.

[10] C.M. Groen, *Paintings in the Laboratory: Scientific Examination for Art History and Conservation.* PhD thesis, Amsterdam Institute for Humanities Research, Amsterdam, 2011.

[11] S.G. Fernández-Villa, *Ge-conservación/conservação,* Vol. 8, p. 58, 2015.

[12] A. Massing, *Painting Restoration Before La Restauration: The Origins of the Profession in France,* Harvey Miller Hamilton Kerr Institute, University of Cambridge, London, Cambridge, 2012.

[13] S. Schmitt, *Zeitschrift für Kunsttechnologie und Konservierung,* Vol. 4, p. 30, 1990.

[14] Ê. Sutherland, Â. Price, A. Lins, I. Passeri, M. Mecklenburg, A. Charola, and R. Koestler, Oxalate-rich surface layers on paintings: Implications for interpretation and cleaning, in M.F. Mecklenburg, A.E. Charola, and R.J. Koestler, eds., *New Insights into the Cleaning of Paintings,* Vol. 3 of *Smithsonian Contributions to Museum Conservation,* pp. 85-88, Washington, D.C., 2013. Universidad Politécnica de Valencia and Museum Conservation Institute, Smithsonian Institution Scholarly Press.

[15] J. Stoner, *The Conservation of Easel Paintings,* Routledge, London, 2012.

[16] R. Drewello and R. Weissmann, *Applied Microbiology and Biotechnology,* Vol. 47, p. 337, April 1997.

[17] C. Messal, T. Gerber, and G. Ballin, *Materials and Corrosion,* Vol. 50, p. 166, 1999.

[18] V. Alunno-Rossetti and M. Marabelli, *Studies in Conservation,* Vol. 21, p. 161, November 1976.

[19] J. Scully, K. Nassau, PK. Gallagher, A.E. Miller, and T.E. Graedel, *Corrosion Science,* Vol. 27, p. 669,1987.

[20] L.S. Selwyn, N.E. Binnie, J. Poitras, M.E. Laver, and D.A. Downham, *Studies in Conservation,* Vol. 41, p. 205, January 1996.

[21] M. Cotte, P. Walter, G. Tsoucaris, and P. Dumas, *Vibrational Spectroscopy,* Vol. 38, p. 159, 2005.

[22] R. Arbizzani and U. Casellato, The Scrovegni Chapel at Padova: Chemical investigations on the polychromy of wooden furnishings, in *The Fifth Infrared and Raman Users Group Meeting,* pp. 117-119, Los Angeles, 2002. Getty Conservation Institute.

[23] K. Sutherland, B.A. Price, I. Passeri, and M. Tucker, A study of the ma-

terials of Pontormo's *Portrait of Alessandro de Medici,* in *Symposium OO - Materials Issues in Art and Archaeology VII,* Vol. 852 of *MRS Proceedings,* 2004.

[24]   C. Higgitt and R. White, *National Gallery Technical Bulletin,* Vol. 26, p. 89, 2005.

[25]   A. van Loon, *Color Changes and Chemical Reactivity in Seventeenth-century Oil Paintings.* Ph.D thesis, Swammerdam Institute for Life Sciences (SILS), Amsterdam, 2008.

[26]   M. Matteini, A. Moles, G. Lanterna, C. Lalli, M.R. Nepoti, M. Rizzi, and I. Tosini, *Characteristics of the materials and techniques* in M. Ciatti and M. Seidel, eds., *Giotto: The Santa Maria Novella Crucifix,* pp. 387- 403. EDIFIR-Edizioni Firenze, Florence, 2002.

[27]   A. Casoli, Z. Di Diego, and C. Isca, *Environ. Sci. Pollut. Res.,* Vol. 21, p. 13252, March 2014.

[28]   M. Daudin-Schotte, M. Bisschoff, I. Joosten, H. van Keulen, and K.J. van den Berg, Dry cleaning approaches for unvarnished paint surfaces, in M.F. Mecklenburg, A.E. Charola, and R.J. Koestler, eds., *New Insights into the Cleaning of Paintings,* Vol. 3 of *Smithsonian Contributions to Museum Conservation,* pp. 209-219, Washington, D.C., 2013. Universidad Politécnica de Valencia and Museum Conservation Institute, Smithsonian Institution Scholarly Press.

[29]   E. Estabrook, *Journal of the American Institute for Conservation,* Vol. 28, p. 79, 1989.

[30]   A.W. Brokerhof, S. de Groot, L.J. Pedersoli, Jr., H. van Keulen, B. Reissland, and F. Ligterink, *Papierrestaurierung,* Vol. 3, p. 13, 2002.

[31]   M. Noehles, *Papierrestaurierung,* Vol. *3,* p. 22, 2002.

[32]   S. Schorbach, *Zeitschrift für Kunsttechnologie und Konservierung,* Vol.

23, p. 41, 2009.

[33] A. Phenix and K. Sutherland, *Reviews in Conservation,* Vol. *2,* p. 47, 2001.

[34] A. Phenix, *Zeitschrift für Kunsttechnologie und Konservierung,* Vol. 12, p. 387,1998.

[35] A.F.M. Barton, *Chem. Rev,* Vol. 75, p. 731, December 1975.

[36] A. Phenix, *WAAC Newsletter,* Vol. 20, September 1998.

[37] J.L. Gardon and J.P Teas, *Solubility parameters* in R.R. Myers and J.S. Long, eds., *Treatise on Coatings Part II,* Vol. *2,* pp. 413^71. Marcel Dekker, New York, 1976.

[38] G.D. Smith and R. Johnson, *WAAC Newletter,* Vol. 30, p. 11, January 2008 .

[39] C. Stavroudis and S. Blank, *WAAC Newsletter,* Vol. 11, p. *2,* May 1989.

[40] C. McGlinchey, *WAAC Newsletter,* Vol. 24, p. 17, May 2002.

[41] A. Phenix, *Journal of the American Institute for Conservation,* Vol. 41, January 2002.

[42] T. Fardi, E. Stefanis, C. Panayiotou, S. Abbott, and S. van Loon, *Journal of Cultural Heritage,* Vol. 15, p. 583, November 2014.

[43] S. Zumbühl, E.S.B. Ferreira, N.C. Scherrer, and V. Schaible, The noni-deal action of binary solvent mixtures on oil and alkyd paint: Influence of selective solvation and cavitation energy, in M.F. Mecklenburg, A.E. Charola, and R.J. Koestler, eds., *New Insights into the Cleaning of Paintings,* Vol. 3 of *Smithsonian Contributions to Museum Conserva-tion,* pp. 97-105, Washington, D.C., 2013. Universidad Politécnica de Valencia and Museum Conservation Institute, Smithsonian Institution Scholarly Press.

[44] Y. Marcus, *Solvent Mixtures: Properties and Selective Solvation,* Mar-

cel Dekker, Inc., New York, 2002.

[45]   C. Reichardt, *Solvents and Solvent Effects in Organic Chemistry,* VCH, Weinheim, Germany, New York, NY, 1988.

[46]   J. Chipperfield, *Non-Aqueous Solvents,* Oxford University Press, Oxford, New York, 1999.

[47]   K.-H. Hellwege, *Thermodynamic equilibria of boiling mixtures* in J. Weishaupt, ed., *Macroscopic and Technical Properties of Matter,* Vol. 3 of *Landolt Bornstein - Numerical Data and Functional Relationships in Science and Technology,* pp. 1-276. Springer, Berlin, 1975.

[48]   J.A.L. Domingues, N. Bonelli, R. Giorgi, E. Fratini, F. Gorel, and P. Baglioni, *Langmuir,* Vol. 29, p. 2746, 2013.

[49]   E. Carretti, L. Dei, R.G. Weiss, and P. Baglioni, *Journal of Cultural Heritage,* Vol. 9, p. 386, September-December 2008.

[50]   R. Giorgi, M. Baglioni, D. Berti, and P. Baglioni, *Acc. Chem. Res.,* Vol. 43, p. 695, June 2010.

[51]   D. Chelazzi, G. Poggi, Y. Jaidar, N. Toccafondi, R. Giorgi, and P. Baglioni, *Journal of Colloid and Interface Science,* Vol. 392, p. 42, February 2013.

[52]   C. Stavroudis and T. Doherty, The modular cleaning program in practice: Application to acrylic paintings, in M.F. Mecklenburg, A.E. Charola, and R.J. Koestler, eds., *New Insights into the Cleaning of Paintings,* Vol. 3 of *Smithsonian Contributions to Museum Conservation,* p. 139, Washington, D.C., 2013. Universidad Politécnica de Valencia and Museum Conservation Institute, Smithsonian Institution Scholarly Press.

[53]   C. Stavroudis and T. Doherty, *WAAC Newsletter,* Vol. 29, p. *9,* 2007.

[54]   A. Murray, C.C.d. Berenfeld, S.S. Chang, E. Jablonski, T. Klein, M.C. Riggs, E.C. Robertson, and W.A. Tse, The condition and cleaning of

acrylic emulsion paintings, in *Symposium II-Materials Issues in Art and Archaeology VI,* Vol. 712 of *MRS Proceedings,* p. Ill.4 (8 pages), 2002 .

[55] J.R. Druzik and G.R. Cass, A new look at soiling of contemporary paintings by soot in art museums, in *The Indoor Air Quality Meeting for Museums Conference Report,* pp. 22-27, 2000.

[56] B. Ormsby, P. Smithen, F. Hoogland, C. Miliani, and T. Learner, A scientific evaluation of surface cleaning acrylic emulsion paintings, in J. Bridgeland, ed., *Preprints ICOM-CC 15th Trienn ConfNew Delhi,* pp. 865-873, 2008.

[57] B. Ormsby and T. Learner, *Studies in Conservation,* Vol. 54, p. 29, 2009.

[58] S. Croll, T.J.S. Learner, and P. Smithen, Overview of developments in the paint industry since 1930, in *Modern Paints Uncovered: Proceedings from the Modern Paints Uncovered Symposium,* pp. 17-29. Getty Publications, 2007.

[59] S.F. Zumbühl, N. Attanasio, W. Scherrer, N. Müller, N. Fenners, and W. Caseri, Solvent action on dispersion paint systems and the influence on the morphology - changes and destruction of the latex microstructure, in T. Learner, P. Smithen, J. Krüger, and M. Schilling, eds., *Modern Paints Uncovered,* pp. 257-268, Los Angeles, 2007. The Getty Conservation Institute.

[60] A. Pereira, M.J. Melo, P. Eaton, S. Schafer, and T. Learner, A preliminary study into the effects of cleaning polyvinyl acetate paints, in M.F. Mecklenburg, A.E. Charola, and R.J. Koestler, eds., *New Insights into the Cleaning of Paintings,* Vol. 3 of *Smithsonian Contributions to Museum Conservation,* p. 135, Washington, D.C., 2013. Universidad Politécnica de Valencia and Museum Conservation Institute, Smithsonian Institution Scholarly Press.

[61] E. Signorini, Surface cleaning of paintings and polychrome objects in Italy: The last 15 years, in M.F. Mecklenburg, A.E. Charola, and R.J. Koestler, eds., *New Insights into the Cleaning of Paintings,* Vol. 3 of *Smithsonian Contributions to Museum Conservation,* p. 17, Washington, D.C., 2013. Universidad Politécnica de Valencia and Museum Conservation Institute, Smithsonian Institution Scholarly Press.

[62] D.L. Weaire, *The Physics of Foams,* Clarendon Press, Oxford, New York, 1999.

[63] A. Heckenbücker and P. Demuth, Surface cleaning with aqueous foams, in M.F. Mecklenburg, A.E. Charola, and R.J. Koestler, eds., *New Insights into the Cleaning of Paintings,* Vol. 3 of *Smithsonian Contributions to Museum Conservation,* pp. 225-227, Washington, D.C., 2013. Universidad Politécnica de Valencia and Museum Conservation Institute, Smithsonian Institution Scholarly Press.

[64] J.L. Kaplan and R. Namiat, Method to remove foxing stains from paper & celluloid items, US Patent 7462202, December 9, 2008.

[65] I. Hausmann and P. Demuth, The Schlürfer: A vacuum technique for the cleaning of paintings, in M.F. Mecklenburg, A.E. Charola, and R.J. Koestler, eds., *New Insights into the Cleaning of Paintings,* Vol. 3 of *Smithsonian Contributions to Museum Conservation,* pp. 221-224, Washington, D.C., 2013. Universidad Politécnica de Valencia and Museum Conservation Institute, Smithsonian Institution Scholarly Press.

[66] J. Brus and P. Kotlik, *Studies in Conservation,* Vol. 41, p. 109, 1996.

[67] J. Podany, K.M. Garland, W.R. Freeman, and J. Rogers, *Journal of the American Institute for Conservation,* Vol. 40, p. 15, Spring 2001.

[68] S. Chapman and D. Mason, *Journal of The American Institute for Conservation,* Vol. 42, p. 381, 2003.

[69]   S.Q. Lomax and S.L. Fisher, *Journal of the American Institute for Conservation,* Vol. 29, p. 181, Autumn 1990.

[70]   E.R. de la Rie and A.M. Shedrinsky, *Studies in Conservation,* Vol. 34, p. 9,1989.

[71]   J. Arslanoglu and T. Learner, *The Conservator,* Vol. 25, p. 62, 2001.

[72]   P. Spathis, E. Karagiannidou, and A.-E. Magoula, *Studies in Conservation,* Vol. 48, p. 57, 2003.

[73]   E. Carretti, L. Dei, and P. Baglioni, *Langmuir,* Vol. 19, p. 7867, 2003.

[74]   E. Carretti, Â. Salvadori, P. Baglioni, and L. Dei, *Studies in Conservation,* Vol. 50, p. 128, 2005.

[75]   R. Bellucci, P. Cremonesi, and G. Pignagnoli, *Studies in Conservation,* Vol. 44, p. 278,1999.

[76]   P. Pouli, A. Nevin, A. Andreotti, P. Colombini, S. Georgiou, and C. Fotakis, *Applied Surface Science,* Vol. 255, p. 4955, February 2009.

[77]   M. Cooper, *Laser Cleaning in Conservation: An Introduction,* Butterworth-Heinemann, Woburn, MA, 1998.

[78]   C. Fotakis, D. Anglos, S. Georgiou, V. Tornari, and V. Zafiropulos, *Lasers in the Preservation of Cultural Heritage: Principles and Applications,* Vol. 2 of *Series in Optics and Optoelectronics,* Taylor and Francis, 2006.

[79]   S. Georgiou, V. Zafiropulos, D. Anglos, C. Balas, V. Tornari, and C. Fotakis, *Applied Surface Science,* Vol. 127-129, p. 738,1998.

[80]   M. Lassithiotaki, A. Athanassiou, D. Anglos, S. Georgiou, and C. Fotakis, *Applied Physics A: Materials Science and Processing,* Vol. 69, p. 363,1999.

[81]   M. Gómez-Heras, M. Alvarez de Buergo, E. Rebollar, M. Oujja, M. Castillejo, and R. Fort, *Applied Surface Science,* Vol. 219, p. 290, 2003.

[82] M.L. Wolbarsht and A. deCruz, Method for cleaning artwork, US Patent 5 951778, assigned to deCruz and Wolbarsht, September 14, 1999.

[83] Wikipedia, Er:yag laser — wikipedia, the free encyclopedia, 2016. [Online; accessed 20-April-2016].

[84] D. Thompson, *The Materials and Techniques of Medieval Painting.* Dover Publications, New York, 1956.

[85] Wikipedia, Gesso — wikipedia, the free encyclopedia, 2016. [Online; accessed l-February-2017].

[86] B.A. Banks and S.K. Rutledge, Process for non-contact removal of organic coatings from the surface of paintings, US Patent 5 560 781, assigned to The United States of America as represented by the Administrator of the National Aeronautics and Space Administration, October 1, 1996.

[87] P. Cremonesi, Rigid gels and enzyme cleaning, in M.F. Mecklenburg, A.E. Charola, and R.J. Koestler, eds., *New Insights into the Cleaning of Paintings,* Vol. 3 of *Smithsonian Contributions to Museum Conservation,* pp. 179-183, Washington, D.C., 2013. Universidad Politécnica de Valencia and Museum Conservation Institute, Smithsonian Institution Scholarly Press.

[88] B. Veríssimo Mendes, K.J. Berg, L. Megens, I. Joosten, and M. Daudin, *New approaches to surface cleaning of unvarnished contemporary oil paintings - moist sponges and cloths* in J.K. van den Berg, A. Burnstock, M. de Keijzer, J. Krueger, T. Learner, A. Tagle, de, and G. Heydenreich, eds., *Issues in Contemporary Oil Paint,* pp. 373-388. Springer International Publishing, Cham, 2014.

[89] M. Baglioni, R. Giorgi, D. Berti, and P. Baglioni, *Nanoscale,* Vol. 4, p. 42, 2012.

[90] A. Nualart-Torroja, M. Oriola-Folch, and M. Mascarella-Vilageliu, Cleaning issues for nine Francesc Artigau pop art paintings, in M.F. Mecklenburg, A.E. Charola, and R.J. Koestler, eds., *New Insights into the Cleaning of Paintings*, Vol. 3 of *Smithsonian Contributions to Museum Conservation*, pp. 175-178, Washington, D.C., 2013. Universidad Politécnica de Valencia and Museum Conservation Institute, Smithsonian Institution Scholarly Press.

[91] M. Pons, *Conservation Issues in Modern and Contemporary Murals*, Cambridge Scholars Publishing, Newcastle upon Tyne, UK, 2015.

[92] E.R. de la Rie, *Analytical Chemistry*, Vol. 61, p. 1228A, 1989.

[93] C.A. Maines and E.R. de la Rie, *Progress in Organic Coatings*, Vol. 52, p. 39, January 2005.

[94] E.R. de la Rie and C.W. McGlinchey, *Studies in Conservation*, Vol. 35, p. 168,1990.

[95] I. Bonaduce, M.P Colombini, I. Degano, F. Di Girolamo, J. La Nasa, F. Modugno, and S. Orsini, *Analytical and Bioanalytical Chemistry*, Vol. 405, p. 1047, 2013.

[96] H. Piena, *Journal of the American Institute for Conservation*, Vol. 40, p. 59, 2001.

[97] V. Routledge, *WAAC Newsletters*, Vol. 22, p. N.A., May 2000. electronic: http://cool.conservation-us.org/waac/wn/wn22/wn22-2/ wn22-206. html.

[98] M.F. Pacheco, A.I. Pereira, A.J. Parola, and L.C. Branco, The use of ionic liquids for varnish removal: Effectiveness and risk evaluation, in M.F. Mecklenburg, A.E. Charola, and R.J. Koestler, eds., *New Insights into the Cleaning of Paintings*, Vol. 3 of *Smithsonian Contributions to Museum Conservation*, pp. 233-236, Washington, D.C., 2013. Universi-

dad Politécnica de Valencia and Museum Conservation Institute, Smithsonian Institution Scholarly Press.

[99] L.C. Branco, J.N. Rosa, J.J. Moura Ramos, and C.A.M. Afonso, *Chemistry - A European Journal,* Vol. 8, p. 3671, 2002.

[100] C.F. Poole, *Journal of Chromatography A,* Vol. 1037, p. 49, May 2004.

[101] J. Dupont, *Ionic liquids: Structure, properties and major applications in extraction/reaction techonology* in C.A.M. Afonso and J.P.G. Crespo, eds., *Green Separation Processes: Fundamentals and Applications,* pp. 229-245. John Wiley, New York, 2005.

[102] K. Sutherland, *Studies in Conservation,* Vol. 45, p. 54, 2000.

[103] J. Romero-Noguera, M.d.M. López-Miras, I. Martín-Sánchez, J.M. Ramos-Lopez, and F. Bolivar-Galiano, *Electronic Journal of Biotechnology,* Vol. 13, p. 0, November 2010.

[104] R. Morrison, *National Gallery Technical Bulletin,* Vol. 31, p. 112, 2010.

[105] G.A. Berger, *Formulating adhesives for the conservation of paintings* in N.S. Brommelle and P. Smith, eds., *Conservation and Restoration of Pictorial Art.* Butterworths-Heinemann, London, 1976.

[106] C.V. Horie, *Materials for Conservation: Organic Consolidants, Adhesives and Coatings,* Conservation and Museology Series, Elsevier, Butterworth-Heinemann, Oxford, reprint edition, 2005.

[107] B.A. Ormsby, A. Soldano, M.H. Keefe, A. Phenix, and T. Learner, *AIC Paint Spec. Gr. Postprints,* Vol. 23, p. 77, 2010.

[108] H.I. Zeliger and F.J. Nussbaum, Method of restoring and conserving oil paintings and resulting integrated permanent structure, US Patent 5 019 441, assigned to Zeliger and Nussbaum, May 28,1991.

[109] A. Barros, *Adhesives and Consolidants in Painting Conservation,* Ar-

chetype Publications, in association with the ICON Paintings Group, London, 2012.

[110] R.E. Fieux, Means and method of restoring documents, paintings and the like, US Patent 4 330 586, May 18,1982.

[111] M.T. Doménech-Carbó, *Analytica Chimica Acta,* Vol. 621, p. 109, July 2008 .

[112] J. Mills and R. White, *The Organic Chemistry of Museum Objects,* Butterworth-Heinemann, Oxford England Boston, 1994.

[113] C.V. Horie, *Materials for Conservation: Organic Consolidants, Adhesives and Coatings,* Routledge, New York, 2010.

[114] J. Nadolny, *Studies in Conservation,* Vol. 48, p. 39, 2003.

[115] A. Eibner, *Mouseion,* Vol. 13/14, p. 70,1931.

[116] W. Ostwald, *Sitzungsberichte der Kõniglich Preuflischen Akademie der Wissenschaften,* Vol. 5,1905.

[117] J.L. Ferreira, M.J. Melo, and A.M. Ramos, *Polymer Degradation and Stability,* Vol. 95, p. 453, April 2010.

[118] A. Roche, *Studies in Conservation,* Vol. 41, p. 45,1996.

[119] A. Cataldi, A. Dorigato, F. Deflorian, and A. Pegoretti, *Polymer Engineering & Science,* Vol. 55, p. 1349, March 2015.

[120] P. Baglioni, *Nanoscience for the Conservation of Works of Art,* Royal Society of Chemistry, Cambridge, 2013.

[121] E. Carretti, E. Fratini, D. Berti, L. Dei, and P. Baglioni, *Angew. Chem. Int. Ed.,* Vol. 48, p. 8966, November 2009.

[122] I. Natali, M.L. Saladino, F. Andriulo, D. Chillura Martino, E. Caponetti, E. Carretti, and L. Dei, *Journal of Cultural Heritage,* Vol. 15, p. 151, March 2014.

[123] R Baglioni, D. Berti, M. Bonini, E. Carretti, L. Dei, E. Fratini, and R.

Giorgi, *Advances in Colloid and Interface Science,* Vol. 205, p. 361, 2014.

[124] P.G. De Gennes and C. Taupin, /. *Phys. Chem.,* Vol. 86, p. 2294, June 1982.

[125] P. Baglioni, D. Chelazzi, R. Giorgi, and G. Poggi, *Langmuir,* Vol. 29, p. 5110, 2013.

[126] E. Carretti, R. Giorgi, D. Berti, and P. Baglioni, *Langmuir,* Vol. 23, p. 6396, May 2007.

[127] R. Giorgi, L. Dei, and P. Baglioni, *Studies in Conservation,* Vol. 45, p. 154, September 2000.

[128] M. Ambrosi, L. Dei, R. Giorgi, C. Neto, and P. Baglioni, *Langmuir,* Vol. 17, p. 4251, July 2001.

[129] V. Daniele, G. Taglieri, and R. Quaresima, *Journal of Cultural Heritage,* Vol. *9,* p. 294, 2008.

[130] B. Salvadori and L. Dei, *Langmuir,* Vol. 17, p. 2371, 2001.

[131] C. Rodriguez-Navarro, I. Vettori, and E. Ruiz-Agudo, *Langmuir,* Vol. 32, p. 5183, 2016.

[132] ASTM International, Test methods for measuring adhesion by tape test, ASTM Standard ASTM D3359-97, ASTM International, West Conshohocken, PA, 2009.

[133] C.A. Bishop, *Adhesion and adhesion tests* in C.A. Bishop, ed., *Vacuum Deposition onto Webs, Films and Foils,* chapter *9,* pp. 197-208. William Andrew Publishing, Boston, 3rd edition, 2015.

[134] P. Koneczny, Paint conservation-restoration composition and method, US Patent Application 20 080 262165, October 23, 2008.

[135] F. Valentini, A. Diamanti, M. Carbone, E.M. Bauer, and G. Palleschi, *Applied Surface Science,* Vol. 258, p. 5965, 2012.

[136] M. Rizzo, L. Machado, S. Borrely, M. Sampa, P. Rela, J. Farah, and R. Schumacher, *Radiation Physics and Chemistry,* Vol. 63, p. 259, March 2002 .

[137] S.W. Sinton, *Macromolecules,* Vol. 20, p. 2430, October 1987.

[138] L.V. Angelova, B.H. Berrie, and R.G. Weiss, Partially hydrolyzed polyvinyl acetate and borax gels for cleaning painted surfaces, in M.F. Mecklenburg, A.E. Charola, and R.J. Koestler, eds., *New Insights into the Cleaning of Paintings,* Vol. 3 of *Smithsonian Contributions to Museum Conservation,* pp. 201-203, Washington, D.C., 2013. Universidad Politécnica de Valencia and Museum Conservation Institute, Smithsonian Institution Scholarly Press.

[139] X. Guan, X. Liu, Z. Su, and P. Liu, *Reactive and Functional Polymers,* Vol. 66, p. 1227, 2006.

[140] M. Kihara, Method of restoring paper paintings and calligraphic works, US Patent 5 958506, September 28,1999.

[141] M. Ángel Iglesias-Campos, C. Ruiz-Recasens, and E. Diaz-Gonzalez, *Journal of Cultural Heritage,* Vol. 15, p. 365, 2014.

[142] R.R.A. Hassan, *Mediterranean Archaeology and Archaeometry,* Vol. 15, p. 141, 2015.

[143] K. Balas and D. Pelecoudas, Imaging method and apparatus for the non-destructive analysis of paintings and monuments, US Patent 7 042 567, assigned to Foundation of Research and Technology (Crete, GR), May 9, 2006.

[144] Wikipedia, Pentimento — wikipedia, the free encyclopedia, 2017. [Online; accessed 1-February-2017].

[145] G.B. Cannelli and P. Calicchia, Nondestructive acoustic method and device, for the determination of detachments of mural paintings, US

Patent 6 728 661, assigned to Consiglio Nazionale Delle Ricerche (Rome, IT), April 27, 2004.

[146] R.S. Sharpe, *Research Techniques in Nondestructive Testing,* Academic Press, London, New York, 1970.

[147] L. Sozzani, A preliminary investigation into the surface characteristics of paint and the implications for restoration, in M.F. Mecklenburg, A.E. Charola, and R.J. Koestler, eds., *New Insights into the Cleaning of Paintings,* Vol. 3 of *Smithsonian Contributions to Museum Conservation,* p. 23, Washington, D.C., 2013. Universidad Politécnica de Valencia and Museum Conservation Institute, Smithsonian Institution Scholarly Press.

[148] T. Learner, *Analysis of Modern Paints,* Getty Conservation Institute, Los Angeles, 2004.

[149] E.R. de la Rie, *Studies in Conservation,* Vol. 33, p. 53,1988.

[150] E.R. de la Rie and C.W. McGlinchey, *Studies in Conservation,* Vol. 34, p. 137,1989.

[151] G. Bitossi, R. Giorgi, M. Mauro, Â. Salvadori, and L. Dei, *Applied Spectroscopy Reviews,* Vol. 40, p. 187, 2005.

[152] I. Degano, E. Ribechini, F. Modugno, and M.P Colombini, *Applied Spectroscopy Reviews,* Vol. 44, p. 363, 2009.

[153] C. Fischer and I. Kakoulli, *Studies in Conservation,* Vol. 51, p. 3, 2006.

[154] A. Mounier and F. Daniel, *Studies in Conservation,* Vol. 60, p. S200, 2015.

[155] M.P. Colombini and F. Modugno, eds., *Organic Mass Spectrometry in Art and Archaeology,* Wiley, Chichester, West Sussex, 2009.

[156] A. Shedrinsky, T.P Wampler, N. Indictor, and N.S. Baer, *Conservation of Cultural Property in India,* Vol. 21, p. 35,1988.

[157] A. Shedrinsky and N.S. Baer, *The application of analytical pyrolysis to the study of cultural materials* in T. Wampler, ed., *Applied Pyrolysis Handbook,* chapter 6, pp. 105-132. CRC Press/Taylor & Francis, Boca Raton, 2nd edition, 2007.

[158] D. Scalarone and O. Chiantore, *Py-GC/MS of natural and synthetic resins* in M.R Colombini and R Modugno, eds., *Organic Mass Spectrometry in Art and Archaeology,* chapter 12, pp. 327-362. Wiley, Chichester, West Sussex, 2009.

[159] L. Senni, C. Casieri, A. Bovino, M.C. Gaetani, and R De Luca, *Wood Science and Technology,* Vol. 43, p. 167, 2009.

[160] D. Oligschlager, S. Waldow, A. Haber, W. Zia, and B. Blümich, *Magnetic Resonance in Chemistry,* Vol. 53, p. 48, 2015.

[161] R.G. Reisner, *Fakes andForgeries in theFineArts: A Bibliography,* Special Libraries Association, New York, 1950.

[162] S. Schüller, *Forgers, Dealers, Experts: Strange Chapters in the History of Art,* Putnam, 1960.

[163] W. Fong, *Artibus Asiae,* Vol. 25, p. 95,1962.

[164] L.G.G. Savage, *Forgeries, Fakes and Reproductions. A Handbook for the Collector,* London, 1963.

[165] R.H. Marijnissen, *Paintings: Genuine-Fraud-Fake,* Elsevier, 1985.

[166] S.A. Cole, *Connoisseurship all the way down: Art authentication, forgery, fingerprint identification, expert knowledge* in N. Charney, ed., *Art Crime: Terrorists, Tomb Raiders, Forgers and Thieves,* chapter 3, pp. 27-32. Palgrave Macmillan UK, London, 2016.

[167] F.E. Rogers, *Journal of Chemical Education,* Vol. 49, p. 418,1972.

[168] G. Polatkan, S. Jafarpour, A. Brasoveanu, S. Hughes, and I. Daubechies, Detection of forgery in paintings using supervised learn-

ing, in *2009 16th IEEE International Conference on Image Processing (ICIP),* pp. 2921-2924, Nov 2009.

[169] P. Buchana, I. Cazan, M. Diaz-Granados, F. Juefei-Xu, and M. Savvides, Simultaneous forgery identification and localization in paintings using advanced correlation filters, in *2016 IEEE International Conference on Image Processing (ICIP),* pp. 146-150, Sept 2016.

[170] T.C. Moran, A.D. Kaye, A. Rao, and F.R. Bueno, *Journal of Forensic Radiology and Imaging,* Vol. 5, p. 38, 2016.

[171] Wikipedia, Contourlet — wikipedia, the free encyclopedia, 2016. [Online; accessed 30-January-2017].

[172] R. Karki, A. Alsadoon, P.W.C. Prasad, A.M.S. Rahma, and A. Elchouemi, A proposed method on painting authentication using contourelet transform (pauct), in *2016 7th International Conference on Information and Communication Systems (ICICS),* pp. 213-216, April 2016.

[173] S.I.R. Costa, S.A. Santos, and J.E. Strapasson, *Discrete Applied Mathematics,* Vol. 197, p. 59, 2015. Distance Geometry and Applications.

第二章　纺织品

[1] Balazsy, *Chemical Principles of Textile Conservation,* Butterworth-Heinemann, Oxford, Boston, 1998.

[2] Gürses, M. Açikyildiz, Ê. Güneş, and M.S. Gürses, *Historical development of colorants* in *Dyes and Pigments,* pp. 1-12. Springer International Publishing, Cham, 2016.

[3] Wikipedia, Scale insect — wikipedia, the free encyclopedia, 2017. [Online; accessed 24-January-2017].

[4] C.M. Baldia and K.A. Jakes, *Toward the classification of colorants in archaeological textiles of Eastern North America* in M. Glascock, R.J. Speakman, and R.S. Popelka-Filcoff, eds., *Archaeological Chemistry: Analytical Techniques and Archaeological Interpretation,* Vol. 968 of *ACS Symposium Series,* chapter 2, pp. 15-43. American Chemical Society, Distributed by Oxford University Press, Oxford, New York, 2007.

[5] M. Ricci, C. Lofrumento, E. Castellucci, and M. Becucci, *Journal of Spectroscopy,* Vol. 2016, p. 1, 2016.

[6] Mouri, A. Aali, X. Zhang, and R. Laursen, *Heritage Science,* Vol. 2, p. 20, 2014.

[7] N. Sukenik, A. Varvak, Z. Amar, and D. Iluz, *Journal of Archaeological Science: Reports,* Vol. 3, p. 565, 2015.

[8] L. Lombardi, I. Serafini, M. Guiso, F. Sciubba, and A. Bianco, *Microchemical Journal,* Vol. 126, p. 373, 2016.

[9] A.J. Koh, P.P. Betancourt, M.N. Pareja, T.M. Brogan, and V. Apostolakou, *Journal of Archaeological Science: Reports,* Vol. 7, p. 536, 2016.

[10] K. Jakes, *Archaeological Chemistry: Materials, Methods, and Meaning,* American Chemical Society, Distributed by Oxford University Press, Washington, DC, New York, 2002.

[11] K.A. Jakes, C.M. Baldia, and A.J. Thompson, *Infrared examination of fiber and particulate residues from archaeological textiles* in M. Glascock, R.J. Speakman, and R.S. Popelka-Filcoff, eds., *Archaeological Chemistry: Analytical Techniques and Archaeological Interpretation,* Vol. 968 of *ACS Symposium Series,* chapter 3, pp. 44-77. American Chemical Society, Distributed by Oxford University Press, Oxford, New York, 2007.

[12] E. De Luca, S. Bruni, D. Sali, V. Guglielmi, and P. Belloni, *Applied Spectroscopy,* Vol. 69, p. 222, 2015.

[13] M. Harlow, *Britannia,* Vol. 45, p. 483,11 2014.

[14] T.K.T. und Jennifer L. Ball, ed., *Designing Identity: The power of Textiles in Late Antiquity,* Princeton University Press, New York, NY Princeton, NJ, 2016.

[15] M. Harlow and M.-L. Nosch, eds., *Greek and Roman textiles and Dress: An Interdisciplinary Anthology,* Vol. 19 of *Ancient Textiles Series,* Oxbow Books, Oxford & Philadelphia, 2014.

[16] M. Gleba, *Domestic archaeology: Textiles of northern Mediterranean* in C. Smith, ed., *Encyclopedia of Global Archaeology,* pp. 2165-2172. Springer, New York, NY, 2014.

[17] X.M. Yang and M.L. Wu, Experimental study of natural organic dyes from ancient europe, in *Advances in Textile Engineering and Materials III,* Vol. 821 of *Advanced Materials Research,* pp. 593-596. Trans. Tech. Publications, 12 2013.

[18] Amorello, S. Barreca, M. Bruno, A. Milia, S. Orecchio, and A. Pettignano, *Microchemical Journal,* Vol. 129, p. 305, 2016.

[19] H. Barnard and R. Boytner, Textile dyes in pre-columbian northern chile, in I. Karapanagiotis, G.-T. Stamkopoulos, and N. Loudovikos, eds., *Dyes in History & Archaeology,* DHA 34, p. 19, Thessaloniki, 2015. University Ecclesiastical Academy of Thessaloniki, Department of Management and Conservation of Ecclesiastical Cultural Heritage Objects.

[20] H. Barnard, R. Boytner, N. Khandekar, and M. Schleicher, *Nawpa Pacha,* Vol. 36, p. 209, 2016.

[21] Karpova, V. Vasiliev, V. Mamatyuk, N. Polosmak, and L. Kundo, *Journal of Archaeological Science,* Vol. 70, p. 15, 2016.

[22] J. Liu, C. Mouri, R. Laursen, F. Zhao, Y. Zhou, and W. Li, *Journal of*

Archaeological Science, Vol. 40, p. 4444, December 2013.

[23]   J. Han, *Economic Botany,* Vol. 69, p. 230, September 2015.

[24]   J. Han, J. Wanrooij, M. van Bommel, and A. Quye, *Journal of Chromatography A,* Vol. 1479, p. 87, 2017.

[25]   K.-C. Langi and S. Park, *Journal of the Korean Society of Costume,* Vol. 66, p. 67, 2016.

[26]   Z.C. Koren, *Modern chemistry of the ancient chemical processing of organic dyes and pigments* in S.C. Rasmussen, ed., *Chemical Technology in Antiquity,* chapter 7, pp. 197-217. American Chemical Society, 2015.

[27]   M.J. Melo, J.L. Ferreira, A.J. Parola, and J.S.S. de Melo, *Photochemistry for cultural heritage* in G. Bergamini and S. Silvi, eds., *Applied Photochemistry: When Light Meets Molecules,* Vol. 92 of *Lecture Notes in Chemistry,* pp. 499-530. Springer International Publishing, Cham, 2016.

[28]   Mouri, V. Mozaffarian, X. Zhang, and R. Laursen, *Dyes and Pigments,* Vol. 100, p. 135, 2014.

第三章　考古发掘的木质品

[1]   R.M. Rowell and R.J. Barbour, eds. *Archaeological Wood: Properties, Chemistry, and Preservation,* number 225 in Advances in Chemistry Series, Washington, DC, 1990. National Meeting of the American Chemical Society, Los Angeles, California, American Chemical Society.

[2]   V. Dorge, *Painted Wood: History & Conservation,* Getty Conservation Institute, Los Angeles, 1998.

[3]   B. Rodgers, *The Archaeologist's Manual for Conservation: A Guide to*

Non-toxic, Minimal Intervention Artifact Stabilization, Kluwer Academic Plenum Publishers, New York, 2004.

[4] J. Lucejko, *Waterlogged Archaeological Wood Chemical Study of Wood Degradation and Evaluation of Consolidation Treatments,* VDM Verlag Dr. Müller, Saarbrücken, 2010.

[5] A. Celant and G. Coccolini, *Plant microtechniques and protocols* in T.E.C. Yeung, C. Stasolla, J.M. Sumner, and Q.B. Huang, eds., *Archaeological Wood Preparation,* chapter 26, pp. 487-493. Springer International Publishing, Cham, 2015.

[6] N. Meeks, *Historical Technology, Materials and Conservation: SEM and Microanalysis,* Archetype, London, 2012.

[7] M. Hamed, S. Abdelkader, M.F. Ali, Í. Elhadidi, and N. Mohamed, *International Journal of Conservation Science,* Vol. 4, 2013.

[8] Y. Fors, Biochemical fingerprints in marine-archaeological wood-an overview of a research project, in K. Piotrowska and P. Konleczny, eds., *Condition 2015 Conservation and Digitalization,* pp. 79-82, Gdansk, 2015. Natonal Maritime Museum.

[9] P.N. Froelich, G.P. Klinkhammer, M.L. Bender, N.A. Luedtke, G.R. Heath, D. Cullen, P. Dauphin, D. Hammond, B. Hartman, and V. Maynard, *Geochimica et Cosmochimica Acta,* Vol. 43, p. 1075, July 1979.

[10] T. Yamashita, R. Yamamoto-Ikemoto, and J. Zhu, *Bioresource Technology*, Vol. 102, p. 2235, February 2011.

[11] S. Bessette, S.K. Fagervold, C. Romano, D. Martin, N. Le Bris, and PE. Galand, *Journal of Marine Science and Technology,* Vol. 22, p. 60, 2014.

[12] Y. Fors and M. Sandstrom, *Chem. Soc. Rev,* Vol. 35, p. 399, 2006.

[13] Y. Fors, T. Nilsson, E.D. Risberg, M. Sandstrom, and P. Torssander,*In-*

ternational Biodeterioration & Biodégradation, Vol. 62, p. 336, December 2008 .

[14] C. Caple, International Biodeterioration & Biodégradation, Vol. 34, p. 61,January 1994.

[15] D. Gregory, P. Jensen, and K. Straetkvern, Journal of Cultural Heritage,Vol. 13, p. S139, 2012. Wood Science for Conservation.

[16] I.A.K. Ward, P. Larcombe, and P. Veth, Journal of Archaeological Science,Vol. 26, p. 561, May 1999.

[17] E.T. Landy, J.I. Mitchell, S. Hotchkiss, and R.A. Eaton, International-Biodeterioration & Biodégradation, Vol. 61, p. 106, January 2008.

[18] J.J. Lucejko, F. Modugno, E. Ribechini, D. Tamburini, and M.P. Colombini, Applied Spectroscopy Reviews, Vol. 50, p. 584, May 2015.

[19] A. Sandak, J. Sandak, M. Zborowska, and W. Pr^dzyhski, Journal of Archaeological Science, Vol. 37, p. 2093, September 2010.

[20] J. Rodrigues, A. Alves, H. Pereira, D. da Silva Perez, G. Chantre, and M. Schwanninger, Holzforschung, Vol. 60, January 2006.

[21] Í . Proietti, D. Capitani, and V. Di Tullio, Sensors, Vol. 14, p. 6977, April 2014.

[22] J.J. Lucejko, F. Modugno, E. Ribechini, and J.C. del Rio, Analytica Chimica Acta, Vol. 654, p. 26, November 2009.

[23] D. Tamburini, J.J. Lucejko, E. Ribechini, and M.P. Colombini, J. Mass Spectrom., Vol. 50, p. 1103, August 2015.

[24] S. Tsuchikawa, H. Yonenobu, and H.W. Siesler, Analyst, Vol. 130, p. 379, 2005.

[25] J. Stelzner and S. Million, Journal of Archaeological Science, Vol. 55, p. 188, March 2015.

[26] M. Onoe, J.W. Tsao, H. Yamada, H. Nakamura, J. Kogure, H. Kawamu-

ra, and M. Yoshimatsu, *Nuclear Instruments and Methods in Physics Research,* Vol. 221, p. 213, March 1984.

[27]   T. Fernández-Montblanc , M. Bethencourt, A. Izquierdo, andM.M. González-Duarte, Establishing the relationship between underwatercultural heritage deterioration and marine environmental factors.A comparative analysis of the Bucentaure and Fougueux sites, in M. Candelera, ed., *Science, Technology and Cultural Heritage,* pp. 53-58, Leiden, The Netherlands, 2014. Proceedings of the Second International Congress on Science and Technology for the Conservation ofCultural Heritage, CRC Press.

[28]   P. Jensen and D.J. Gregory, *Journal of Archaeological Science,* Vol. 33, p.551, April 2006.

[29]   M.N. Mortensen and H. Matthiesen, *Analytical and Bioanalytical Chemistry,*Vol. 405, p. 6373, May 2013.

[30]   D.M. Creanga, *European Journal of Science and Theology,* Vol. 5, p. 57,2009.

[31]   C. Smith, *Archaeological Conservation Using Polymers: Practical Applications for Organic Artifact Stabilization,* Texas A&M University Press,College Station, 2003.

[32]   A.M. Pollard, *Archaeological Chemistry,* Royal Society of Chemistry, Cambridge, 1996.

[33]   M. Glascock, R.J. Speakman, and R.S. Popelka-Filcoff, eds., *Archaeological Chemistry: Analytical Techniques and Archaeological Interpretation,*American Chemical Society, Distributed by Oxford University Press, Oxford, New York, 2007.

[34]   Z. Goffer, *Archaeological Chemistry,* Vol. 170 of *Chemical Analysis,* Wiley-Interscience, Hoboken, N.J, 2nd edition, 2007.

[35] T. Price and J.H. Burton, *An Introduction to Archaeological Chemistry,* Springer, New York, 2011.

[36] M. Malainey, *A Consumer's Guide to Archaeological Science: Analytical Techniques,* Springer, New York, 2011.

[37] A.M. Pollard, *Archaeological Chemistry,* Royal Society of Chemistry, Cambridge, 2016.

[38] M. Christensen, H. Kutzke, and F.K. Hansen, *Journal of Cultural Heritage,* Vol. 13, p. S183, September 2012.

[39] M. Christensen, F.K. Hansen, and H. Kutzke, *Archaeometry,* Vol. 57, p.536, April 2014.

[40] PK. Kavvouras, C. Kostarelou, A. Zisi, M. Petrou, and G. Moraitou, *Studies in Conservation,* Vol. 54, p. 65, 2009.

[41] Z. Walsh, E.-R. Janecek, J.T. Hodgkinson, J. Sedlmair, A. Koutsioubas, D.R. Spring, M. Welch, C.J. Hirschmugl, C. Toprakcioglu, and J.R. Nitschke, *Proc. Natl Acad. Sci, USA,* Vol. I 1 1 , p. 17743, November 2014.

[42] Wikipedia, Cucurbituril — wikipedia, the free encyclopedia, 2015. [Online; accessed 29-April-2016].

[43] S. Braovac and H. Kutzke, *Journal of Cultural Heritage,* Vol. 13, p. S203, September 2012.

[44] R Andriulo, S. Braovac, H. Kutzke, R. Giorgi, and R Baglioni, *Applied-Physics A,* Vol. 122, p. 1, 2016.

[45] G. Poggi, N. Toccafondi, L.N. Melita, J.C. Knowles, L. Bozec, R. Giorgi,and P. Baglioni, *Applied Physics A,* Vol. 114, p. 685, 2013.

[46] E.J. Schofield, R. Sarangi, A. Mehta, A.M. Jones, A. Smith, J.F.W. Mosselmans, and A.V. Chadwick, *Journal of Cultural Heritage,* Vol. 18, p. 306, 2016.

[47] S.A.E.-K.M. Hamed, *Journal of Archaeological Science,* Vol. 39, p. 2515, July 2012.

[48] M. Christensen, E. Larnoy, H. Kutzke, and F.K. Hansen, *Journal of the American Institute for Conservation,* Vol. 54, p. *3, 2015.*

[49] G. Giachi, C. Capretti, I.D. Donato, N. Macchioni, and B. Pizzo, *Journal of Archaeological Science,* Vol. 38, p. 2957, November 2011.

[50] Z. Walsh, E.-R. Janecek, M. Jones, and O.A. Scherman, *Studies in Conservation,* Vol. 62, p. 1, 2016.

[51] M. Christensen, M. Frosch, P. Jensen, U. Schnell, Y. Shashoua, and O.F. Nielsen, *Journal of Raman Spectroscopy,* Vol. 37, p. 1171, 2006.

[52] N.B. Pedersen, C. Bjordal, P. Jensen, and C. Felby, *Bacterial degradation of archaeological wood in anoxic waterlogged environments* in S.E. Harding,ed., *Stability of Complex Carbohydrate Structures. Biofuels, Foods, Vaccines and Ship wrecks,* chapter 13, pp. 160-187. RSC Publishing, Cambridge, 2013.

[53] C. Gjelstrup Bjordal, *Journal of Cultural Heritage,* Vol. 13, p. S118, September 2012.

[54] M.E.-S. Osman, A.A.E.-N. El-Shaphy, D.A. Meligy, and M.M. Ayid, *International Journal of Conservation Science,* Vol. 5, p. 295, 2014.

[55] C. Rémazeilles, K. Tran, Å. Guilminot, Å. Conforto, and P. Refait, *Studies in Conservation,* Vol. 58, p. 297, October 2013.

[56] Wikipedia, Mackinawite — wikipedia, the free encyclopedia, 2016. [Online; accessed 29-April-2016].

[57] D. Csákberényi-Malasics, J.D. Rodriguez-Bianco, V.K. Kis, A. Recnik, L.G. Benning, and M. Posfai, *Chemical Geology,* Vol. 294-295, p. 249, February 2012.

[58] Wikipedia, Greigite — wikipedia, the free encyclopedia, 2016. [Online;

accessed 29-April-2016].

[59] H. Matthiesen, J.B. Jensen, D. Gregory, J. Hollesen, and B. Elberling, *Archaeometry,* Vol. 56, p. 479, 2014.

[60] B. Metz, *Climate change 2007 Mitigation of climate change: Contribution of Working Group III to the Fourth Assessment Report of the Intergovernmental Panel on Climate Change,* Cambridge University Press, Cambridge, New York, 2007.

[61] P. Hoffmann and M.A. Jones, *Structure and degradation process for waterlogged archaeological wood* in R.M. Rowell and R.J. Barbour, eds., *Archaeological Wood: Properties, Chemistry, and Preservation,* number 225 in Advances in Chemistry Series, pp. 35-65. American Chemical Society, 1990.

[62] M.P. Colombini, J.J. Lucejko, F. Modugno, M. Orlandi, E.-L. Tolppa, and L. Zoia, *Talanta,* Vol. 80, p. 61, November 2009.

[63] D. Fengel, *Wood Chemistry, Ultrastructure, Reactions,* Walter de Gruyter, Berlin, New York, 1989.

[64] J. Ralph, K. Lundquist, G. Brunow, F. Lu, H. Kim, PF. Schatz, J.M. Marita, R.D. Hatfield, S.A. Ralph, and J.H. Christensen, *Phytochemistry Reviews,* Vol. 3, p. 29, January 2004.

[65] A. Christine Helms, A. Camillo Martiny, J. Hofman-Bang, Â. K. Ahring, and M. Kilstrup, *International Biodeterioration & Biodégradation,* Vol. 53, p. 79, March 2004.

[66] L. Babmski, D. Izdebska-Mucha, and B. Waliszewska, *Journal of Archaeological Science,* Vol. 46, p. 372, June 2014.

[67] T. Inagaki, H. Yonenobu, and S. Tsuchikawa, *Appl Spectrosc* Vol. 62, p. 860, Aug 2008.

[68] S. Furmaniak, A.P. Terzyk, L. Czepirski, E. Komorowska-Czepirska, J.

Szymonska, and P. A. Gauden, *Water sorption of foodstuffs - alterna-tivemodels* in V. Pletney, ed., *Focus on Food Engineering Research and Developments,* chapter 11, pp. 497-515. Nova Science Publishers, New York, 2007.

[69] F. Prothon and L.M. Ahrné, *Journal of Food Engineering,* Vol. 61, p. 467, February 2004.

[70] W. Olek, J. Majka, A. Stempin, M. Sikora, and M. Zborowska, *Journal of Cultural Heritage,* Vol. 18, p. 299, March 2016.

[71] I. Bjurhager, J. Ljungdahl, L. Wallström, E.K. Gamstedt, and L.A. Ber-glund, *Holzforschung,* Vol. 64, January 2010.

[72] N. Bleicher, *Veget. Hist Archaeobot.,* Vol. 23, p. 615, June 2013.

[73] A.P. Schniewind, *Physical and mechanical properties of archaeological wood* in R.M. Rowell and R.J. Barbour, eds., *Archaeological Wood: Properties, Chemistry, and Preservation,* number 225 in Advances in Chemistry Series, pp. 87-109. American Chemical Society, 1990.

[74] PF. van Bergen, I. Poole, T.M. Ogilvie, C. Caple, and R.P E ver shed, *Rapid Communications in Mass Spectrometry,* Vol. 14, p. 71, 2000.

[75] S.B. Pointing, E.B. Jones, and A.M. Jones, *International Biodeteriora-tion & Biodégradation,* Vol. 42, p. 17, July 1998.

[76] J.-I. Choi and S. Lim, *Radiation Physics and Chemistry,* Vol. 118, p. 70, January 2016.

第四章　化石

[1] A.E. Rixon, *Fossil Animal Remains: Their Preparation and Conserva-tion*, Athlone Press, Distributed by Humanities Press, London, Atlantic

Highlands NJ, 1976.

[2]   E. Parsons, *An Introduction to Marine Mammal Biology and Conserva-tion*, Jones & Bartlett Learning, Burlington, Mass, 2013.

[3]   C. Dodd, *Reptile Ecology and Conservation: A Handbook of Tech-niques*, Oxford University Press, Oxford, 2016.

[4]   M.H. Schweitzer, R. Avci, T. Collier, and M.B. Goodwin, *Comptes Ren-dus Palevol*, Vol. 7, p. 159, 2008.

[5]   C.D. Wylie, Preparation in action: Paleontological skill and the role of the fossil preparator, in M.A. Brown, J.F. Kane, and W.G. Parker, eds., *Methods in Preparation. Proceedings of the First Annual Fossil Prepa-ration and Collections Symposium*, pp. 3-12, Petrified Forest, 2009. University of Nebraska State Museum.

[6]   S. Moore-Fay, A new suit for the Dublin pliosaur, in *Symposium of Pa-leontological Preparation and Conservation*, Dublin, 2008. National Museum of Ireland.

[7]   T.H. Schmidt-Schultz and M. Schultz, *American Journal of Physical Anthropology*, Vol. 123, p. 30, 2004.

[8]   P. Semal and R. Orban, *Journal of Archaeological Science*, Vol. 22, p. 463, 1995.

[9]   M.J. Schoeninger and K. Moore, *Journal of World Prehistory*, Vol. 6, p. 247, 1992.

[10]   C.N. Turner Tomaszewicz, J.A. Seminoff, L. Avens, and C.M. Kurie, *Methods in Ecology and Evolution*, Vol. 7, p. 556, 2016.

[11]   C.N. Turner Tomaszewicz, J.A. Seminoff, M.D. Ramirez, and C.M. Kurie, *Rapid Communications in Mass Spectrometry*, Vol. 29, p. 1879, 2015.

[12]   M.L.S. Jørkov, J. Heinemeier, and N. Lynnerup, *Journal of Archaeolog-*

ical Science, Vol. 34, p. 1824, November 2007.

[13] M.J. Deniro and S. Epstein, *Geochimica et Cosmochimica Acta*, Vol. 45, p. 341, March 1981.

[14] T.A. Brown, D.E. Nelson, J.S. Vogel, and J.R. Southon, *Radiocarbon*, Vol. 30, p. 171, 1988.

[15] M.P. Richards and R.E. Hedges, *Journal of Archaeological Science*, Vol. 26, p. 717, June 1999.

[16] M. Harbeck and G. Grupe, *Archaeological and Anthropological Sciences*, Vol. 1, p. 43, 2009.

[17] M.J. Schoeninger, K.M. Moore, M.L. Murray, and J.D. Kingston, *Applied Geochemistry*, Vol. 4, p. 281, May 1989.

[18] J. Csapó, I. Pap, and L. Kolto, *Anthropologia Hungarica*, Vol. 20, p. 67, 1988.

[19] J. Csapó, Z. Csapó-Kiss, and J. Csapó, Jr., *TrAC Trends in Analytical Chemistry*, Vol. 17, p. 140, 1998.

[20] B.M. Kemp, C. Monroe, and D.G. Smith, *Extraction and analysis of DNA from archaeological specimens* in M. Glascock, R.J. Speakman, and R.S. Popelka-Filcoff, eds., *Archaeological Chemistry: Analytical Techniques and Archaeological Interpretation*, Vol. 968 of *ACS Symposium Series*, chapter 4, pp. 78-98. American Chemical Society, Distributed by Oxford University Press, Oxford, New York, 2007.

[21] B. Herrmann and S. Hummel, eds., *Ancient DNA Recovery and Analysis of Genetic Material from Paleontological, Archaeological, Museum, Medical, and Forensic Specimens*, Springer, New York, NY, 2012.

[22] E.M. Golenberg, *DNA from plant compression fossils* in B. Herrmann and S. Hummel, eds., *Ancient DNA Recovery and Analysis of Genetic Material from Paleontological, Archaeological, Museum, Medical, and*

Forensic Specimens, chapter 17, pp. 237-256. Springer, New York, NY, 2012.

[23] O. Handt, M. Höss, M. Krings, and S. Pääbo, Experientia, Vol. 50, p. 524, 1994.

[24] M. Pruvost, R. Schwarz, V.B. Correia, S. Champlot, S. Braguier, N. Morel, Y. Fernandez-Jalvo, T. Grange, and E.-M. Geigl, *Proceedings of the National Academy of Sciences*, Vol. 104, p. 739, 2007.

[25] J. Fortea, M. de la Rasilla, A García-Tabernero, E. Gigli, A. Rosas, and C. Lalueza-Fox, *Journal of Human Evolution*, Vol. 55, p. 353, 2008.

[26] L. López-Polín, *Quaternary International*, Vol. 275, p. 120, October 2012.

[27] M. Spigelman, D.H. Shin, and G.K.B. Gal, *The promise, the problems and the future of DNA analysis in paleopathology studies* in AL. Grauer, ed., *A Companion to Paleopathology*, chapter 8, pp. 133-151. Wiley Blackwell, Chichester, West Sussex, 2016.

[28] C.A Roberts, *Anthropological Review*, Vol. 79, p. 1, January 2016.

[29] C. Roberts and S. Ingham, *International Journal of Osteoarchaeology*, Vol. 18, p. 600, 2008.

[30] F.C. Evacitas, G.A.J. Worthy, and L.-S. Chou, *Journal of Archaeological Science*, Vol. 66, p. 112, February 2016.

[31] S. Assis, A Keenleyside, AL. Santos, and F.A Cardoso, *Microscopy and Microanalysis*, Vol. 21, p. 805, August 2015.

[32] S. Ambrose and M.A Katzenberg, eds., *Biogeochemical Approaches to Paleodietary Analysis*, Vol. 5 of *Advances in Archaeological and Museum Science*, Kluwer Academic/Plenum Publishers, New York, 2000.

[33] J. Burton, *Bone chemistry and trace element analysis* in M.A Katzenberg and S.R. Saunders, eds., *Biological Anthropology of the Human*

Skeleton, chapter 14, pp. 443-460. John Wiley & Sons, Inc., 2nd edition, 2007.

[34] K.M. Moore, M.L. Murray, and M.J. Schoeninger, *Journal of Archaeological Science*, Vol. 16, p. 437, July 1989.

[35] F.D. Pate, *Journal of Archaeological Method and Theory*, Vol. 1, p. 161, 1994.

[36] A. Bartsiokas and A.P. Middleton, *Journal of Archaeological Science*, Vol. 19, p. 63, January 1992.

[37] K.J. Knudson, H.M. Williams, J.E. Buikstra, P.D. Tomczak, G.W. Gordon, and A.D. Anbar, *Journal of Archaeological Science*, Vol. 37, p. 2352, September 2010.

[38] A. Fabig and B. Herrmann, *Naturwissenschaften*, Vol. 89, p. 115, 2002.

[39] H.P. Schwarcz and M.J. Schoeninger, *Stable isotopes of carbon and nitrogenas tracers for paleo-diet reconstruction* in M. Baskaran, ed., *Handbook of Environmental Isotope Geochemistry*, Vol. 1, pp. 725-742. Springer Berlin Heidelberg, Berlin, Heidelberg, 2012.

[40] F.D. Pate, R.J. Henneberg, and M. Henneberg, *Mediterranean Archaeology and Archaeometry*, Vol. 16, p. 127, 2016.

[41] L.G. van der Sluis, H.I. Hollund, M. Buckley, P.G. De Louw, K.F. Rijsdijk, and H. Kars, *Palaeogeography, Palaeoclimatology, Palaeoecology*, Vol. 416, p. 80, December 2014.

[42] A.R. Skinner, B.A.B. Blackwell, M.M. Hasan, and J.I.B. Blickstein, *Expanding the range of electron spin resonance dating* in M. Glascock, R.J. Speakman, and R.S. Popelka-Filcoff, eds., *Archaeological Chemistry: Analytical Techniques and Archaeological Interpretation*, Vol. 968 of *ACS Symposium Series*, chapter 1, pp. 1-14. American Chemical Society, Distributed by Oxford University Press, Oxford, New York, 2007.

[43]   L. López-Polín, *Quaternary International*, Vol. 388, p. 199, November 2015.

[44]   G.G. Beiner and R. Rabinovich, *Journal of Paleontological Techniques Special* Volume, Vol. 13, p. 19, 2014.

[45]   J. Cavigelli, Micropreparation ... one sand grain at a time, in M.A. Brown, J.F. Kane, and W.G. Parker, eds., *Methods in Preparation. Proceedings of the First Annual Fossil Preparation and Collections Symposium*, pp. 41-52, Petrified Forest, 2009. University of Nebraska State Museum.

[46]   A. Davidson and S. Alderson, An introduction to solution and reaction adhesives for fossil preparation, in M.A. Brown, J.F. Kane, and W.G. Parker, eds., *Methods in Preparation. Proceedings of the First Annual Fossil Preparation and Collections Symposium*, pp. 53-62, Petrified Forest, 2009. University of Nebraska State Museum.

[47]   J. Podany, K.M. Garland, W.R. Freeman, and J. Rogers, *Journal of the American Institute for Conservation*, Vol. 40, p. 15, Spring 2001.

[48]   J. Down and E. Kaminska, Degradation of cyanoacrylate adhesives in the presence and absence of fossil material, in *Journal of Vertebrate Paleontology*, Vol. 25, pp. 52A-52A, Northbrook, IL, 2005. Soc. Vertebrate Paleontology.

[49]   A.S. Schulp, R. Schouten, L. Metten, A. van de Sande, and A. Bontenbal, *Netherlands Journal of Geosciences*, Vol. 92, p. 177, 9 2013.

[50]   K. Stein and M. Sander, Histological core drilling: A less destrcutive method for studying bone histology, in M.A. Brown, J.F. Kane, and W.G. Parker, eds., *Methods in Preparation. Proceedings of the First Annual Fossil Preparation and Collections Symposium*, pp. 69-80, Petrified Forest, 2009. University of Nebraska State Museum.

[51] P.M. Sander, N. Klein, K. Stein, and O. Wings, *Sauropod bone histology and its implications for sauropod biology* in N. Klein, K. Remes, C.T. Gee, and P.M. Sander, eds., *Biology of the Sauropod Dinosaurs: Understanding the Life of Giants*, Series: Life of the Past, chapter 17, pp. 276-302. Indiana University Press Bloomington, 2011.

[52] D. Erickson, Inexpensive and simple construction of a manual centrifuge for resin casting, in M.A. Brown, J.F. Kane, and W.G. Parker, eds., *Methods in Preparation. Proceedings of the First Annual Fossil Preparation and Collections Symposium*, pp. 93-96, Petrified Forest, 2009. University of Nebraska State Museum.

[53] J. Johnson, *Bar International Series*, Vol. 934, p. 99, 2001.

[54] G. Panagiaris, *Bar International Series*, Vol. 934, p. 95, 2001.

[55] M. Cooper, *Laser Cleaning in Conservation: An Introduction*, Butterworth-Heinemann, Woburn, MA, 1998.

[56] F. Landucci, R. Pini, S. Siano, R. Salimbeni, and E. Pecchioni, *Journal of Cultural Heritage*, Vol. 1, p. S263, August 2000.

[57] F. Landucci, E. Pecchioni, D. Torre, P. Mazza, R. Pini, S. Siano, and R. Salimbeni, *Journal of Cultural Heritage*, Vol. 4, p. 106, January 2003.

[58] L. López-Polin, A. Ollé, J. Chamón, and J. Barrio, Lasers for removing remains of carbonated matrices from pleistocene fossils, in M. Castillejo, P. Moreno, M. Oujja, R. Radvan, and J. Ruiz, eds., *Lasers in the Conservation of Artworks*, pp. 477-481, Boca Raton, 2008. Proceedings of the International Conference Laocna VII, Madrid, 2007, CRC Press.

第五章　石质文物

[1] M. Forsyth, *Interior Finishes & Fittings for Historic Building Conservation,*Wiley-Blackwell, Chichester, West Sussex, UK, Ames, Iowa, 2012.

[2] D. Watt, *Surveying Historic Buildings,* Routledge, New York, 2nd edition,2015.

[3] C.A. Price and E. Doehne, *Stone Conservation: An Overview of Current Research,* Research in Conservation, Getty Publications, Los Angeles, 2nd edition, 2010.

[4] C. Pearson, *Conservation of ceramics, glass and stone* in C. Pearson, ed., *Conservation of Marine Archaeological Objects,* chapter 11, pp. 253-267. Butterworths-Heinemann, London, 2014.

[5] A. Henry, ed., *Stone Conservation: Principles and Practice,* Routledge,New York, 2015.

[6] C. Pearson, *Deterioration of ceramics, glass and stone* in C. Pearson, ed., *Conservation of Marine Archaeological Objects,* chapter 11, pp. 99-104. Butterworths-Heinemann, London, 2014.

[7] C. Ferrari, G. Santunione, A. Libbra, A. Muscio, E. Sgarbi, C. Siligardi, and G.S. Barozzi, *Ì è J. DNE,* Vol. 10, p. 21, March 2015.

[8] T. Warscheid and J. Braams, *International Biodeterioration & Biodégradation,* Vol. 46, p. 343, 2000.

[9] J.W. Hopton, *Physical conditions and microbial growth: Some implications for biodeterioration* in D.R. Houghton, R.N. Smith, and H.O.W. Eggins, eds., *Biodeterioration,* chapter 7, pp. 511-516. Elsevier Applied Science, London, New York, 1988.

[10] R.J. Palmer and P. Hirsch, *Geomicrobiology Journal,* Vol. *9,* p. 103,

January 1991.

[11] E. Zanardini, P. Abbruscato, N. Ghedini, M. Realini, and C. Sorlini, *International Biodeterioration & Biodégradation,* Vol. 45, p. 35, January 2000.

[12] M.L. Coutinho, A.Z. Miller, and M.F. Macedo, *Journal of Cultural Heritage,* Vol. 16, p. 759, 2015.

[13] A.G. Nord and T. Ericsson, *Studies in Conservation,* Vol. 38, p. 25, January 1993.

[14] F.E. W. Eckhardt, *Solubilization, transport, and deposition of mineral cations by microorganisms-efficient rock weathering agents* in J. Drever, ed., *The Chemistry of Weathering,* pp. 161-173. D. Reidel Publ. Comp. Ltd., Dordrecht, 1985.

[15] M.A. de la Torre, G. Gomez-Alarcon, C. Vizcaino, and M.T. Garcia, *Biogeochemistry,* Vol. 19, p. 129, January 1992.

[16] F. Jroundi, M.T. Gonzalez-Munoz, C. Rodriguez-Navarro, B. Martin-Peinado, and J. Martin-Peinado, Conservation of carbonate stone by means of bacterial carbonatogenesis: Evaluation of in situ treatments,in *Proceedings of the 8th International Symposium on the Conservation of Monuments in the Mediterranean Basin. Ñ atras: Technical Chamber of Greece,* Vol. 3, pp. 159-171, 2013.

[17] M.T. Madigan, J.M. Martinko, and J. Parker, *Biology of Microorganisms,* Vol. 514, Prentice Hall, Upper Saddle River, NJ, 1997.

[18] K. Milde, W. Sand, W. Wolff, and E. Bock, *Microbiology,* Vol. 129, p. 1327, May 1983.

[19] E. Bock and W. Sand, *Journal of Applied Bacteriology,* Vol. 74, p. 503, 1993.

[20] A.A. Gorbushina, W.E. Krumbein, C.H. Hamman, L. Panina, S.

Soukharjevski, and U. Wollenzien, *Geomicrobiology Journal,* Vol. 11, p. 205,1993.

[21] E. May, F.J. Lewis, S. Pereira, S. Tayler, M.R.D. Seaward, and D. All-sopp, Microbial deterioration of building stone: A review, in *Biodeterio-ration Abstracts,* Vol. 7, pp. 109-123,1993.

[22] T. Warscheid, T.W. Becker, J. Braams, C. Gehrmann, W.E. Krumbein, K. Petersen, and S. Bruggerhoff, Studies on the temporal development of microbial infection of different types of sedimentary rocks and its effect on the alteration of the physico-chemical properties in building materi-als, in *Conservation of Stone and Other Materials,* Vol. 1, pp. 303-310, Paris, 1993. Proceedings of the International RILEM/UNESCO Con-gress, E&F N. Spon.

[23] C.A. Crispim and C.C. Gaylarde, *Microbial Ecology,* Vol. 49, p. 1, 2005.

[24] M. Wagner and W. Schwartz, *Zeitschrift für allgemeine Mikrobiologie,* Vol. 7, p. 33,1967.

[25] E. Bock, B. Ahlers, and C. Meyer, *Bauphysik,* Vol. 11, p. 141,1989.

[26] P.M. Gaylarde and C.C. Gaylarde, *International Biodeterioration & Biodegradation,* Vol. 46, p. 93, September 2000.

[27] B.O. Ortega-Morales, A. Lopez-Cortés, G. Hernandez-Duque, P. Cras-sous, and J. Guezennec, *Extracellular polymers of microbial com-munities colonizing ancient limestone monuments* in R.J. Doyle, ed., *Microbial Growth in Biofilms - Part A: Developmental and Molecular Biological Aspects,* Vol. 336 of *Methods in Enzymology,* pp. 331-339. Academic Press, San Diego, 2001.

[28] A.A.O.D. El Derby, M.M.A. Mansour, and M.Z.M. Salem, *Mediterra-nean Archaeology and Archaeometry,* Vol. 16, p. 273, 2016.

[29] D.R. Piperno and I. Hoist, *Journal of Archaeological Science,* Vol. 25, p.765, August 1998.

[30] Y. Yang, W. Li, L. Yao, Z. Cheng, W. Luo, J. Zhang, L. Lin, H. Gan, and L. Yan, *Science China Earth Sciences,* Vol. 59, p. 1574, 2016.

[31] A. Pedergnana, L. Asryan, J.L. Fernández-Marchena , and A. Ollé, *Micron,* Vol. 86, p. 1, July 2016.

[32] V. Rots, B.L. Hardy, J. Serangeli, and N.J. Conard, *Journal of Human Evolution,* Vol. 89, p. 298, December 2015.

[33] G.H. Langejans, *Journal of Archaeological Science,* Vol. 37, p. 971, 2010.

[34] T.H. Loy, *Methods in the analysis of starch residues on prehistoric stone tools* in J.G. Hather, ed., *Tropical Archaeobotany: Applications and New Developments,* chapter 5, pp. 86-114. Routledge, London, New York,1994.

[35] L.C. Prinsloo, L. Wadley, and M. Lombard, *Journal of Archaeological Science,* Vol. 41, p. 732, January 2014.

[36] I. Liritzis and N. Droseros, *Mediterranean Archaeology and Archaeometry,* Vol. 15, p. 277, 2015.

[37] D.J. Huntley, D.I. Godfrey-Smith, and M.L.W. Thewalt, *Nature,* Vol. 313, p. 105, January 1985.

[38] I. Liritzis, A.K. Singhvi, J.K. Feathers, G.A. Wagner, A. Kadereit, N. Zacharias, and S.-H. Li, *Luminescence Dating in Archaeology, Anthropology, and Geoarchaeology: An Overview,* Springer Briefs in Earth System Sciences, Springer, Cham, New York, 2013.

[39] X. Miao, H. Wang, P.R. Hanson, J.A. Mason, and X. Liu, *Geoderma,* Vol. 261, p. 93, 2016.

[40] M. Camaiti, V. Bortolotti, and P. Fantazzini, *Magnetic Resonance in*

Chemistry, Vol. 53, p. 34, 2015.

[41] M. Brai, M. Camaiti, C. Casieri, F. De Luca, and P. Fantazzini, *Magnetic Resonance Imaging,* Vol. 25, p. 461, May 2007.

[42] R.J.S. Brown and P. Fantazzini, *Phys. Rev. Â,* Vol. 47, p. 14823, June 1993.

[43] E.L. Hahn, *Physical Review,* Vol. 80, p. 580, November 1950.

[44] Wikipedia, Spin echo — wikipedia, the free encyclopedia, 2016. [Online;accessed 10-August-2016].

[45] B. Blümich, F. Casanova, J. Perlo, S. Anferova, V. Anferov, K. Kremer, N. Goga, K. Kupferschlager, and M. Adams, *Magnetic Resonance Imaging,* Vol. 23, p. 197, February 2005.

[46] G.C. Borgia, M. Camaiti, F. Cerri, P. Fantazzini, and F. Piacenti, *Journal of Cultural Heritage,* Vol. 1, p. 127, June 2000.

[47] L. Appolonia, G.C. Borgia, V. Bortolotti, R.J. Brown, P. Fantazzini, and G. Rezzaro, *Magnetic Resonance Imaging,* Vol. 19, p. 509, April 2001.

[48] G.C. Borgia, V. Bortolotti, M. Camaiti, F. Cerri, P. Fantazzini, and F. Piacenti, *Magnetic Resonance Imaging,* Vol. 19, p. 513, April 2001.

[49] M. Alesiani, S. Capuani, B. Maraviglia, R. Giorgi, and P. Baglioni, *Applied Magnetic Resonance,* Vol. 23, p. 63, October 2002.

[50] M. Camaiti, C. Casieri, F. De Luca, P. Fantazzini, and C. Terenzi, *Studies in Conservation,* Vol. 52, p. 37, 2007.

[51] M. Brai, C. Casieri, F. De Luca, P. Fantazzini, M. Gombia, and C. Terenzi, *Solid State Nuclear Magnetic Resonance,* Vol. 32, p. 129, December 2007.

[52] C. Alves and J. Sanjurjo-Sánchez, *Environ. Chem. Lett.,* Vol. 13, p. 413, August 2015.

[53] N. Perez-Ema, M. Alvarez de Buergo, R. Bustamante, and M. Go-

mez-Heras, *Changes in petrophysical properties of the stone surface due to past conservation treatments in archaeological sites of Merida (Spain)* in G. Lollino, D. Giordan, C. Marunteanu, B. Christaras, I. Yoshinori, and C. Margottini, eds., *Engineering Geology for Society and Territory - Volume 8: Preservation of Cultural Heritage,* pp. 521-524. Springer International Publishing, Cham, 2015.

[54]   E. Hansen, E. Doehne, J. Fidler, J. Larson, B. Martin, M. Matteini, C. Rodriguez-Navarro, E.S. Pardo, C. Price, A. de Tagle, J.M. Teutonico, and N. Weiss, *Studies in Conservation,* Vol. 48, p. 13, 2003.

[55]   J. Ashurst and N. Ashurst, *Practical Building Conservation: Mortars, Plasters and Renders,* Vol. 3 of *English Heritage Technical Handbook,* Gower Technical Press, Aldershot, UK, 1988.

[56]   W.D. Kingery, PB. Vandiver, and M. Prickett, *Journal of Field Archae-ology,* Vol. 15, p. 219,1988.

[57]   J. Elsen, *Cement and Concrete Research,* Vol. 36, p. 1416, August 2006.

[58]   R Jroundi, M.T. Gonzalez-Munoz, A. Garcia-Bueno, and C. Rodri-guez-Navarro, *Acta Biomaterialia,* Vol. 10, p. 3844, September 2014.

[59]   G. Odell, ed., *Stone Tools: Theoretical Insights into Human Prehistory,* Springer Science+Business Media, LLC, New York, 1996.

[60]   M.R. Edmonds, *Stone Tools and Society: Working Stone in Neolithic and Bronze Age Britain,* Routledge, London, 2001.

[61]   W. Andrefsky, *Journal of Archaeological Research,* Vol. 17, p. 65, 2009.

[62]   S. Semaw, R Renne, J.W.K. Harris, C.S. Feibel, R.L. Bernor, N. Fesse-ha, and K. Mowbray, *Nature,* Vol. 385, p. 333, January 1997.

[63]   D.C. Johanson, M. Taieb, and Y. Coppens, *American Journal of Physi-cal Anthropology,* Vol. 57, p. 373,1982.

[64]　G. Corvinus, *Nature,* Vol. 261, p. 571, June 1976.

[65]　G.C. Frison, *American Antiquity,* Vol. 33, p. 149, April 1968.

[66]　M.L. Coutinho, A.Z. Miller, M.A. Rogerio-Candelera, J. Mirao,L.C. Alves, J.P. Veiga, H. Águas, S. Pereira, A. Lyubchyk, and M.F. Macedo, *Biofouling,* Vol. 32, p. 243, 2016. PMID: 26900634.

[67]　I.N.M. Wainwright, H. Sears, and S. Michalski, *Journal of the Canadian Association for Conservation,* Vol. 22, p. 53,1997.

[68]　D. Erhardt, *Journal of the American Institute for Conservation,* Vol. *22,* p.100, January 1983.

[69]　A.E. Charola, A. Tucci, and R.J. Koestler, *Journal of the American Institute for Conservation,* Vol. 25, p. 83, January 1986.

[70]　B. Appelbaum, *Journal of the American Institute for Conservation,* Vol. 26, p. 65, January 1987.

[71]　M. Gómez-Heras, M. Alvarez de Buergo, E. Rebollar, M. Oujja, M. Castillejo, and R. Fort, *Applied Surface Science,* Vol. 219, p. 290, 2003.

[72]　J. Podany, K.M. Garland, W.R. Freeman, and J. Rogers, *Journal of the American Institute for Conservation,* Vol. 40, p. 15, Spring 2001.

[73]　P. Cardiano, R. Ponterio, S. Sergi, S.L. Schiavo, and P. Piraino, *Polymer,* Vol. 46, p. 1857, 2005.

[74]　O. Rozenbaum, S. Anne, and J.-L. Rouet, *Construction and Building Materials,* Vol. 70, p. 97, November 2014.

[75]　E.W. Washburn, *Physical Review,* Vol. 17, p. 273, March 1921.

[76]　Wikipedia, Washburn's equation — wikipedia, the free encyclopedia, 2016. [Online; accessed 25-November-2016].

[77]　G.C. Borgia, M. Camaiti, F. Cerri, P. Fantazzini, and F. Piacenti, *Studies in Conservation,* Vol. 48, p. 217, 2003.

[78]　P. López-Arce, L.S. Gomez-Villalba, L. Pinho, Ì.Å . Fernández-Valle,

M.l. de Buergo, and R. Fort, *Materials Characterization,* Vol. 61, p. 168, February 2010.

[79] V. Daniele and G. Taglieri, *Journal of Cultural Heritage,* Vol. 13, p. 40, 2012.

[80] F.M. Helmi and Y.K. Hefni, *Mediterranean Archaeology and Archaeometry,* Vol. 16, p. 87, 2016.

[81] CHEM SPEC Innovative Chemical Distribution, Innovative distribution chemicals, electronic: , 2016.

[82] P.N. Manoudis, I. Karapanagiotis, A. Tsakalof, I. Zuburtikudis, B. Kolinkeová, and C. Panayiotou, *Applied Physics A,* Vol. 97, p. 351, April 2009.

第六章　玻璃

[1] M.H. Caviness, The Windows of Christ Church Cathedral, Canterbury, Oxford University Press, London, 1981.

[2] R. Marks, Stained Glass in England During the Middle Ages, Routledge, London, 1993.

[3] S. Davison, Conservation and Restoration of Glass, Butterworth-Heinemann, Oxford, 2nd edition, 2003.

[4] S. Davis and C. Chemello, Glass: Conservation and preservation in C. Smith, ed.,Encyclopedia of Global Archaeology, pp. 3047-3050. Springer, New York, NY, 2014.

[5] M. Tutton, Windows: History, Repair and Conservation, Taylor and Francis, Hoboken, 2015.

[6] N. Zacharias and E. Palamara, Glass corrosion: Issues and approaches

for archaeological science in F. Gan, ed.,Recent Advances in the Scientific Research on Ancient Glass and Glaze, chapter 12, pp. 233-248. World Century Publishing Corp, Hackensack, NJ, 2016.

[7]   M.A. Castro, F.J. Pereira, A.J. Aller, and D. Littlejohn, *Atmospheric Environment*, Vol. 98, p. 41, December 2014.

[8]   H.R. Golob and E.L. *Swarts, Journal of the American Ceramic Society*, Vol. 67, p. 564,1984.

[9]   A. Ceglia, W. Meulebroeck, K. Baert, H. Wouters, K. Nys, H. Thienpont, and H. Terryn, *Surface and Interface Analysis*, Vol. 44, p. 219,2012.

[10] W. Meulebroeck, P. Cosyns, K. Baert, H. Wouters, S. Cagno, K. Janssens, H. Terryn, K. Nys, and H. Thienpont, *Journal of Archaeological Science*, Vol. 38, p. 2387, 2011.

[11] D. Lauwers, A. Candeias, A. Coccato, J. Mirao, L. Moens, and P. Vandenabeele, *Spectrochimica Acta Part A: Molecular and Biomolecular Spectroscopy*, Vol. 157, p. 146, 2016.

[12] J.T. van Elteren, A. Izmer, M. Sala, E.F. Orsega, V.S. Selih, S. Panighello, and F. Vanhaecke, *Journal of Analytical Atomic Spectrometry*, Vol. 28, p. 994, 2013.

[13] E. Frodl-Kraft, Studies in Conservation, Vol. 20, p. 105, January 1975.

[14] T. Palomar, *International Journal of Applied Glass Science*, 2016.

[15] S. Davison, *Studies in Conservation*, Vol. 29, p. 191,1984.

[16] W.E. Krumbein, C.E. Urzi, and C. Gehrmann, *Geomicrobiology Journal*, Vol. 9, p. 139,1991.

[17] A. Rodrigues, S. Gutierrez-Patricio, A.Z. Miller, C. Saiz-Jimenez, R. Wiley, D. Nunes, M. Vilarigues, and M.F. Macedo, *International Biodeterioration & Biodegradation*, Vol. 90, p. 152, May 2014.

[18] Wikipedia, Lichen — wikipedia, the free encyclopedia, 2017.

[19] M.R.D. Seaward, Lichens as agents of biodeterioration in D.K. Upreti, P.K. Divakar, V. Shukla, and R. Bajpai, eds., *Recent Advances in Lichenology: Modern Methods and Approaches in Biomonitoring and Bioprospection*, Volume 1, pp. 189-211. Springer India, New Delhi, 2015.

[20] L.D. Ferri, P.P. Lottici, and G. Vezzalini, *Corrosion Science*, Vol. 80, p. 434, 2014.

[21] R. Abd-Allah, *Journal of Cultural Heritage*, Vol. 14, p. 97, 2013.

[22] J.J. Kunicki-Goldfinger, *Studies in Conservation*, Vol. 53, p. 47, 2008.

[23] E.G. Karayannidou, D.S. Achillas, and I.D. Sideridou, *European Polymer Journal*, Vol. 42, p. 3311, 2006.

[24] K. Horie, H. Hiura, M. Sawada, I. Mita, and H. Kambe, *Journal of Polymer Science Part A-l: Polymer Chemistry*, Vol. 8, p. 1357,1970.

[25] C.W. Wise, W.D. Cook, and A.A. *Goodwin, Polymer*, Vol. 38, p. 3251, 1997.

[26] M. Vilarigues and R.C. da Silva, *Journal of Non-Crystalline Solids*, Vol. 352, p. 5368, December 2006.

[27] J.N. de Carvalho, J.A.S. Cleaver, N.F. Kirkby, and P. Holmes, *Glass Technology-European Journal of Glass Science and Technology Part A*, Vol. 55, p. 14, 2014.

[28] M. De Bardi, H. Hutter, M. Schreiner, and R. Bertoncello, *Journal of Non-Crystalline Solids*, Vol. 390, p. 45, April 2014.

[29] M. De Bardi, H. Hutter, M. Schreiner, and R. Bertoncello, *Heritage Science*, Vol. 3, July 2015.

[30] Wikipedia, Sol-gel — wikipedia, the free encyclopedia, 2017. [Online; accessed 3-January-2017].

[31] C.J. Brinker and G.W. Scherer, Sol-gel Science: The Physics and Chem-

istry of Sol-gel Processing, Academic Press, London, New York, 2013.

[32] B. Holubova, Z.Z. Cilova, I. Kucerova, and M. Zlamal, *Progress in Organic Coatings*, Vol. 88, p. 172, November 2015.

[33] L. de Ferri, P.P. Lottici, A. Lorenzi, A. Montenero, and G. Vezzalini, *Journal of Sol-Gel Science and Technology*, Vol. 66, p. 253, 2013.

[34] L. de Ferri, P.P. Lottici, A. Lorenzi, A. Montenero, and G. Vezzalini, Hybrid sol-gel based protective coatings for historical window glasses, in M.A. Rogerio-Candelera, M. Lazzari, and E. Cano, eds., Science and Technology for the Conservation of Cultural Heritage, pp. 231-234, Leiden, The Netherlands, 2013. Proceedings of the Second International Congress on Science and Technology for the Conservation of Cultural Heritage, CRC Press.

[35] C. Diaz-Marin, E. Aura-Castro, C. Sanchez-Belenguer, and E. Vendrel-1-Vidal, *Journal of Cultural Heritage*, Vol. 17, p. 131, 2016.

[36] M.W. Cothren, *Journal of Glass Studies*, Vol. 41, p. 117,1999.

[37] P. Mirti, P. Davit, and M. Gulmini, *Analytical and Bioanalytical Chemistry*, Vol. 372, p. 221, 2002.

[38] M. Bayle, D. Waugh, B. Colston, and J. Lawrence, *Applied Surface Science*, Vol. 357, Part A, p. 293, 2015.

[39] G. Frenzel, *Scientific American*, Vol. 252, No.5, p. 126, 1985.[1]

---

① 译者注：原文页码有误。已参考原书参考文献[39]进行修正。

第七章　考古出土/出水金属

[1] S. Reich, G. Leitus, and S. Shalev, *New Journal of Physics,* Vol. 5, p. 99, 2003.

[2] A. Doménech-Carbó, M.T. Doménech-Carbó, and M.A. Peiró-Ronda, *Analytical Chemistry,* Vol. 83, p. 5639, 2011.

[3] A. Doménech-Carbó, M.T. Doménech-Carbó, MA. Peiró-Ronda, I. Martínez-Lázaro, and J. Barrio-Martin, *Journal of Solid State Electrochemistry,* Vol. 16, p. 2349, 2012.

[4] R Scholz, L. Nitschke, and G. Henrion, *Naturwissenschaften,* Vol. 76, p. 71,1989.

[5] A. Doménech, *Analytical Methods,* Vol. 3, p. 2181, 2011.

[6] A. Doménech-Carbó, M.T. Doménech-Carbó, MA. Peiró-Ronda, and L. Osete-Cortina, *Archaeometry,* Vol. 53, p. 1193, 2011.

[7] I.M. Villa, *Archaeological and Anthropological Sciences,* Vol. 1, p. 149, 2009.

[8] I.M. Villa, *Lithos,* Vol. 55, p. 115, 2001.

[9] S. Baron, C.G. Tamas, and C. Le Carlier, *Archaeometry,* Vol. 56, p. 665, 2014.

[10] Y. Kahanov, D. Ashkenazi, D. Cvikel, S. Klein, R. Navri, and A. Stern, *Journal of Archaeological Science: Reports,* Vol. 2, p. 321, June 2015.

[11] M.H. Klaproth, *Beitrage zur Chemischen Kenntnis der Mineralkörper,* Vol. 1, Decker, Berlin, 1795.

[12] R.C. Fierascu, R.M. Ion, and I. Fierascu, *Instrumentation Science & Technology,* Vol. 43, p. 107, December 2014.

[13] A. Doménech-Carbó, S. Capelo, J. Piquero, M.T. Doménech-Carbó, J. Barrio, A. Fuentes, and W. Al Sekhaneh, *Materials and Corrosion,* Vol.

67, p. 120, April 2015.

[14] D .A. Scott, *Studies in Conservation,* Vol. 42, p. 93,1997.

[15] M.T.S. Nair, L. Guerrero, O.L. Arenas, and PK. Nair, *Applied Surface Science,* Vol. 150, p. 143, August 1999.

[16] D. Scott, *Copper and Bronze in Art: Corrosion, Colorants, Conservation,* Getty Conservation Institute, Los Angeles, 2002.

[17] A. Doménech, M.T. Doménech-Carbó, T. Pasies, and M. del Carmen Bouzas, *Electroanalysis,* Vol. 24, p. 1945, 2012.

[18] J.W. Spence, F.H. Haynie, F.W. Lipfert, S.D. Cramer, and L.G. McDonald, *Corrosion Science,* Vol. 48, p. 1009, December 1992.

[19] S. Feliu, M. Morcillo, and S. Feliu, Jr., *Corrosion Science,* Vol. 34, p. 403, 1993.

[20] S. Bhattacharjee, N. Roy, A.K. Dey, and M.K. Banerjee, *Corrosion Science,* Vol. 34, p. 573,1993.

[21] J. Kobus, *Materials and Corrosion,* Vol. 51, p. 104, 2000.

[22] V. Lazic, F. Colao, R. Fantoni, and V. Spizzicchino, *Spectrochimica Acta Part B: Atomic Spectroscopy,* Vol. 60, p. 1014, August 2005.

[23] F. Di Turo, N. Montoya, J. Piquero-Cilla, C. De Vito, F. Coletti, G. Favero, and A. Doménech-Carbó, *Analytica Chimica Acta,* Vol. 955, p. 36, February 2017.

[24] A. Doménech-Carbó, J.M. del Hoyo-Meléndez, M.T. Doménech-Carbó, and J. Piquero-Cilla, *Microchemical Journal,* Vol. 130, p. 47,2017.

[25] C.E. Bottaini, A.L.M. Silva, D.S. Covita, L.M. Moutinho, and J.F.C.A. Veloso, *X-Ray Spectrometry,* Vol. 41, p. 144, March 2012.

[26] H. Coghlan, *Oxford: Pitt Rivers Museum Occasional Papers on Technology,* Vol. 4, p. 38,1975.

[27] P.T. Craddock and N.D. Meeks, *Archaeometry,* Vol. 29, p. 187,1987.

[28] T. Dilo, N. Civici, F. Stamati, O. Cakaj, and A. Angelopoulos, Archaeomet-allurgical characterization of some ancient copper and bronze artifacts from Albania, in A. Angelopoulos and T. Fildisis, eds., *AIP Conference Proceedings,* Vol. 1203, pp. 985-990. 7th International Conference of the Balkan Physical Union, American Institute of Physics, 2009.

[29] I. Cacciari and S. Siano, *Journal of Infrared, Millimeter, and Terahertz Waves,* Vol. 38, p. 1, 2017.

[30] S. Krimi, J. Klier, J. Jonuscheit, G. von Freymann, R. Urbansky, and R. Beigang, *Applied Physics Letters,* Vol. 109, p. 021105, July 2016.

[31] T. Palomar, B.R. Barat, E. Garcia, and E. Cano, *Journal of Cultural Heritage,* Vol. 17, p. 20, 2016.

[32] J.F. Asmus, *Technol Conserv,* Vol. 3, p. 14,1978.

[33] R. Pini, S. Siano, R. Salimbeni, M. Pasquinucci, and M. Miccio, *Journal of Cultural Heritage,* Vol. 1, Supplement 1, p. S129, 2000.

[34] D. Jiang, Y. Luo, and M. Gao, Research with pulse laser to remove the rust on bronze, in *Proceedings of the EEC China Workshop on Preservation of Cultural Heritages. Xian, Shaanxi, PR Of China, September 25-30,1991,* pp. 102-109. Teti, 1992.

[35] C.A. Cottam, D.C. Emmony, J. Larson, and S. Newman, *Laser cleaning of metals at infra-red wavelengths* in W. Kautek and E. Konig, eds., *Lasers in the Conservation of Artworks,* Vol. 1, pp. 95-98. Mayer & Comp., Vienna, 1997.

[36] C.A. Cottam and D.C. Emmony, *Practical assessment of the cleaning effect of TEA CO_2 laser radiation on corroded metal samples* in W. Kautek and E. Konig, eds., *Lasers in the Conservation of Artworks,* Vol. 2. Mayer & Comp., Vienna, 1999.

[37] Wikipedia, Q-switching — wikipedia, the free encyclopedia, 2017.

[Online; accessed 4-January-2017].

[38]   E. Angelini, S. Grassini, M. Olivero, M. Parvis, and G. Perrone, Laser cleaning of metal artifacts: Microstructural , chemical and optical fiber-based analysis, in *2016 IEEE International Instrumentation and Measurement Technology Conference Proceedings,* pp. 1-5, May 2016.

[39]   T. Palomar, M. Oujja, I. Llorente, B. Ramirez Barat, M.V. Canamares, E. Cano, and M. Castillejo, *Applied Surface Science,* Vol. 387, p. 118, November 2016.

[40]   R. Cesareo, A. Bustamante, J. Fabian, C. Calza, M. Dos Anjos, R.T. Lopes, W. Alva, L. Chero, M. Espinoza, R. Gutierrez, R. Rodriguez, and M. Seclen, *X-Ray Spectrometry,* Vol. 40, p. 37, 2011.

[41]   A. Galli, L. Bonizzoni, E. Sibilia, and M. Martini, *X-Ray Spectrometry,*Vol. 40, p. 74, 2011.

[42]   E.A.O. Saettone, J.A.S. da Matta, W. Alva, J.F.O. Chubaci, M.C.A. Fantini, R.M.O. Galvão, P. Kiyohara, and M.H. Tabacniks, *Journal of Physics D: Applied Physics,* Vol. 36, p. 842, March 2003.

[43]   Wikipedia, Moche culture — wikipedia, the free encyclopedia, 2017.

[44]   R. Cesareo, A. Bustamante, J. Fabian, S. Zambrano, W. Alva, L. Chero, M. del Carmen Espinoza, R. Rodriguez, M. Seclen, F. Gutierrez, et al., *Journal of Materials Science and Engineering. Â,* Vol. 1, p. 48, 2011.

[45]   Wikipedia, K-alpha — wikipedia, the free encyclopedia, 2016. [Online; accessed 14-September-2016].

[46]   E.F. Shaykhutdinova, A.G. Sitdikov, and R.K. Khramchenkova, *International Journal of Humanities and Cultural Studies,* Vol. 1, p. 14, 2016.

[47]   D.L. Hamilton, *Texas A&M University,* 1999.

[48]   D.L. Hamilton, Methods of conserving archaeological material from

underwater sites, electronic http://nautarch.tamu.edu/CR/ L conservationmanual/index.htm, 2010. Revison No. 2.

[49] O. Mircea, I. Sandu, V. Vasilache, and A.V. Sandu, *Microscopy Research and Technique,* Vol. 75, p. 1467, 2012.

[50] Wikipedia, Liesegang rings (geology) — wikipedia, the free encyclopedia, 2015.

[51] E. Figueiredo, M.A.S. Pereira, F. Lopes, J.G. Marques, J.P Santos, M.F. Araújo, R.J.C. Silva, and J.C. Senna-Martinez, *Spectrochimica Acta Part B: Atomic Spectroscopy,* Vol. 122, p. 15, August 2016.

[52] I. Sandu, C. Marutoiu, I.G. Sandu, A. Alexandru, and A. Sandu, *Acta Universitatis Cibiniensis Seria F Chemia,* Vol. 9, p. 39, 2006.

[53] I. Sandu, N. Ursulescu, I.G. Sandu, O. Bounegru, I.C.A. Sandu, and A. Alexandru, *Corrosion Engineering, Science and Technology,* Vol. 43, p. 256, September 2008.

[54] R. Reale, S.H. Plattner, G. Guida, M. Sammartino, and G. Visco, *Chemistry Central Journal,* Vol. 6, p. S9, 2012.

[55] O. Abdel-Kareem, A. Al-Zahrani, and A. Al-Sadoun, *Mediterranean Archaeology and Archaeometry,* Vol. 16, p. 107, 2016.

[56] O. Abdel-Kareem, A. Al-Zahrani, A. Khedr, and M A. Harith, *Mediterranean Archaeology and Archaeometry,* Vol. 16, p. 135, 2016.

[57] G. Buccolieri, V. Nassisi, A. Buccolieri, F. Vona, and A. Castellano, *Applied Surface Science,* Vol. 272, p. 55, May 2013.

索 引

缩略词

化学药品

---

① 译者注：原文为Diethylene diaine，经查原书文献[23]，应为Diethylene triamine。

总索引

译名表

(3--aminopropyl)triethoxysilan	伯胺（3- 氨基丙基）三乙氧基硅烷
(3-glycidyloxypropyl) methyldiethoxysilan	（3- 缩水甘油基氧基丙基）甲基二乙氧基硅烷
1,2-ethanediol	1,2- 乙二醇
1,2-propanediol	1,2- 丙二醇
^{13}C NMR	^{13}C 核磁共振波谱
^{14}C method	碳十四测年法
1-Pentanol	正戊醇
2-(3,4-epoxycyclohexyl)ethyl	2-（3,4- 环氧环己基）乙基三甲氧基硅烷
2,6-Dimethoxyphenol	2,6- 二甲氧基苯酚
2-Ethanedio	乙二醇
2-Ethoxyethanol	2- 乙氧基乙醇
2-Hydroxyethyl cellulose	2- 羟乙基纤维素
3-(Trimethoxy silyl)-propyl methacrylate)	3-（三甲氧基甲硅基）- 甲基丙烯酸丙酯
3,6-anhydro-L-galactose	3,6- 脱水 -L- 半乳糖
3D digital microscopy	三维数码显微镜

3D stereomicroscopy	三维立体显微镜
3D tomography	3D 断层扫描
3-Hydroxyflavone	3- 羟基黄酮
3-Methoxy-1,2-benzenediol	3- 甲氧基 -1,2- 苯二醇
4-hydroxy-2,2,6,6-tetramethyl-1-piperidineethanol	4- 羟基 -2,2,6,6- 四甲基 -1- 哌啶乙醇
6-Hydroxyrubiadin	6- 羟基茜草素

A

A Favrel Lisbonense	阿·法夫雷尔·里斯本森公司
Abu Tor	阿布 – 托尔
Acetic acid	乙酸
Acetone	丙酮
Acremonium falciforme	镰刀菌
Acrylic acid	丙烯酸
Acrylic copolymers	丙烯酸共聚物
Acrylic polymer	丙烯酸树脂
Adhesives	胶粘剂
Alabaster	雪花石膏
Albania	阿尔巴尼亚
Alexander Parkes	亚历山大·帕克斯
Alga /Algae	藻类
Alkaline dithionite reduction	碱性连二亚硫酸盐还原
Alkaline Rochelle Salt	碱性罗谢尔盐
Alkoxy silane	烷氧基硅烷
Alkyl polyglucoside	烷基糖苷
Al-Okhdood	乌赫杜德
Alpine	阿尔卑斯山

Alternaria solani	茄链格孢菌
Alternaria	链格孢菌
Alumina	氧化铝
Ammonia	氨
Ammonium carbamate	氨基甲酸铵
Ammonium carbonate	碳酸铵
Ammonium hydroxide	氢氧化铵
Ammonium oxalate	草酸铵
Amyl acetate	醋酸戊酯
Anabaema	鱼腥藻属
Andean	安第斯
Anhydrite	硬石膏
Anisotropy	各向异性
Apatococcus	阿帕托球菌
Aphanocapsa	隐球藻属
Aragonite	文石
Arezzo	阿雷佐
Arno River	阿尔诺河
Aspergillus niger	黑曲霉
Aspergillus parasiticus	寄生曲霉
Aspergillus	曲霉属
Atmospheric acidifying gases	大气酸化气体
Atmospheric pollutants	大气污染物
ATR-FTIR spectroscopy	衰减全反射傅里叶红外光谱
Aureobasidium	短柄霉属
Average pore size	平均孔径
Awash Valley	阿瓦什河谷

B

Bacilliariophyceae	硅藻纲
Bacterial carbonatogenesis	细菌形成的碳酸盐
Bacto Casitone	酪蛋白胨
Bali	巴厘岛
Barium hydroxide	氢氧化钡
Basalt	玄武岩
Bassanite	烧石膏
Batalha Monastery	巴塔拉修道院
Benzotriazole	苯并三唑
Bioconsolidation	微生物加固
Biodeterioration	生物劣化
Biopitting	生物点蚀
Biotite	黑云母
Bloomery iron	熟铁
Boleslaw the Brave	博莱斯瓦夫一世波列斯瓦夫一世
Bordeaux	波尔多地区
Borneo	婆罗洲
Borzia	博氏藻属
Bozanovsky	博扎诺夫斯基
Brancacci Chapel	布兰卡奇礼拜堂 Bryn Athyn 布林阿辛
Bucentaure	布森陶尔号
Bulk density	容积密度
Butanedioic acid	丁二酸
Butanol	正丁醇
Butanone	丁酮
Butyl acrylate	丙烯酸丁酯

| Butylamine | 丁胺 |
| Byzantine | 拜占庭 |

C

Caesalpinia sappan L., heartwood	苏木
Calcite	方解石
Calcium ethoxide	乙醇钙
Calcium hydroxide	氢氧化钙
Calcium hypochlorite	次氯酸钙
Calcium isopropoxide	异丙醇钙
California State University	加利福尼亚州立大学
Calothrix	眉藻属
Candida	念珠菌属
Canterbury Cathedral	坎特伯雷大教堂
Capillarity	毛细作用
Capnodiales	煤炱目
Cappella Guasconi	瓜斯科尼礼拜堂
Cappella Maggiore	马焦雷礼拜堂
Carbonates	碳酸盐
Carbon	碳
Carbopol	卡波姆
Carbowax	碳蜡
Carceri dello Steri	斯特里监狱
Carotenoids	类胡萝卜素
Carthamus tinctorius L., root	红花
Casa del Salone Nero	卡萨·德尔萨洛内·尼罗
Cathedral of Conegliano	科内利亚诺大教堂

Celebes	西里伯斯岛
Cellulose ether	纤维素醚
Cellulose nitrate	硝酸纤维素
Cephalosporium	头孢霉属
Chaetomium globosum	球毛壳菌
Chamaesiphon	管孢藻属
Charcoal	木炭
Charoite	紫硅碱钙石
Chehrabad	沙赫拉巴德
Chelating agent	螯合剂
Chemolithoautotrophic bacteria	化能自养细菌
Chemolithoautotrophs	无机化能营养
Chemolithotrophic microorganisms	化能营养微生物
Chemoorganotrophic bacteria	化能有机营养细菌
Chinchorro	钦乔罗
Chiribaya Alta	上科里巴亚
Chiribaya Baja	下科里巴亚
Chitosan	壳聚糖
Chlamydomonas	衣藻属
Chloramine gas	氯气
Chloramine-T	氯胺 T
Chlorella	小球藻属
Chlorine dioxide	二氧化氯
Chlorococcum	绿球藻属
Chloroform	氯仿
Chlorogloea	绿胶藻
Chlorohexidine gluconate	葡萄糖酸氯己定

Chlorohexidine	氯己定
Chlorokybus	绿叠球藻
Chlorophyll A analysis	叶绿素 A 分析法
Chlorophylls	叶绿素
Chlorosarcina	叠球
Chroococcus	色球藻属
Chrysophyceae	金藻纲
Civic Museum	市立博物馆
Cladosporium cladosporioides	枝状枝孢菌
Cladosporium	芽枝霉属
Clorosarcinopsis	绿囊藻属
CNR：Consiglio Nazionale delle Ricerche	（意大利）国家研究理事会薏苡
Coix lacryma-jobi	薏苡
ColArt Liquitex Acrylic Tube Colors	柯雅丽唯特管装丙烯颜料
Colocalization analysis	共定位分析
Cologne Cathedral	科隆大教堂
Colorimetry	比色法
Computed tomography techniques	计算机断层扫描技术
Comunitat Valenciana (Spain)	西班牙巴伦西亚自治区
Coniferyl alcohol	松柏醇
Coniosporium	梨孢霉属
Coniothyrium	盾壳霉属
Conservation Division of the Winterthur Museum	温特图尔博物馆文物保护部门
Contact angle	接触角
Corniola	科尼奥拉

Cosmarium	鼓藻属
Cotinus coggygria var. chinerea	黄栌
Cracking	开裂
Crypta Balbi in Rome	罗马巴尔布斯地下室遗址
Cryptococcus	隐球菌
Cuprite	赤铜矿
Curcuma longa L., rhizome	姜黄
Curvularia lunata	新月弯孢菌
Curvularia	弯孢（霉）属
Cyanoacrylate	氰基丙烯酸酯
Cyanobacteria	蓝藻，蓝细菌
Cyclododecane	环十二烷
Cyclohexane	环己烷
Cyclohexanone	环己酮
Cylindraspis inepta	鞍背毛里求斯陆龟
Cylindraspis triserrata	圆背毛里求斯陆龟

D

D-allo-isoleucine	D- 别异亮氨酸
Dealkalinization	脱碱
Delacroix	德拉克鲁瓦
Delmenhorst	德尔门霍斯特
Delphinium	翠雀属
Depletion gilding	耗减鎏金法
D-galactose	D- 半乳糖
Dibutyl ether	二丁醚
Dichloromethane	二氯甲烷

Diethyl ether	乙醚
Diethylene triamine	二乙烯三胺
Digital image analysis	数字图像分析
Diglycidyl ether of bisphenol A	双酚 A 二缩水甘油醚
Diisobutyl phthalate	邻苯二甲酸二异丁酯
Dioxane	二恶烷
Dipropyleneglycol methyl ether (l-(2-methoxyisopropoxy)-2-propanol)	二丙二醇甲醚（1-（2-甲氧基异丙氧基）-2-丙醇）
Direct exposure-mass spectrometry	直接质谱
DMF	二甲基甲酰胺
DMSO	二甲基亚砜
Doerner	德尔纳
Dolomite	白云石
Dolostone	白云岩
DOP	邻苯二甲酸二辛酯
Dor 2006 shipwreck	多尔 2006 沉船
Dor Lagoon	多尔潟湖
Dragon's blood	血竭
Dyrrahu	都拉斯

E

Early Horizon period	早同一期
Early Pleistocene age	早更新世时代
EDTA (Ethylenediamine tetraacetic acid)	乙二胺四乙酸
Edward IV	爱德华四世

EDX (Energy dispersive X-ray spectroscopy)	能量色散 X 射线光谱
Efflorescence	风化
El Yaral	埃尔亚拉尔
Electrical conductivity	电导率
Electrochemical impedance spectroscopy (EIS)	电化学阻抗谱
Electrochemical replacement plating	电化学镀层法
Electrolytic reduction	电解还原
Electron-cyclotron-resonance	电子回旋共振
Electrospray ionization mass spectroscopy	电喷雾离子化质谱
Elemental analyzer coupled to an isotope ratio mass spectrometer	元素分析仪 – 同位素比例质谱仪
Elsevier	爱思唯尔
Empoli	恩波利
Energy dispersive (X-ray fluorescence) Spectrometry (EDXRF/EDX)	能量色散 X 射线荧光光谱（简称：能谱）
Environmental scanning electron microscopy	环境扫描电子显微镜
Epicoccum	附球（真）菌属
Epoxies/Epoxy resin	环氧树脂
Epoxy derivatives	环氧衍生物
Epoxy-amine	环氧胺
Epoxycyclohexy groups	环氧环己（基）
Erba	埃尔巴
Erbium-doped yttrium aluminium garnet	掺铒钇铝石榴石

Ethanol	乙醇
Ethiopia	埃塞俄比亚
Ethyl acetate	醋酸乙酯
Ethyl acrylate	丙烯酸乙酯
Ethyl methacrylate copolymer	甲基丙烯酸乙酯共聚物
Ethyl Silicate	硅酸乙酯
Ethylbenzene	乙苯
Ethylene glycol	乙二醇
Ethylene oxide	环氧乙烷
Ethylenediamine tetraacetic acid	乙二胺四乙酸
Eustigmatophyceae (Eustigmatus)	真眼点藻纲
Evolved gas analysis-mass spectrometry (EGA-MS)	释放气体分析－质谱
Évreux	埃夫勒
Evron	埃夫龙
Exophiala	外瓶霉属

F

Fatty alcohol ether sulfate	脂肪醇醚硫酸盐
Fatty alcohol ethoxylate	脂肪醇乙氧基化合物
Feldspar	长石
Filippo Lippi	菲利波·利皮
Flaveria	黄顶菊属
Fluorescein	荧光素
Fluorocarbon polymer	氟碳树脂
Fluotanium	氟化钽
Fluozinc	氟化锌

Focusing ion beam-field emission scanning electron microscopy	聚焦离子束场发射扫描电镜
Fogeux	狂热号
Fourier transform infrared spectroscopy （FTIR）	傅里叶变换红外光谱
Francesc Artigau	弗兰塞斯克·阿蒂戈
Frisvad & Janos	弗里斯瓦德和亚诺什
Friuli Venezia Giulia	弗留利 – 威尼斯朱利亚大区
FT-Raman	傅里叶变换拉曼光谱
Fungi /Fungus	真菌
Fusarium oxysporum	尖孢镰刀菌
Fusarium	镰刀霉

G

Gardenia jasminoindes f. longicarpa	栀子
Gas chromatography (GC)	气相色谱
GC/MS	气相色谱 – 质谱联用技术
Gel permeation chromatography, GPC	凝胶渗透色谱
Geminella	双胞藻属
Gemstones	宝石
Generalized D'Arcy and Watt model	广义达西和瓦特模型
Georgia	佐治亚州
Geotrichum	地丝菌属
Getty Conservation Institute	盖蒂保护研究所
Giuseppe Antonio Risso	朱赛佩·安东尼奥·里索
Glencairn Museum	格伦凯恩博物馆

Gloeocapsa	粘球藻属
Glycoluril	甘脲
Gneiss	片麻岩
Golden Artist Colors Heavy Body Tube Colors	高登厚重型艺术家管装颜料
Gona	戈纳
Goniometry	测角法
Grand Egyptian Museum	大埃及博物馆
Granite	花岗岩
Greco-Roman Theater	希腊－罗马式剧院
Greigite	硫复铁矿
Griffin	格里芬
Guar	瓜尔
Guggenheim-Anderson-de Boer model	古根海姆－安德森－德布尔模型
Gypsum	石膏
Gyrolite	白钙沸石

H

Hadar	黑达
Haematococcus	红球藻
Hailwood-Horrobin Model	海尔伍德－霍罗宾模型
Hansen	汉森
Helminthosporium	蠕孢属
Hemicellulose	半纤维素
Herculaneum	赫库兰尼姆
Hexadecyl trimethoxysilane	十六烷基三甲氧基硅烷
Hexaplextrunculus	海蜗牛

High-performance liquid chromatography with a diode array detector HPLC-DAD	带二极管阵列检测器的高效液相色谱
High-performance liquid chromatography with a mass spectroscopy HPLC-MS	高效液相色谱质谱联用仪
Hildebrand	希尔德布兰德
Holocellulose	全纤维素
Horicky	霍里基
Huai River Valley	淮河流域
Humidity	湿度
Hydric properties	疏水性
Hydrogen peroxide	过氧化氢
Hydrogen sulfide	硫化氢
Hydrogenase-positive chlorophyta	氢化酶阳性绿藻
Hydrogen	氢
Hydroxyapatite	羟磷灰石
Hydroxypropyl cellulose	羟丙纤维素
Hypocreales	肉座菌目

I

Iberian (Peninsula)	伊比利亚（半岛）
ID and 2D nuclear magnetic resonance spectroscopy diffusion-ordered spectroscopy	一维和二维扩散排序核磁共振谱
Igneous rocks	原生岩
Ilo	伊洛
Imbibition curves	渗吸曲线

Immunofluorescence	免疫荧光技术
IMS	工业酒精
Inca	印加
Indigofera tinctorial	木蓝
Inductively coupled plasma mass spectrometry	电感耦合等离子体质谱
Inductively coupled plasma optical emission spectrometry	等离子体电感耦合光谱
Infrared reflectance spectroscopy	红外反射光谱
Infrared spectroscopy	红外光谱
Inoculated fungi	接种真菌
i-Octane	异辛烷
Iron Age	铁器时代
Isatis tinctoria L.	菘蓝
Islamic Art Museum	伊斯兰艺术博物馆
Isoamyl methacrylate	甲基丙烯酸异戊酯
Isophorone diamine	异佛尔酮二胺
Isoprene	异戊二烯
Isopropyl alcohol	异丙醇
Israel	以色列
Italian Renaissance	意大利文艺复兴时期

J

Java	爪哇岛
Jeddah	吉达
Joaquim Rodrigo	华金·罗德里戈
John Asmus	约翰·阿斯穆斯
Joseph W. Greig	约瑟夫·W·格雷格

Judean desert	犹地亚沙漠
Julião Sarmento	茹利昂·萨尔门托
Jutland	日德兰半岛

K

Kenya	肯尼亚
Kermes	胭脂虫红
Klebsormidium	克里藻属
Knoevenagel reaction	脑文格反应
Kolding Cog	科灵齿轮

L

Lac dye	紫胶红
Lake Bracciano	布拉恰诺湖
Laser ablation	激光烧蚀，激光剥蚀
Laser-Induced Breakdown Spectroscopy (LIBS)	激光诱导击穿光谱
Late Intermediate and Late Horizon periods	晚中间期和晚同一期
Late Intermediate Period	中间期晚段
Late Prehistoric period	史前晚期
Layered rock	层状岩
Lead isotopic measurement/ analysis	铅同位素检测或分析
Lecce stone	莱切石
León Cathedral	莱昂大教堂
Leptosiroid	角毛藻
Lichens	地衣

Liesegang effect	李泽冈效应
Light-emitting diodes (LEDs)	发光二极管
Limestone	石灰石
Lime	消石灰
Linseed oil	亚麻籽油
Lipase	脂肪酶
Lithium aluminum hydride	氢化铝锂
Lithospermum sp., root	紫草
Loggia del Bigallo	比加洛凉廊
Loughborough University	拉夫堡大学

M

M. H. Klaproth	M·H·克拉普罗特
Maastrichtian	马斯特里赫特阶
Madder	茜草红
Madeira, Portugal	葡萄牙马德拉
Magnesium oxide	氧化镁
Magnetic rocks	磁性岩
Malachite	孔雀石
Maltose	麦芽糖
Marble	大理石
Mare aux Songes site	梦池遗址
Mariotto di Cristoforo	马里奥托·迪克里斯托福罗
Marmotta	马尔莫塔
Mary Rose	玛丽·罗斯号
Masaccio	马萨乔
Mascarene Islands	马斯克林群岛

Mashrabia	马什拉比亚
Masolino	马索利诺
Mauritius	毛里求斯
Medieval stained glass	中世纪彩色玻璃
Meissner fraction	迈斯纳比值
Melanins	黑色素
Mercury intrusion porosimetry	压汞孔隙率测定法
Merida	梅里达
Mesoamerican	中美洲
Mesocrystals	介晶
Metamorphic rocks	变质岩
Metaponto	梅塔蓬托
Methanol	甲醇
Methoxypropanol	丙二醇单甲醚
Methyl cyclohexanone	甲基环己酮
Methyl methacrylate	甲基丙烯酸甲酯
Methyl triethoxysilane	甲基三乙氧基硅烷
Methylcellulose	甲基纤维素
Mexican	墨西哥胭脂虫红
Michael J. DeNiro	迈克尔·J.德尼罗
Microbiological colonization	微生物病害
Microcoleus	微鞘藻属
Micro-particle induced X-ray emission	粒子激发 X 射线发射光谱
Micro-Raman spectroscopy	显微拉曼光谱
Middle Neolithic Period	新石器时代中期
Middle Stone Age	中石器时代
Mieszko II Lambert	梅什科二世

Mills	米尔斯
Minoan culture of Crete	克里特岛米诺斯文化
Mitreo's House	米特雷奥别墅
Moche	莫切
Molecular spectroscopy	分子光谱法
Monascus	红曲霉
Monohydrocalcite	单水方解石
Monumental Cemetery of Pisa	意大利比萨纪念公墓
Moquegua	莫克瓜
Mössbauer spectroscopy	穆斯堡尔光谱
Mosses	苔藓
Mucor	白霉
Muriella	轮孢藻属
Museo Arqueológico San Miguel de Azapa	圣米格尔－德阿萨帕考古博物馆
Museum Quinta das Cruzesâ	十字架庄园别墅博物馆
Mycobiont	（地衣）共生菌
Mycocalicum	粉菌属
Myrmecia	缺刻缘绿藻
Myxosarcina	黏囊藻属

N

n -Butyl methacrylate	甲基丙烯酸丁酯
N. Polosmak	N·波洛斯马克
Najran	奈季兰
Nano-liquid chromatography nano-electrospray ionization/ collision quadrupole time-of- flight tandem mass spectrometry	纳米液相色谱－纳米电喷雾电离／碰撞四极杆飞行时间串联质谱仪

Naphthol	萘酚
National Gallery of Art	美国国家美术馆
National Gallery of London	伦敦国家美术馆
Natural History Museum in London	伦敦自然历史博物馆
Negev Desert	内盖夫沙漠
Neochloris	新绿藻属
Neutron imaging techniques	中子成像技术
n-hexane	正己烷
Nigrospora	黑孢霉属
Nile Delta	尼罗河三角洲
Nitric acid	硝酸
Nitrites	亚硝酸盐
Nitrobacter spp.	硝化杆菌
Nitrobacter	硝酸菌属
Nitrosomonas spp.	亚硝基单胞菌
Nitrosomonas	亚硝酸菌属
Nitrosovibrio	亚硝化弧菌属
Nitrous acids	亚硝酸
N-Methyl pyrrolidinone	N- 甲基吡咯烷酮
NMR	核磁共振波谱
Nonionic surfactant	非离子表面活性剂
Nostoc	念珠藻属
Nuclear magnetic resonance spectroscopy (NMR)	核磁共振波谱
Nusa Tenggara	努沙登加拉岛
Nydam Bog	尼丹沼泽

O

Octyl triethoxysilane	正辛基三乙氧基硅烷
Oedogonium	鞘藻属
Oldenburg	奥尔登堡
Oldowan	奥尔德沃文化
Olduvai Gorge	奥杜瓦伊峡谷
Oleic acid	油酸
Omo	奥莫
Ontario	安大略
Opacification	乳浊
Opalescent films	乳白薄膜
Open porosity	气孔率
Optical (light) microscopy	光学显微镜
Optical coherence tomography	光学相干层析成像技术
Optical fiber spectroscopy	光纤光谱
Optical surface roughness	表面粗糙度
Optically stimulated luminescence	光释光
Opuka	奥普卡河
Oratory of San Nicola al Ceppo	切波的圣尼古拉祈祷室
Oryza sativa	水稻
Oscillatoria	颤藻属
Oseberg	奥塞贝格
Osirion's Sarcophagus Chamber	俄赛里昂石棺室
osmotic pressure	渗透压

P

Paecilomyles	粉拟青霉

Palazzo Valentini	瓦伦蒂尼宫
Palermo	巴勒莫
Palmellosìcoccus	集球藻属
Parallel slip lines	滑移线
Paraloid B-72	帕劳得 B72（丙烯酸树脂）
PA	聚酰胺
Pénicillium notatum	点青霉
Penicillium verruculosum	青霉菌
Penicillum	青霉
Perfluorodecalin	全氟萘烷
Permeability	渗透率
Peru	秘鲁
Pestalotia	盘多毛孢属
Pestalotiopsis	拟盘多毛孢属
PET	聚对苯二甲酸乙二醇酯
Petroglyphs Provincial Park	省立石刻公园
Petten	佩滕
Phellodendron chinense Schneid., bark	黄柏
Phialophora	瓶霉菌属
Philadelphia Museum of Art	费城艺术博物馆
Philip Crampton	菲利普·克兰普顿
Phoenician	腓尼基人
Phoma	茎点霉属
Phormidium	席藻属
phosphate	磷酸盐
Photo trophic microorganisms	光营养微生物
Phycobiont	共生藻

Phyllosilicates	层状硅酸盐
Pietà	皮耶塔
Piranha	食人鱼（溶液）
Pistachia	黄连木属
Plasma Sputtering	等离子体溅射
Plectonema	织绒藻属
Pleurocapsa / Pleurococcus	宽球藻属
Polarization curves	极化曲线
Polarized light microscopy	偏振光显微镜
Polish and Armenian cochineal	波兰和亚美尼亚胭脂虫红
Poly (ethylene glycol)	聚乙二醇
Poly (urethane)	聚氨酯
Poly (vinyl acetate)	聚乙酸乙烯酯
Poly (vinyl butyral)	聚乙烯醇缩丁醛
Poly(2-hydroxyethyl methacrylate)	聚甲基丙烯酸 – β – 羟乙酯
Poly(alkyl siloxane)	聚烷基硅氧烷
Poly(cyclohexanone)	聚环己酮
Poly(dimethylsiloxane)	聚二甲基硅氧烷
Poly(ethoxysorbitan)	聚山梨醇酯 –20
Poly(ethylene glycol) octadecyl ether	聚乙二醇十八烷基醚
Poly(ethylene glycol) tert-octylphenyl	聚乙二醇辛基苯基醚
Poly(N-j6-hydroxyethyl -2,2,6,6-tetramethyl4-hydroxy-piperidly succinate)	聚丁二酸 (4- 羟基 -2,2,6,6- 四甲基 -1- 哌啶乙醇) 酯
Poly(oxyethylene)	聚氧乙烯
Poly(urethane)	聚氨酯

Poly(vinyl alcohol)	聚乙烯醇
Poly(vinyl pyrrolidone)	聚乙烯基吡咯烷酮
Polyesters	聚酯
Polymerized butvar-phenolic adhesive	聚乙烯醇缩丁醛粘合剂
Pompeii	庞贝
Porosity	孔隙率
Portable X-ray fluorescence system	便携式 X 射线荧光系统
Potash feldspar	钾长石
Potassium permanganate	高锰酸钾
Potassium	钾
Poznań	波兹南
Prague	布拉格
Prangos	栓翅芹属
Prato Cathedral	普拉托大教堂
Produced by insect Melaphis chinensis	菘蓝
Propan-2-ol	异丙醇
Propylene carbonate	碳酸丙烯酯
Propylene glycol ç-propyl ether (1-propoxy-2-propanol)	丙二醇正丙醚（1- 丙氧基 -2- 丙醇）
Propylene glycol monomethyl ether (1-methoxy-2-propanol)	丙二醇单甲醚（1- 甲氧基 -2- 丙醇）
Protease	蛋白酶
Protective coating	保护涂层
Protococcus	原球藻属
Protoninduced X-ray emission spectroscopy	质子激发 X 射线发射光谱

Pseudodendoclonium	伪绿匣藻属
PVAc	聚醋酸乙烯酯
PVC	聚氯乙烯
P-waves	P 波
p-Xylene	对二甲苯
Pyrolysis gas chromatography mass spectrometry（GC/MS）	热裂解气相色谱质谱（联用法）
Pyrolysis GC	热解气相色谱法
Pyrolysis mass spectrometry	热裂解质谱

Q

Qajaa site	卡贾遗址
Q-switching	调 Q
Quartzite	石英岩
Quercus acutissima	麻栎
Quercus robur L.	欧洲栎

R

Raman spectroscopy	拉曼光谱
Red Sea	红海
Reflection colorimetry	反射比色法
Reflection Fourier Transform Mid-Infrared Spectroscopy	反射傅里叶变换中红外光谱
Reverse painting	反向绘画
Reyerite	铝白钙沸石
Rhamnus	鼠李属
Rhodorsil®224	罗地亚 ®224
Rhomaleosaurus cramptoni	克氏菱龙

Richard II	理查德二世
Risso's dolphin	里氏海豚
Roman Empire	罗马帝国
Roughness	粗糙度
Rubia cordifolia L.	茜草
Rubia tinctorum L.	欧茜草
Rutherford backscattering spectroscopy	卢瑟福背散射光谱

S

Safeguarding Cultural Heritage Department of Aosta	奥斯塔文化遗产保护部
Saint-André Cathedral	圣安德烈大教堂
Samuel Epstein	塞缪尔·爱泼斯坦
San Bernardino County	圣伯纳迪诺县
San Francesco Cathedral	圣方济各大教堂
San Gerónimo	圣赫罗尼莫
San Rossore	圣罗索雷
Santa Maria della Scala Sacristy	阶梯圣马利亚圣器室
Saqqara	塞加拉
Saranda	萨兰达
Sarcinomyces	八叠菌属
Saudi Arabia	沙特阿拉伯
Scaling	剥落
Scanning electron microscope (SEM)	扫描电子显微镜（扫描电镜）
Scenedesmus	栅列藻属
Schizothrix	裂须藻属

Scholz	肖尔茨
Schönbein	舍恩拜因
Scott Moore-Fay	斯科特·穆尔－费伊
Scytonema	伪枝藻属
Sealants	密封胶
Sebastiano del Piombo	塞巴斯蒂亚诺·德·皮翁博
Sedimentary rock	沉积岩
SEM/energy dispersive X-ray spectroscopy	扫描电镜－能谱仪
Sepiolite	海泡石
Sericite	绢云母
Sessile drop device	座滴装置
Shoiba Hoard Coins	舒艾拜窖藏硬币
Shunshanji	顺山集遗址
Siderite	菱铁矿
Siena	锡耶纳
Silane compounds	硅烷化合物
Silicate	硅酸盐
Silica	二氧化硅
Siliceous sandstones	硅质砂岩
Siloxane silica composites	硅氧烷－二氧化硅复合材料
Siloxane	硅氧烷
Siloxane-nanoparticl	硅氧烷纳米颗粒
Sinai	西奈半岛
Sinapyl alcohol	芥子醇
Single-sided relaxometer	单边松弛计
Sipán	西潘
Skuldelev	斯库勒莱乌号

Slagen Prestegård	斯拉根－普雷斯特高
Slate	板岩
Snyder	斯奈德
Sodium borohydride	硼氢化钠
Sodium dodecylsulfate	十二烷基硫酸钠
Sodium hexametaphosphate	六偏磷酸钠
Sodium hychloride	次氯酸钠
Solar Boat of King Cheops	基奥普斯王太阳船
Sophora	苦参属
Soprintendenza per i Beni Storici	历史遗产管理局
sorbitan monolaurate	山梨糖醇单月桂酸酯
Spanish Society of Soil Science	西班牙土壤科学学会
Speare	斯皮尔
Spectrophotometry	分光光度法
Spin-echo	自旋回波
Spinello Aretino	斯皮内洛·阿雷蒂诺
Sporobolomyces	掷孢酵母属
SS. Giuda e Simone Cloister	圣犹大和圣西蒙修道院
Stachybotrys	葡萄穗霉属
Stemphyllium	匍柄霉属
Sterling silver	不纯的银
Stichoccus	杆状裂丝藻
Stigeoclonium	毛枝藻属
Stigonema	真枝藻属
Stoddards solvent	斯托达德溶剂
Strain lines	应变线
Strobilanthes cusia (Nees)	靛蓝

Styphnolobium japonicum L.	槐花
Sulfate rocks	硫酸盐岩
Sulfate-reducing Bacteria Desulfovibrio and Clostridium	硝酸盐还原细菌中的脱硫弧菌属和梭菌
Sulfate-reducing Bacteria, SRB	硫酸盐还原菌
Sulfuric acid	硫酸
Sulfur	硫
Sumatra	苏门答腊岛
Surface tension	表面张力
Surface-enhanced Raman scattering（SERS）	表面增强拉曼散射
Symploca	束藻属
Synchrotron-based X-ray absorption spectroscopy	同步辐射 X 射线吸收光谱
Synechococcus	聚球藻

T

Taeniolella	小带菌属
Tamarix sp.	怪柳
Tamarix	怪柳属
Tanis	塔尼斯
Tanzania	坦桑尼亚
Taormina	陶尔米纳
Tartaric acid	酒石酸
Taurus Mountains	托罗斯山脉
t-Butanol	叔丁醇
Teas	梯氏
Temple of Magna Mater	大神母神庙

Tenorite	黑铜矿
Terahertz spectroscopy	太赫兹光谱
Terperus terreus	土曲霉
Tessera	特塞拉
Tetrachloromethane	四氯化碳
Tetracystis	四孢藻属
Tetraethoxysilane	正硅酸乙酯
Tetraethyl orthosilicate	原硅酸四乙酯
TG-DTA	热重－差热分析法
Thermoluminescence	热释光
Thibacillus SPP.	硫杆菌
Thiosulfates	硫代硫酸盐
Thom &Cruch	汤姆和克鲁什
Thomas Becket	托马斯·贝克特
Thorium	钍
Time domain spectrometer	时域光谱仪
Tin oxide	二氧化锡
Titanium dioxide	二氧化钛
Toluene	甲苯
Tolypothrix	单歧藻属
Tomb del Sacerdote	祭司墓葬
Tomb del Señor de Sipán	西潘王墓葬
Tossal de Sant Miquel (Lliria, Spain) site	圣米格尔山遗址（西班牙利里亚）
Trafalgar	特拉法尔加
Trametes	栓菌属
Transmission electron microscopy（TEM）	透射电镜

Trebouxia	共球藻属
Trentepohlia	橘色藻属
Triammonium citrate	柠檬酸三铵
Triangulation	三角测量
Trichloromethane	三氯甲烷
Trichoderma	木霉（属）
Trichosanthes kirilowii	瓜蒌
Triethanolamine	三乙醇胺
Triethylene tetramine	三乙烯四胺
Trifluoroethanol	三氟乙醇
2-(3,4-Epoxycycloh)ethyl-trimethoxysilane	2-（3，4-环氧环己基）乙基三甲氧基硅烷
Trimethyl ethoxysilane	三甲基乙氧基硅烷
Trinity Chapel	圣三一礼拜堂
Tripospermum	多缕孢属
Triticeae	小麦族
Triton	曲拉通（一种非离子表面活性剂，常用型号 Triton X-100）
Tujfeau	石灰华
Tulcea County, Romania	罗马尼亚图尔恰县
Tumbaga	铜金合金
Turkana	图尔卡纳
Turpentine	松节油
Tween 20	吐温 20
Twin lines	孪晶线

U

Udeniomyces	假丝酵母属

Udine	乌迪内
Ulocladium	单格孢属
Ulothrix	丝藻属
Ultra-high performance liquid chromatography (UHPLC) coupledwith both photodiode array detection and electrospray ionization MS	带二极管阵列检测器和电喷雾离子化质谱的超高效液相色谱
Ultrasound velocity	超声声速
Unilateral NMR	单边核磁共振
Universidad de Tarapacá	塔拉帕卡大学
University of Bologna	博洛尼亚大学
University of Delaware	特拉华大学
University of Florence	佛罗伦萨大学
Uranium-lead radioactive series method	铀系测年法
Uranium	铀

V

Varga	瓦尔加
Vasa	瓦萨号
Vaterite	球霰石
Verticillium	轮枝孢属
Vesuvius	维苏威火山
Vikers microhardness	维氏硬度
Villa del Barone	巴罗内别墅
Villa of the Papyri	帕比里别墅
Vinyltoluene	甲基苯乙烯
Viscosity	黏度

Viterbo	维泰尔博
Vitis	葡萄属
Voltammetry of microparticles method	固体微粒伏安法

W

Wadi Murabba'at	瓦迪穆拉拜阿特
Water absorption under vacuum	真空吸水率
Water absorption	吸水率.
White Paintings	白色绘画
White	怀特
Whitening sprays	增白喷雾
Winfried Heiber	温弗里德·海贝尔
Winsor and Newton	温莎牛顿
Wolbers	沃尔贝斯
Wyoming	怀俄明洲

X

Xanthophyceae	黄藻纲
X-ray Computed Tomography	X射线计算机断层扫描技术
X-ray diffraction/ diffractometry(XRD)	X射线衍射（法）
X-ray diffractometry	X射线衍射法
X-ray fluorescence spectroscopy	X射线荧光光谱
X-ray photoelectron spectroscopy	X射线光电子能谱
X-ray radiography	X射线照相
Xylol	二甲苯

Z

Zinc oxide　　　　　　　　氧化锌

α-methylstyrene　　　　　　α- 甲基苯乙烯

译后记

　　本书按照文物或艺术品的材质，共分为七章，包括绘画、纺织品、木材、化石、石头、玻璃和金属。全书内容丰富，涵盖领域广泛，涉及学科跨度非常大。作者从文物科学分析方法与文物保护方法、材料、工艺等方面，对不同材质的文物或艺术品的科学分析、保护和研究情况进行了汇编。主要内容包括文物的历史传统和发展，制作方法与工艺，劣化过程与机理研究，仪器分析方法介绍及其应用，病害种类与成因分析，保护材料、方法和技术，以及文物分析研究与保护案例介绍等。各章在内容上又有一定区别，作者明显更偏爱于绘画作品，因此，这一章在篇幅和内容方面显著大于其他章。

　　本书适用于试图快速、大致了解不同材质文物保护相关内容的从业人员，同时，对某一方向专业人员（如绘画研究保护人员）而言，本书在一定程度上能够起到拓展研究视野的作用。由于涵盖内容广泛，受限于篇幅，本书对于一些分析或保护方法的介绍较为简单，但也不乏有部分内容较为详尽地总结了各类实验条件与过程，列出了多种保护相关材料的性质特征参数及方法技术参数等。读者如需深入了解某方面的详细内容，可通过该书获得丰富的文献资源。此外，本书总结了大量世界范围内文物保护分析研究与保护相关案例，为文物保护工作者提供了丰富的研究资料。

由于汇编内容所涉及文物材质多样、研究方向宽泛，本书不可避免地存在一些问题。首先，在分析方法介绍等方面缺乏统一性，有的从方法原理角度给予介绍，有的从应用角度总结了多个案例。其次，对一些分析和保护方法的原理与过程介绍不够充分，阐释不够透彻，读者如不具备相关知识背景，则较难获得充分理解。此外，文中存在一些错误，包括事实表述、数据引用等，且部分内容存在重复或不扣题现象，如第七章中关于能量色散X射线荧光分析，有两节内容重复。尽管如此，本书无疑对文物保护相关从业人员具有参考价值和引导作用。

在本书翻译过程中，为了更好地理解文中内容，译者翻阅了大量原始文献，在充分理解书中所引用文献的基础上，尝试做出准确而又流畅的翻译，并对一些有明显错误或遗漏的细节进行了修正或补充。然而挂一漏万，限于译者的学识和能力，本书译文可能仍存在不妥之处，恳请读者不吝指正。

中国国家博物馆潘路研究员对本书全文进行了校译，在专业术语翻译、习惯用语表达、行文逻辑等方面给予了重要的指导和建议，在此表示衷心地感谢！

最后，真诚地希望本书能为全世界文物研究和保护工作者带来些许裨益。

读者朋友如想与我们探讨本书译文，请发送电子邮件到如下地址：liuwei.nwu@163.com。期待收到您的宝贵反馈意见。

刘薇

2022 年 2 月 16 日

于中国国家博物馆